U0154347

教育制度與教育法規
教檢一定要熟記的法規

周新富　著

五南圖書出版公司　印行

目　錄

緒　論

　　人類所有的活動都會習慣化，任何活動只要不斷的重複便會形成一種模式，藉此而能較爲省力地再度操作。若各類的行動者彼此爲某種習慣化活動加以「典型化」（typification），制度化（institutionalization）就因此產生。他們認爲當人類的某些活動已制度化時，所意味的是這項活動已被納於社會控制之下。當制度客觀化時，也會發展出特別的社會控制機構，對背離者進行制裁（鄒理民譯，1997）。當社會越來越複雜，於是發展出各種社會制度，例如：家庭制度、經濟制度、政治制度、宗教制度等，教育制度也循此模式建立，而成爲一種社會制度。教育制度的運作主要爲教育行政機關在行使行政行爲時，遵循公正、公開與民主之程序，確保「依法行政」之原則，以保障人民權益，提高行政效能，增進人民對行政之信賴（行政程序法，2021）。公立學校教師的行政及教學，皆是在執行國家所交付的公務，因此在民主法治社會中，必須要對教育法規有所理解，確保依法行政的理念能夠落實。

第一節　教育制度的基本概念

　　制度有兩個涵義：一是指機構或組織的系統，二是指一定的標準及相應的規則、規範。當教育制度化之後，教育活動即被嚴格限制在學校教育系統，並且嚴格按照學校的一套規章制度來行事。學校一旦從分散孤立狀態逐步地形成系統，不僅教育系統內部學校之間有著密切的聯繫和分工，而且學校內部也受到統一的、標準化的管理，並且盡可能排除教育系統和學校以外的干擾，使教育系統保持獨立性，學校活動能有次序開展。學制是制度化教育的典型表徵，也是教育制度化發展的最高階段（馮建軍，2009）。

教育制度的意義

　　教育制度又分為學校制度與教育行政制度兩部分：學校制度是指各級各類學校，上下相互銜接、左右相互連貫而經過國家認可之制度；教育行政制度是指中央與地方所設置之教育行政機關，依其設置的性質、地位與權力，分為上、中、下各層次之行政系統（林進材，2000）。但有學者（蔡清華，2003）認為教育制度與學校制度兩者可相互使用，是指社會中各種類型的學校，本書採用這樣的觀點，將教育制度視為學校制度，主要在探討學校制度的教育法規。學校制度是一個國家規定各級各類學校上下銜接、左右聯繫的相互關係，以構成國家完整的教育體系。在學校制度中，對於學校的性質、任務、入學限制、學習年限及學校之間的銜接關係，均需有明確的法律規定，以供人民遵循（周新富，2020）。

 ## 教育制度的內涵

　　教育制度一般分為學前教育、初等教育、中等教育及高等教育四個階段；至於其所包含的層面則是相當廣泛，例如：教育宗旨（目的）、教育經費、教育政策、學校行政、學校組織變革、升學制度、教師培訓、教師權益與義務、課程內容、教學方法、特殊教育、學習扶助、考試評量、學生編班、班級經營、同學互動、學生輔導與管教、家長及學生權益等。這些教育制度內涵的發展與運作，是受到教育理念、文化傳統、經濟環境、政治背景和國際潮流的影響，為因應社會變遷與發展的需要，主管教育制度的行政部門因此必須進行教育改革（周新富，2020）。教育制度與社會的知識、價值、態度與行為模式的文化再生有密切關係，教育文憑與職業安置和社會流動又是緊密相聯，而教育制度所發揮的社會化與社會控制的功能，有助於社會秩序的穩定（謝高橋，2004）。因此，如何促使教育制度發揮其應有的功能，則普遍受到統治階級及社會大眾的重視。

參 我國教育制度概述

分別從縱貫面和橫斷面來敘述我國的教育制度。

一、從縱貫面來看

從縱貫面來看我國的教育制度就是所謂的「學制」，學制系統為六一三一三一四制的架構。普通教育部分，幼兒教育四年，不屬於強迫教育；國民小學六年，在學年齡六至十二歲；國民中學三年，在學年齡十二至十五歲；高級中學三年，在學年齡十五至十八歲；大學學士班四年，碩士班一至四年，博士班二至七年。上述教育階段資優生或特殊生得酌予縮短或延長（周祝瑛，2004）。由圖 1-1 略述各學制的內涵（林孟君，2012）。

圖 1-1

十二年國民教育概念示意

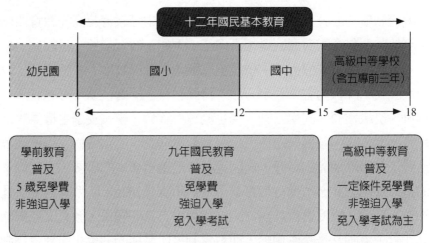

※ 學前教育不納入國民基本教育，但採分階段免學費補助

資料來源：教育部（2024）。

㈠幼兒教育

我國早期負責學齡前幼兒教育及照顧服務之主要機構爲幼稚園與托兒所。2011 年 6 月 29 日頒布《幼兒教育及照顧法》，強化幼托體系之整合，幼兒是指二歲以上至入國民小學前之人。幼兒園指對幼兒提供教育及照顧服務之機構，其主管機關在中央爲教育部，在直轄市爲直轄市政府，在縣（市）爲縣（市）政府。

㈡國民教育

依《國民教育法》第 4 條規定，國民教育分爲兩階段，前六年爲國民小學教育，後三年爲國民中學教育，也就是九年義務教育，爲強迫性之教育。凡六歲至十五歲之國民，應受國民教育，已逾齡未受國民教育之國民，應受國民補習教育。國民教育以由政府辦理爲原則，但得委由私人辦理，爲提供學生多元的學習權及家長教育選擇權，國民教育階段另可辦理非學校型態實驗教育。

㈢高級中等教育

中等教育分爲初級及高級，我國的初級中等教育稱爲國民中學，高級中等教育稱爲高級中學（senior high school），高級中學的類型分爲普通型、技術型、綜合型、單科型四種，修業年限以三年爲原則。政府於 2013 年通過《高級中等教育法》，將九年國民教育及高級中等教育，合稱爲「十二年國民基本教育」。九年國民教育，依《國民教育法》規定，採免試、免學費及強迫入學；高級中等教育，依《高級中等教育法》規定，採免試入學爲主，由學生依其性向、興趣及能力自願入學，並依一定條件採免學費方式辦理。

㈣高等教育

我國高等教育分爲大學及專科教育兩種，主管機關爲教育部，依據《大學法》及《專科學校法》辦理。大學分爲國立、直轄市立、縣（市）立（以下簡稱公立）及私立，私立大學並應依《私立學校法》之規定辦理。受到少子化的影響導致生源不足，多所私立大專院校停辦或轉型。

二、從橫斷面來看

　　由我國的教育法令可以發現政府什麼都要規定，從上規定到下，從學校運作到課程標準，通通都要建立規範（鍾政諺，2004）。周志宏（2003）認為整個教育法規體系可以考慮調整分成如下四部分：1.關於教育之原則性規範；2.關於教育行政之規範；3.關於教育活動之規範；4.關於教育活動主體之規範，並據此架構修訂及創立教育法規體系，這四部分可以視為教育制度的橫斷面，也就是各教育階段皆具有的共同因素。以下分別敘述之（周志宏，2003；陳木金，1999）：

㈠關於教育之原則性

　　關於教育之原則性規範包含教育原理上之某些重要基本原則，以及國際上有關教育之國際協定或國際組織之決議內容，《憲法》及《教育基本法》（2013）都有明白宣示，例如：教育目的、各級教育目標、教育機會均等理念。

㈡關於教育行政

　　這部分包含的範圍最廣，除教育行政組織以外，各級各類的學校組織及人員編制、學校行政人員之任用、教師退休撫卹離職及保險等皆屬之。

㈢關於教育活動

　　以學校教育為主的教育活動，一般分為教務、學務、輔導。教務是有關編班、排課、教學與評量；學務是有關體育、衛生健康、管教、獎懲及各類的學生活動；輔導則包含學生諮商，以及辦理學生自我探索、生涯發展、性別平等、特殊教育等活動。

㈣關於教育活動主體

　　學生教育活動的教育者主要為教師及家長，教師的專業自主權應受到保障，父母有權選擇子女所受的教育型態，並有機會參與教育決策。學生本身為學習權的主體，更需要立法保障其學習權，並由父母代為主張和爭取其基本權利。因此在教育制度中，要立法確保教師、家長、學生的教育權。

第二節 教育法規的基本概念

　　國家行政事務主要由行政機關來執行，行政機關係指代表國家、地方自治團體或其他行政主體從事公共事務，行政行為應受到法律及一般法律原則的拘束（行政程序法，2021）。依法行政的第一步，教師必須對教育法規的重要規定有所認識，本節即針對法律的性質、名稱、教育法規位階等基本概念作一簡要敘述。

 法律的性質

　　道德、習慣、風俗、禮儀、宗教、法律皆屬約束人類行為的社會規範，其中道德最具理想性，而法律最具客觀性。法律對人類社會生活的規範包括：行為規範、組織規範、裁判規範，同時亦是強制實行的規範；換言之，法律是以國家權力強制實行的各種規範（任晟蓀，2007）。法律有廣義與狹義：廣義之法律係指制定法與非制定法，狹義之法律指制定法。制定法有憲法、法律、命令；非制定法有判例、學說、法理、習慣、解釋（陳書丞，2016）。

 法律的名稱

　　依據「法律位階理論」最高的規範為《中華民國憲法》（1947）（以下簡稱《憲法》），其次為法律，再者為命令。《憲法》包含增修條文在內，為國家最高規範，根據第 171 條與第 172 條，任何法律、命令皆不得與其相牴觸。《憲法》條文中，特別規範緊急命令制度，由於緊急情況來不及由立法機關立法，而直接由行政機關頒布「緊急命令」，事後再讓立法院追認其效力，其位階卻同於法律，例如：921 震災緊急命令（蔡佩芬，2021）。依據《中央法規標準法》（2004）規定，法律得定名為法、律、條例或通則，應經立法院通過，總統公布。「法」屬於全國性、一般性或長期性事項之規定；「律」屬於戰時軍事機關之特殊事項之規定；

「條例」屬於地區性、專門性、特殊性或臨時性事項之規定；「通則」屬於同一類事項共通適用之原則或組織之規定者（中央行政機關法制作業應注意事項，2018）。以下針對命令的類別詳加說明之：

一、緊急命令

依據《中華民國憲法增修條文》（2005）（以下簡稱《憲法增修條文》）第 2 條第 3 項規定，總統為避免國家或人民遭遇緊急危難或應付財政經濟上重大變故，得經行政院會議之決議發布緊急命令。

二、授權命令

授權命令亦稱為法規命令，依據《行政程序法》（2021）第 150 條第 1 項的解釋，法規命令係指行政機關基於法律授權，對多數不特定人民就一般事項所作抽象之對外發生法律效果之規定，例如：《國民教育法施行細則》是依據《國民教育法》為母法，以其第 61 條規定訂定之。法規命令雖由行政部門制定，但其效力如同法律，得設定、變更或消滅人民之權利義務（陳敏，2016）。各機關發布之命令，得依其性質，稱規程、規則、細則、辦法、綱要、標準或準則，下達或發布後並即送立法院（中央法規標準法，2004）。其中規程屬於規定機關組織、處務準據者；規則屬於規定應行遵守或應行照辦之事項者；細則屬於規定法律施行之細節性、技術性、程序性事項或就法律另作補充解釋者；辦法屬於規定辦理事務之方法、權限或權責者；綱要屬於規定一定原則或要項者；標準屬於規定一定程度、規格或條件者；準則屬於規定作為之準據、範式或程序者（中央行政機關法制作業應注意事項，2018）。

三、行政規則

依據《行政程序法》（2021）第 159 條第 1 項的解釋，行政規則係指上級機關對下級機關、或長官對屬官，為規範機關內部秩序及運作，所為非直接對外發生法律規範效力之一般抽象規定，例如：《教育部獎助研發特殊教育教材教具實施要點》（2024）。原來依照《中央法規標準法》

第 7 條所稱之「職權命令」在《行政程序法》實施之後已失其依據，所有法規命令均要有法律之授權依據，因此教育行政機關為單一事由所發布的政令或沒有法律授權所發布的命令，都不屬於教育法規的範疇（施明發，2001）。其名稱有要點、原則、規定、須知、規範、要項、注意事項等（陳敏，2016）。

四、特別命令

特別命令或稱特別規則，是在所謂特別權利關係內為維持關係內部之秩序及功能，例如：學校的校規、公務員的服務規章（陳敏，2016）。

 ## 教育法規位階

法規是法律加上命令，所謂「教育法規」是指國家為促進教育正常發展，達成教育目標，經由一定的制定程序後，制定出規範教育運作與活動的準則。教育行政人員最重要的辦事原則是依法行事，避免侵害到人民各種權益。學校師生活動要運作順暢，也需要有一些適當的準則作為遵循，因此教育法規具有以下兩項特性：保障學生受教權、規範教育人員作為。為使教育法規具有增進教育事業發展的功能，政府相關部門會依社會的變遷或環境的需要，訂定及修訂各種法規，作為教育施政之依據，這也造成學校教育法規的變動相當大（吳清山，2010）。這些法規構成位階體系，其關係如下：憲法 > 法律 > 命令 > 行政規則（任晟蓀，2007）。這些教育法規體系的位階關係如表 1-1 所示，以下分別略述教育法規的種類及性質：

一、《憲法》

《憲法》於民國 36 年 1 月 1 日公布，同年 12 月 25 日公布施行，共有十四章 175 條條文，其中第十三章基本國策的第五節為教育文化（第158 條至第 167 條）。《憲法》具最高性、固定性、原則性，任何法律與之牴觸者無效。後來為因應民主化與本土化的趨勢，制定《憲法增修條

文》（2005），停止適用《憲法》中的部分條文，例如：第10條第10項：
教育、科學、文化之經費，尤其國民教育之經費應優先編列，不受憲法第
164條規定之限制。

表1-1

教育法規體系的位階

位階	法規類別		法規效力
第一層	憲法及其增修條文		教育法律、命令皆不得牴觸憲法。
第二層	教育基本法		不得牴觸憲法，而教育法令應依該法之規定，修正、廢止或制（訂）定。
第三層	教育法律		1. 教育法律不得牴觸憲法、教育基本法。 2. 教育命令不得牴觸教育法律。
第四層	中央教育法規命令		依據法律授權訂定，其效力高於地方自治法規，但不得牴觸憲法、教育基本法、教育法律。
第五層	地方教育自治法規		1. 地方教育自治條例不得牴觸憲法、法律或基於法律授權的法規。 2. 地方教育自治規則不得牴觸憲法、法律、基於法律授權的法規及地方自治條例。
	地方教育自治條例	地方教育自治規則	

資料來源：顏國樑（2004：頁62）。

二、教育法律

　　教育活動方面的立法是經由立法院通過、總統公布後實施，《中央法
規標準法》第5條規定，下列事項應以法律定之：1. 憲法或法律有明文規
定，應以法律定之者。2. 關於人民之權利、義務者。3. 關於國家各機關之
組織者。4. 其他重要事項之應以法律定之者。其中《教育基本法》因為是
教育法令之原則性、總則性之規範，可以說是除了《憲法》有關教育條款
外的一切教育法令依據，在教育法規體系中具有「母法」或「本法」之地
位，而其他教育法令則居於「子法」或「施行法」之地位（吳清山、林天
佑，2005；吳清山，2010）。

目前臺灣地區所公布實施之「教育法律」名稱，僅只有「法」和「條例」兩種名稱；而又以「法」的名稱居多，主要是屬於全國性、一般性或長期性事項之規定，例如：《教師法》、《國民教育法》和《強迫入學條例》等，尚無「律」和「通則」之名稱的教育法律（鍾政諺，2004）。

三、教育法規命令

教育法規命令是中央教育行政機關基於「教育法律」授權所發布的命令，也就是一般所謂「授權命令」，例如：《高級中等以下學校教師評審委員會設置辦法》是依據《教師法》第 9 條第 4 項規定訂定之。教育法規命令的效力低於教育法律，教育命令不得牴觸教育法律，如果牴觸無效。但因為教育法律僅是原則性的規定，仍需要靠行政機關制定許多教育法規命令，才能有效推展教育工作。教育法規命令主要是由中央教育行政機關依法律授權所訂定的法規，因此又稱為「中央教育法規命令」，其性質皆與人民權利義務有關，並且對外發生效力，其效力高於地方教育自治法規。

司法院解釋亦是重要的教育法規之一，對法律的執行與修訂有重要的影響力。《憲法》第 78 條規定：「司法院解釋憲法，並有統一解釋法律及命令之權。」故中央或地方機關於其職權上適用《憲法》發生疑義時，即得聲請司法院解釋，法律及命令與《憲法》有無牴觸，發生疑義時亦同。《憲法訴訟法》第 1 條明定司法院大法官組成憲法法庭，依本法之規定審理下列案件：「一、法規範憲法審查及裁判憲法審查案件；二、機關爭議案件；三、總統、副總統彈劾案件；四、政黨違憲解散案件；五、地方自治保障案件；六、統一解釋法律及命令案件。」以〈釋字第 702 號有關教師法第 14 條所定教師之解聘、停聘或不續聘〉（2012）為例，98 年11 月 25 日修正公布之《教師法》第 14 條第 1 項第 6 款規定：「教師聘任後除有下列各款之一者外，不得解聘、停聘或不續聘：……六、行為不檢有損師道，經有關機關查證屬實。」大法官認為該條文未與《憲法》第 23 條比例原則牴觸，亦與憲法保障人民工作權之意旨無違背。在教育實務上如校園性騷擾、嚴重體罰、主導考試舞弊、論文抄襲等，皆可構成行

為不檢有損師道。這項解釋促成《教師法》在下一次修法時，將所謂行為不檢有損師道之行為態樣，明文規定於法律之中。

四、地方自治法規

　　直轄市政府、縣（市）政府、鄉（鎮、市）公所究其自治事項，得依其法定職權或基於法律、自治條例之授權，訂定自治規則，稱之為地方自治法規。其法源是依據 1999 年公布實施的《地方制度法》（2024），該法第 19 條規定，關於地方教育文化及體育事項係屬於地方自治事項，包括：1. 學前教育、各級學校教育及社會教育之興辦及管理；2. 藝文活動；3. 體育活動；4. 文化資產保存；5. 禮儀民俗及文獻；6. 社會教育、體育與文化機構之設置、營運及管理（徐易男，2008）。依據第 25 條規定，自治法規可分為兩類：經地方立法機關通過，並由各該行政機關公布者，稱自治條例；由地方行政機關訂定，並發布或下達者，稱自治規則。前者如《臺北市國民中小學校長遴選自治條例》，後者如《高雄市公私立各級學校學生家長會設置辦法》。就法律位階及效力而言，地方自治法規的位階最低、效力最小。但就數量而言卻不少，這些自治法規的制定可補教育法律的不足，並可適應地方的需求，發揮地方之特色（鍾政諺，2004）。

第三節　本書撰寫架構

　　由於教育法規汗牛充棟，本書僅就高中以下教育法規探討之，不涉及大專以上的法規。在探討法規之前，先就某一教育制度當前的實施狀況作一概述，以便於相互對照。本書著重於教育法規的重要規定，所摘錄的內容均是教師資格考試及教師甄試的重要命題概念，至於法規中的繁瑣規定，則是在遇到問題時再行翻閱，以詳細瞭解其規定。本書所探討之教育制度及教育法規如表 1-2 所示。

　　至於撰寫體例，依據《中央法規標準法》第 8 條規定：「法規條文應分條書寫，冠以『第某條』字樣，並得分為項、款、目。項不冠數字，空兩字書寫，款冠以一、二、三等數字，目冠以㈠、㈡、㈢ 等數字，並應

加具標點符號。」由於本書引用很多的法規原文，爲方便讀者的閱讀，則將法規的「項」加上數字，爲減少行數也不換行書寫。這是本書撰寫體例較爲特殊之處，特此說明。

表 1-2

本書所探討的教育制度及教育法規

章次	教育制度	教育法規
2	教育理念與制度	《憲法》、《憲法增修條文》及《教育基本法》
3	師資培育制度	《師資培育法》、《技術及職業教育法》
4	中小學教師任用制度	《教育人員任用條例》、《教師法》及其相關法規
5	教師權利與義務	《教師法》及其相關法規
6	教師懲戒與救濟	《教師法》及其相關法規
7	國民教育制度	《國民教育法》、《強迫入學條例》
8	教育分流制度	《高級中等教育法》及其相關法規
9	實驗教育與原住民教育	實驗教育三法、《原住民教育法》
10	教育機會均等理念的落實	《偏遠地區學校教育發展條例》
11	中小學教學正常化	教學正常化實施要點及其相關法規
12	學生的輔導與管教	《學生輔導法》、《學校訂定教師輔導與管教學生辦法注意事項》、《校園霸凌防治準則》等
13	學校性別平等教育、性別事件的處理	《性別平等教育法》、《校園性別事件防治準則》等
14	學生權益及家長參與	《兒童及少年福利與權益保障法》、《少年事件處理法》、家長參與學校教育事務辦法等
15	中小學的特殊教育	《特殊教育法》及其相關法規

自我評量

一、選擇題

(　　) 1. 下列何項教育法規的位階最高？　(A) 教育人員任用條例　(B) 校園霸凌防制準則　(C) 國立高級中等學校教師每週教學節數標準　(D) 高級中等以下學校及幼稚園教師資格檢定及教育實習辦法

(　　) 2. 依照《中央法規標準法》之規定，下列何者不屬於各機關發布之命令性質？　(A) 社區大學發展條例　(B) 國防大學組織規程　(C) 入學大學同等學力認定標準　(D) 高級中等學校辦理實驗教育辦法

(　　) 3. 下列哪一項教育法令須經過立法院三讀審查程序？　(A) 教師法　(B) 國民教育法施行細則　(C) 公立高級中等以下學校校長成績考核辦法　(D) 幼兒園在職人員修習幼兒園教師師資職前教育課程辦法

(　　) 4. 依據《中央法規標準法》之規定，下列何者是法律的名稱？　(A) 辦法　(B) 條例　(C) 細則　(D) 綱要

(　　) 5. 訂定自治條例的教育法規是哪一個機關的權責？　(A) 行政院　(B) 教育部　(C) 立法院　(D) 直轄市或縣（市）政府教育局

(　　) 6. 下列法律之位階，何者最高？　(A) 憲法　(B) 教育基本法　(C) 教育人員任用條例　(D) 國民教育法

(　　) 7. 下列有關「教育命令」的敘述，何者為「非」？　(A) 教育命令不得牴觸教育法律　(B) 教育命令是一種委任命令　(C) 教育命令是一種授權立法　(D) 教育命令的效力高於教育法律

(　　) 8. 下列對於教育法規的類別之敘述，何者是錯的？　(A) 教育法律的名稱分為法、律、條例、通則四種　(B) 法規命令是一種授權立法，乃是基於法律授權所發布的命令　(C) 自治法規經地方立法機關通過者，由各該機關公布者，稱自治規則　(D) 在法規命令中，「規程」通常用在規定機關組織、處務準則

(　　) 9. 下列關於十二年國教內涵敘述，何者有誤？　(A) 前九年為國民教育，依國民教育法及強迫入學條例規定辦理，對象為六至十五歲學齡之國民　(B) 屬於普及化的義務教育，免試、免學費　(C) 目標

　　　　在於提升國民基本知能，培養現代公民素養、強化國民基本能力，以厚植國家經濟競爭力　(D) 採公立學校與私立學校並行，對於獲得政府補助之私立學校，與公立學校之辦學需同樣接受嚴格監督與評鑑

(　　) 10. 政府為推動十二年國民基本教育，下列何者為十二年國民基本教育提供法源依據？　(A) 終身教育法　(B) 強迫入學條例　(C) 國民教育法　(D) 高級中等教育法

參考答案

1.A　　2.A　　3.A　　4.B　　5.D　　6.A　　7.D　　8.A　　9.B　　10.D

二、問答題

1.何謂教育法規位階體系？試舉實例說明之。

2.依據「法律位階理論」最高的規範為憲法，其次為法律，再者為命令。請問何謂命令？命令又可分為哪些類型？

3.地方自治法規可分為自治條例及自治規則兩類，請說明兩者有何差異？並各舉一項地方自治的教育法規說明之。

第二章

教育理念與制度

　　基於法律規範的位階關係，所有法令、處分與事實行為，無論所涉及者係教育理念、課程內涵、學校措施或具體教學內容，均須服膺「憲法最高性」的法秩序拘束。然而因《憲法》既有內容難以隨時修正，故在不牴觸《憲法》規範的前提下，有關教育事項的規定及具體改革步驟即落在《教育基本法》（2013）身上（曾大千，2014）。《教育基本法》為了要落實並補充《憲法》有關教育的原則性規定，因此該法的體系內涵也因此不斷擴展，其內容明定教育之目的與基本原則，以作為有關教育事務之法規及政策的基本指導綱領的法律，可以說是一切教育法規的根本大法。本章依據《憲法》、《憲法增修條文》及《教育基本法》的內容，闡述我國重要的教育理念與制度。

第一節　《憲法》與《教育基本法》的制定沿革

　　本節分別敘述《憲法》、《憲法增修條文》與《教育基本法》的制定沿革及其性質。

壹　《憲法》及增修條文的制定

　　《憲法》公布於 1947 年，期間經歷動員戡亂時期，造成臺灣憲政長期乖離民主原則。於是自 1991 年廢除《動員戡亂時期臨時條款》，重新回歸常態憲政體制（李惠宗，2015）。在不變動《憲法》原文的原則下，以增修條文的方式，對國民大會、中央政府體制、地方制度、基本國策、兩岸關係及修憲程序等，進行調整與修正，修憲程序目前共進行了七次，最新版為 2005 年公布的《憲法增修條文》，全文計 12 條（陳賢舜，2019）。幾次修憲下來，共增刪或凍結了《憲法》至少四分之一以上的條文，而第七次修憲也將修憲門檻提高，將來修憲的難度更高（李惠宗，2015）。《憲法》具有最高性、調和性、穩定性、適應性、國際性及政治性等特性，其中比較重要的是最高性及穩定性。《憲法》保障人民之權利，除《憲法》許可以法律限制者外，政府不得任意以法律限制，侵害

人民權利，否則便屬違憲。《憲法》的最高性，是對法律、命令而言，例如：第 171 條規定：「法律與憲法牴觸者無效。法律與憲法有無牴觸發生疑義時，由司法院解釋之。」而穩定性是指《憲法》是國家根本大法，《憲法》之制定及修改通常比普通法律困難（黎淑慧，2015）。就《憲法》及《憲法增修條文》之條文，可以歸納出我國教育發展的基本指導方針：自由權利保障、平等原則、民主原則、社會國原則、共和國原則及多元文化國原則等不同面向（曾大千、陳炫任，2013）。

 ## 貳　《教育基本法》立法背景

1994 年 4 月，由臺灣數個民間團體共同組織發起的「四一○教改行動聯盟」，提出「制定教育基本法、落實小班小校、廣設高中大學、推動教育現代化」等四大訴求。1996 年 12 月完成《教育改革總諮議報告書》，而提出以「修訂教育法令與檢討教育行政體制、改革中小學教育、普及幼兒教育與發展身心障礙教育、促進技職教育的多元化與精緻化、改革高等教育、實施多元入學方案、推動民間興學、建立終身學習社會」等八項為應優先推動的教育改革重點項目。制定《教育基本法》被列為應於近程完成的教改首要工作，乃於 1999 年 6 月完成制定公布（吳清山，2010）。

 ## 參　教育基本法的性質

所謂「基本法」，其性質係屬有關重要事務之原則性、綱領性、方針性規範，但可作為補充《憲法》有關重要事務條款之不足，並確定重要事務法制之根本目的與原則之法律。在法理上，因《中央法規標準法》並無明文規定基本法優先適用於一般法律，故其在法位階上並無優先性。其規範內容若能獲得全體國民之支持與認同，建立全體國民對該重要事務目標及原則之共識，則基本法亦可達成指引並導正整個重要事務法制及活動之規範功能（蔡明砡，2002）。例如：《環境基本法》其性質上應屬環境政策之宣示，或類似《憲法》方針條款。

　　「制定教育基本法」爲教育改革聲浪中的一大訴求，主張仿效日本教育基本法確定政策方向，然後再據以續訂各種子法，使《教育基本法》成爲其他相關法律之「母法」。但由於我國欠缺類似日本教育基本法制定當時的背景，欲將《教育基本法》解釋爲「憲法附屬法律」、「教育憲法」而具有準憲法之效力，較爲困難。但《教育基本法》如能獲得全民之認同，則其實質之規範效力，將相當於「教育憲法」而高於一般法律（周志宏，1996）。

　　綜合以上所言，在法理上雖然《教育基本法》位階並未高於其他教育法規，但因我國教育法制欠缺原則性、綱領性、方針性之規範；再加上《憲法》之教育條款規範不足，而且《憲法》之教育理念落後於國際社會之共識，因此《教育基本法》仍具有實質的規範功能。除可補充《憲法》對於教育目的、教育原則規範之不足，尙可確立教育法規體制之基本結構、權力配置、決策制定與資源分配的基本原則（周志宏，1996），因此稱《教育基本法》爲「教育憲法」亦不爲過。雖然《教育基本法》不是相關教育法律的母法，但當相關法律之解釋與適用發生疑義時，仍應回歸參照各該基本法的精神與規定爲宜。《教育基本法》第 16 條，設有「本法施行後，應依本法之規定，修正、廢止或制（訂）定相關教育法令」之規定，即在賦予其有較高之法律位階（吳清山，2010）。

第二節 《憲法》所宣示的重要教育理念

　　《憲法》通常規定一個國家的政治架構、政府組成與職能、權力制衡模式和公民基本權利與義務等，所以《憲法》是人民權利保障的宣言書，對於基本人權的保障構成《憲法》最重要的部分，例如：《憲法》第 7 至 21 條規定平等權、人身自由、言論自由、生存權、工作權、財產權等各種基本人權均受憲法保障（黎淑慧，2015）。本節主要在探討《憲法》對教育理念所作的宣示，以下分別從三方面來探討。

壹　師生基本權利之保障

在《憲法》第二章人民之權利義務條文中，與教育理念關係較為密切為：第 11 條人民有言論、講學、著作及出版之自由；第 21 條人民有受國民教育之權利與義務；第 22 條凡人民之其他自由及權利，不妨害社會秩序公共利益者，均受憲法之保障。

一、講學自由之爭議

《憲法》第 11 條關於意見自由之保障，除於「言論自由」、「著作自由」、「出版自由」之外，復揭櫫「講學自由」乙項，其中受到爭議的是中小學教師是否享有「講學自由」？大法官的解釋如下：講學自由的目的當在積極的鼓勵科學之研究，使學者能夠獲得充分研究之自由。因此關於講學自由之規定，應以大學教育為限，因大學之本質在於以學術為中心，進而深入探討真理，並發展新的知識領域，故必須予以特別之保障；而中小學教育階段，因應學生尚在身心成長、發展階段，理解、批判等能力猶有未足，因此講學自由應僅適用於大學或高等研究機構（司法院，1995）。言論自由雖受《憲法》保障，但如果故意散布不實言論，而對他人名譽造成損害，或侵害他人之隱私，則不在保障圍範之內（李惠宗，2015）。

二、學生基本權利之保障

《憲法》第 22 條以消極的定義方式稱「不妨害社會秩序公共利益」之自由權利即受《憲法》保障，當然這類基本權利構成要件之內涵，會隨著社會現象及社會觀念的變遷而有所改變，例如：同性戀之行為（李惠宗，2015）。以下為需要受到保障的學生基本權利（李惠宗，2015）：

㈠人格發展自由

人格發展自由是指人民基於自由意志可自主形成行為的自由，此種自我決定權是人格發展的基礎，基本上沒有年齡及性別的限制，例如：姓名

的決定及使用、頭髮及穿著的自由等。又可以分為下列兩種：

1. 個人人格權

個人人格權是指保護個人發展其自我的權利，人格發展自由旨在保護個人的私有領域免於國家的不當侵害，例如：學校雖可作出制服的建議，但不可以奇裝異服而將學生開除；一般他人亦不得侵害他人的人格自由，例如：非經他人准許不得錄影、錄音。

2. 集體人格權

這是指依據種族、語言或宗教等因素，自成一獨特的族群可主張之人格權。例如：臺灣戰後的小學課本有吳鳳捨生取義的故事，對原住民的集體人格權造成重大傷害。

(二) 隱私權

隱私權乃不可或缺的基本權利，是個人得拒絕他人知悉所有訊息之總稱，其內涵包含個人出身、健康資料、財務狀況、學經歷、車牌號碼、宗教信仰、日記的記載，甚至電話號碼及住址等。學生擁有資訊的自決權，有權自行決定是否將其個人資料交付及提供利用。我國已制頒《個人資料保護法》（2023），以避免個人的資料受到濫用。

(三) 知的權利

知的權利有消極及積極兩種類型，消極知的權利是指國家不得干涉人民從一般消息來源獲得資訊之可能性。教育方面知的權利通常是指積極這一方面，這是指對特定資訊知悉的請求權，例如：對學校資訊公開的請求權及閱卷的請求權，學生有權利知悉某些與自己本身有關之資訊，例如：輔導資料之記載。

(四) 健康權

《憲法》第 15 條規定生存權應予保障，由生存權可以導出健康權，健康權係指個人保有身體機能正常和維持心理健全狀態的權利。健康權未能獲得確保，就會危及生命的存在。健康權的消極面即身體不受傷害權，因此在學校的教學及訓練，不得因懲戒或過度訓練而傷及學生的健康。在

積極面則是個人身體自主權，國家機關不可對個人採取特定的措施，除非有「法律依據」或「基於公益」，否則「強制治療」、「強制勒戒」皆不得採行。身體自主權固為人性尊嚴之所繫，但基於權利不得濫用原則，個人不得主張其有自傷或自戕的自由。

 ## 貳　教育文化基本國策

教育文化關係著國家百年之長遠發展，《憲法》對於教育文化相當重視，於第十三章基本國策列出教育文化專節，這方面的規定層面頗為廣泛，顯示其對教育文化制度的重視。以下探討《憲法》對教育文化之規定（李惠宗，2015；吳清山，2010）：

一、教育文化之宗旨

第 158 條規定：「教育文化，應發展國民之民族精神、自治精神、國民道德、健全體格、科學及生活智能。」此為我國教育文化之宗旨。

二、教育之原則

第 159 條揭示：「國民受教育之機會，一律平等。」指國民受教育之機會均等，不得有受優待或劣待之情形，此項教育機會平等具有平等原則與平等權的性質，《教育基本法》第 4 條有更詳細的規定。

三、實施方法

為達成國家教育文化之目標，除保障講學自由與出版自由之基本權外，基本國策章另規定其方略如下：

㈠免費教育之實施

第 160 條規定：「六歲至十二歲之學齡兒童，一律受基本教育，免納學費。其貧苦者，由政府供給書籍。已逾學齡未受基本教育之國民，一律受補習教育，免納學費，其書籍亦由政府供給。」第 21 條規定：「人民

有受國民教育之權利與義務。」說明接受國民教育既是權利也是義務，所以第 160 條的規定更強調義務性質，亦即對國民具有拘束性之規定。

㈡ 獎學金的設置

第 161 條規定：「各級政府應廣設獎學金名額，以扶助學行俱優無力升學之學生。」各種獎學金之設置，則視地方政府財政能力而定。

㈢ 國家對於教育文化的監督

第 162 條規定：「全國公私立之教育文化機關，依法律受國家之監督。」因此對於私立學校有義務依據《私立學校法》予以監督。為鼓舞文化工作者，第 165 條至第 167 條分別指出國家施政方針：「國家應保障教育、科學、藝術工作者之生活，並依國民經濟之進展，隨時提高其待遇。」；「國家應獎勵科學之發明與創造，並保護有關歷史、文化、藝術之古蹟、古物。」；「國家對於左列事業或個人，予以獎勵或補助：一、國內私人經營之教育事業成績優良者。二、僑居國外國民之教育事業成績優良者。三、於學術或技術有發明者。四、從事教育久於其職而成績優良者。」《教育基本法》第 7 條亦有相對應的規定。

㈣ 教育文化經費之保障

第 164 條規定：「教育、科學、文化之經費，在中央不得少於其預算總額 15%，在省不得少於其預算總額 25%，在市縣不得少於其預算總額 35%。其依法設置之教育文化基金及產業，應予以保障。」本條文具有宣示國家對教育文化重視之功能，但因此一規定造成行政機關編列預算之困難，於是《憲法增修條文》（2005）第 10 條第 10 項將此一規定凍結：「教育、科學、文化之經費，尤其國民教育之經費應優先編列，不受憲法第 164 條規定之限制。」此一修憲因而產生國家及地方的教育、科學、文化的經費未受保障，如何解決此項問題？《教育基本法》第 5 條第 2 項明定：「教育經費之編列應予以保障；其編列與保障之方式，另以法律定之。」2000 年 12 月制定公布《教育經費編列與管理法》（2016），該法第 3 條規定使用具體數字以確保全國教育經費之穩定成長，但應多少比例逐年成

長，則屬立法裁量範疇，原屬「憲法保留」的教育經費保障自此轉型成為「國會保留」之法律保留層級，以保障教育經費專款專用。

　　《憲法》第 163 條另有規定：「國家應注重各地區教育之均衡發展，並推行社會教育，以提高一般國民之文化水準，邊遠及貧瘠地區之教育文化經費，由國庫補助之。其重要之教育文化事業，得由中央辦理或補助之。」這稱為方針條款，只是一種價值上的指引，而沒有具體的拘束力。

 ## 參　邊疆地區及原住民基本國策

　　《憲法》第六節邊疆地區之中的第 168 條及第 169 條分別規定：「國家對於邊疆地區各民族之地位，應予以合法之保障，並於其地方自治事業，特別予以扶植。」；「國家對於邊疆地區各民族之教育、文化、交通、水利、衛生及其他經濟、社會事業，應積極舉辦，並扶助其發展，對於土地使用，應依其氣候、土壤性質，及人民生活習慣之所宜，予以保障及發展。」上述規定在臺灣地區則是轉化成對原住民之特別保障。《憲法增修條文》第 10 條第 11、12 項，分別規定：「國家肯定多元文化，並積極維護發展原住民族語言及文化。」；「國家應依民族意願，保障原住民族之地位及政治參與，並對其教育文化、交通水利、衛生醫療、經濟土地及社會福利事業予以保障扶助並促其發展，其辦法另以法律定之。對於澎湖、金門及馬祖地區人民亦同。」此一規定雖屬方針條款，但顯示出《憲法》本土化意義（李惠宗，2015）。在《原住民教育法》（2021）第 1 條之中，亦立法落實原住民的民族意願。

第三節　《教育基本法》中的教育理念及制度

　　《教育基本法》（以下稱本法）全文共 17 條，其中宣示性的條文占三分之一，偏重教育理念與方針，與《憲法》的教育文化一章內容重疊之處甚多，目的在補充《憲法》對教育理念規範之不足。我國於 2009 年制定公布《公民與政治權利國際公約及經濟社會文化權利國際公約施行法》

（兩公約施行法），《教育基本法》再納入兩公約所揭示保障人權之相關規定，使其內容更能符合國際性之潮流（曾大千，2014）。以下分別從教育理念的宣示及重要教育制度的建立兩部分，來敘說其重要內容。

 重要教育理念的宣示

本法的前八條比較偏重教育事項之基本原則、準則之規範，以下分別闡述之（李國偉，1996；曾大千，2014；吳清山，2010；周志宏，1996）：

一、以學習權為核心概念

在教育方面，個人最根本的意願便是學習，學習權應該視為一種基本的人權。1985 年聯合國教科文組織所發表的「學習權宣言」，對學習權的涵義有相當廣泛的界定，所謂學習權乃包含讀與寫、持續疑問與深入思考、想像與創造、編纂其歷史、獲得一切教育方法、使個人與集體的力量發達。所有教育活動的核心便是學習活動，學習權可視為一種基本的人權，國家要做到保障想學習的人有學習的機會。

本法第 2 條即我國之教育目的，其內容旨在落實上述概念：「1 人民為教育權之主體。2 教育之目的以培養人民健全人格、民主素養、法治觀念、人文涵養、愛國教育、鄉土關懷、資訊知能、強健體魄及思考、判斷與創造能力，並促進其對基本人權之尊重、生態環境之保護及對不同國家、族群、性別、宗教、文化之瞭解與關懷，使其成為具有國家意識與國際視野之現代化國民。3 為實現前項教育目的，國家、教育機構、教師、父母應負協助之責任。」教育的主體性是國家或個人？過去偏於國家發展的特定目的，此條文特別規定「人民為教育權的主體」，彰顯學習者才是教育主體。

二、教育的實施原則

　　為實現教育目的，本法的第 3 條及第 4 條列出有教無類、因材施教、教育機會均等的實施原則。第 3 條規定：「教育之實施，應本有教無類、因材施教之原則，以人文精神及科學方法，尊重人性價值，致力開發個人潛能，培養群性，協助個人追求自我實現。」第 4 條規定：「人民無分性別、年齡、能力、地域、族群、宗教信仰、政治理念、社經地位及其他條件，接受教育之機會一律平等。對於原住民、身心障礙者及其他弱勢族群之教育，應考慮其自主性及特殊性，依法令予以特別保障，並扶助其發展。」本法比《憲法》更進一步保障教育機會均等，教育要使每個人依其潛能獲得最佳的發展，其積極意義應該包括提供充分與多元的教育機會、消弭各種不當的歧視，而唯一能允許的差別待遇，是要促使社經地位越居於不利位置的學習者，越能獲得較大的支援。

三、教育中立原則

　　本法第 6 條共包含四項，主要在揭櫫教育中立之基本原則，其內容如下：「1 教育應本中立原則。2 學校不得為特定政治團體從事宣傳或活動。主管教育行政機關及學校亦不得強迫學校行政人員、教師及學生參加任何政治團體或活動。3 公立學校不得為特定宗教信仰從事宣傳或活動。主管教育行政機關及公立學校亦不得強迫學校行政人員、教師及學生參加任何宗教活動。4 私立學校得辦理符合其設立宗旨或辦學屬性之特定宗教活動，並應尊重學校行政人員、教師及學生參加之意願，不得因不參加而為歧視待遇。但宗教研修學院應依私立學校法之規定辦理。」

　　法規內容明定無論公私立學校均應一體適用政治中立原則，學校不得為特定政治團體從事宣傳，亦不得強迫所屬人員、師生參加任何政治團體或活動。教師應以促進學生人格自由開展而進行課程設計與教學，不應依附於不同執政黨的政治觀念或受其利害關係而影響其教學內容。但就宗教中立原則而言，基於政教分離原則，公立學校與各級政府均應遵守宗教中立之原則；然而，私立學校除涉及私人興學自由外，部分私立學校（如教

會學校）之設立宗旨或辦學主體本即明顯具有特定宗教屬性，故理應允其辦理相關特定宗教活動。學生選擇就讀私立學校未必出於信仰該校所屬特定宗教而爲之，故應尊重個人意願，不得因不參加而爲歧視待遇之原則性規定，但「宗教研修學院不在此限」。

四、落實教育者的教育權

教育權利涉及兩大面向：一是個體接受教育的權利，一是決定教育發展的權利。教育權的類型可分爲四大類：學生受教權（學習權）、家長教育權、國家教育權、教師教育權。家長教育權就是在保障兒童的學習權，因兒童缺乏主張基本權利的能力，必須由父母（或監護人）代爲主張和爭取。現階段父母的教育權可從兩方面加強：1. 對於教育型態的選擇；2. 對於教育決策的參與。在教育未成年學習者的歷程中，教師居於一個極爲重要的地位，因此在《教育基本法》裡標示出保障教師工作、待遇、進修及教師專業自主等權利與義務，特別是對教師專業自主的維護，表示國家對教師專業地位的肯定。

本法對於落實教育者的教育權規定於第 8 條，其內容如下：「1 教育人員之工作、待遇及進修等權利義務，應以法律定之，教師之專業自主應予尊重。2 學生之學習權、受教育權、身體自主權及人格發展權，國家應予保障，並使學生不受任何體罰及霸凌行爲，造成身心之侵害。3 國民教育階段內，家長負有輔導子女之責任，並得爲其子女之最佳福祉，依法律選擇受教育之方式、內容及參與學校教育事務之權利。4 學校應在各級政府依法監督下，配合社區發展需要，提供良好學習環境。5 第二項霸凌行爲防制機制、處理程序及其他應遵行事項之準則，由中央主管教育行政機關定之。」

五、保障學生基本權利及免受體罰霸凌

《憲法》對於學生基本權利的保障，更具體化地呈現在本法之中，第 8 條第 2 項明定：「學生之學習權、受教育權、身體自主權及人格發展權，國家應予保障」，並明定應「使學生不受任何體罰，造成身心之侵

害」。第5項更要求教育部訂定霸凌行為防制機制、處理程序之準則，這稱之為「禁止體罰及霸凌防制條款」，因體罰及霸凌行為對學生人格發展影響甚鉅，為維護學生基本人權故將其明定於本法中，除具有政策宣示意義外，亦可藉此強化學校及其所屬教育人員的「法感」。第15條規定：「教師專業自主權及學生學習權、受教育權、身體自主權及人格發展權遭受學校或主管教育行政機關不當或違法之侵害時，政府應依法令提供當事人或其法定代理人有效及公平救濟之管道。」以符合「有權利必有救濟，有救濟斯為權利」之原則。

 有關建立教育制度之規定

以下針對本法有關建立教育制度之規定作一闡述：

一、保障教育經費專款專用

本法第5條規定：「1各級政府應寬列教育經費，保障專款專用，並合理分配及運用教育資源。對偏遠及特殊地區之教育，應優先予以補助。2教育經費之編列應予以保障；其編列與保障之方式，另以法律定之。」有關教育經費已於第二節有所探討，這裡僅列出條文內容。

二、鼓勵民間興辦教育事業

鼓勵私人興學成為政府的重要教育政策之一，本法第7條規定：「1人民有依教育目的之興學之自由；政府對於私人及民間團體興辦教育事業，應依法令提供必要之協助或經費補助，並依法進行財務監督。其著有貢獻者，應予獎勵。2政府為鼓勵私人興學，得將公立學校委託私人辦理；其辦法由該主管教育行政機關定之。」第2項為公立學校委託私人辦理（公辦民營）政策之法源依據。

三、規定中央政府教育權限

本法第 9 條規定：「1 中央政府之教育權限如下：一、教育制度之規劃設計。二、對地方教育事務之適法監督。三、執行全國性教育事務，並協調或協助各地方教育之發展。四、中央教育經費之分配與補助。五、設立並監督國立學校及其他教育機構。六、教育統計、評鑑與政策研究。七、促進教育事務之國際交流。八、依憲法規定對教育事業、教育工作者、少數民族及弱勢群體之教育事項，提供獎勵、扶助或促其發展。2 前項列舉以外之教育事項，除法律另有規定外，其權限歸屬地方。」

四、設立地方教育審議委員會

本法第 10 條規定：「1 直轄市及縣（市）政府應設立教育審議委員會，定期召開會議，負責主管教育事務之審議、諮詢、協調及評鑑等事宜。2 前項委員會之組成，由直轄市及縣（市）政府首長或教育局局長為召集人，成員應包含教育學者專家、家長會、教師會、教師工會、教師、社區、弱勢族群、教育及學校行政人員等代表；其設置辦法由直轄市、縣（市）政府定之。」立法之用意在期待地方教育治理能跳脫傳統政府機關運作模式，發展出更專業、自主的教育機構，但實際運作卻是效能不彰，地方教育仍受到政治力之影響。

五、延長國民基本教育年限及規劃小班小校

本法第 11 條規定：「1 國民基本教育應視社會發展需要延長其年限；其實施另以法律定之。2 前項各類學校之編制，應以小班小校為原則，中央主管教育行政機關每年應會同直轄市、縣（市）政府推估未來五年學生及教師人數，以規劃合宜之班級學生人數及教師員額編制，並提供各校必要之協助。」第 1 項為國家辦理十二年國民基本教育的法源依據；第 2 項主要在因應少子化趨勢，以訂定「合宜」之中小學班級人數及教師員額編制。

六、推動終身教育制度

本法第 12 條規定：「國家應建立現代化之教育制度，力求學校及各類教育機構之普及，並應注重學校教育、家庭教育及社會教育之結合與平衡發展，推動終身教育，以滿足國民及社會需要。」教育部制定《終身學習法》（2018）鼓勵終身學習。

七、推動教育實驗與評鑑

本法第 13 條規定：「政府及民間得視需要進行教育實驗，並應加強教育研究及評鑑工作，以提升教育品質，促進教育發展。」後續推動教育實驗訂有「實驗教育三法」，此條文為其法源之依據。學校型態的實驗教育應以評鑑進行把關，以維持教育品質。

八、學力鑑定之實施

本法第 14 條規定：「1 人民享有請求學力鑑定之權利。2 學力鑑定之實施，由各級主管教育行政機關指定之學校或教育測驗服務機構行之。」學生參加「在家自行教育」的教育實驗之後，其後續學歷的認定得依靠「學力鑑定」來進行。學力鑑定之實施，在本法中並未規定必須以法律定之。

自我評量 ....

一、選擇題

( ) 1. 下列哪一項是《憲法》與《教育基本法》兩個法規規定中相同的範疇？ (A) 教育機會的均等 (B) 教育審議會設置 (C) 課程基準的訂定 (D) 家長教育選擇權

( ) 2.《教育基本法》第 4 條規定：對於哪些族群的教育應考慮其自主性及特殊性，依法令給予特別保障，並扶助其發展？ (A) 原住民、資賦優異、弱勢族群 (B) 原住民、女性族群、弱勢族群 (C) 原住民、身心障礙、弱勢族群 (D) 女性族群、弱勢族群、身心障礙

( ) 3. 我國《教育基本法》規定「人民為教育權之主體」，並對一般教育目的作諸多規範，下列何者不在其中？ (A) 促進人民在經濟上之競爭力 (B) 促進人民對基本人權之尊重 (C) 促進人民對生態環境之保護 (D) 培養人民健全人格與民主素養

( ) 4. 我國哪一項教育法令規定教師不能體罰學生？ (A) 教師法 (B) 國民教育法 (C) 師資培育法 (D) 教育基本法

( ) 5. 健康市政府欲設立教育審議委員會，以負責主管教育事務之審議、諮詢、協調及評鑑等事宜。下列何者是其法源依據？ (A) 教師法 (B) 地方制度法 (C) 教育基本法 (D) 國民教育法

( ) 6. 凡是我國六歲之國民不分性別、年齡、能力、地域、族群、宗教信仰、政治理念、社經地位及其他條件如何，一律都可進入國民小學接受教育，這是《教育基本法》第 3 條規定教育之實施應有的什麼原則？ (A) 個別差異 (B) 有教無類 (C) 多元發展 (D) 開發潛能

( ) 7.「教育文化，應發展國民之民族精神、自治精神、國民道德、健全體格、科學及生活智能」是哪個法規所訂定的教育文化目標？ (A) 中華民國憲法 (B) 教育基本法 (C) 國民教育法 (D) 高級中等教育法

( ) 8.《教育基本法》建立之目的在於保障人民學習及受教育之權利，確立教育基本方針，健全教育體制。下列何者不是該法所規定學校所

為之事項？ (A) 採用小班的學校編制 (B) 對學校教師進行成績考核 (C) 尊重教師之專業自主 (D) 保障學生之學習權、受教育權、身體自主權及人格發展權

( ) 9. 依據《教育基本法》規定，中央政府之教育權限，下列何者錯誤？ (A) 教育制度之規劃設計 (B) 對地方教育事務之適法監督 (C) 協調與執行地方性教育事務 (D) 教育統計、評鑑與政策研究

( ) 10.《憲法增修條文》規定，教育、科學、文化之經費，尤其下列哪一類教育之經費應優先編列？ (A) 特殊教育 (B) 高等教育 (C) 國民教育 (D) 原住民教育

( ) 11. 依《教育基本法》規定，下列敘述何者錯誤？ (A) 教育人員之工作、待遇及進修等權利義務，應以法律定之 (B) 學生之學習權、受教育權、身體自主權及心理發展權，國家應予保障 (C) 國民教育階段內，家長負有輔導子女之責任 (D) 學生不受任何體罰及霸凌行為，造成身心之侵害

( ) 12. 下列有關《教育基本法》的敘述，何者是正確的？甲、保障教師專業自主權；乙、保障學生的學習權及受教權；丙、保障由政府辦理義務教育的權利；丁、保障家長參與學校教育事務的權利 (A) 甲乙丙 (B) 甲乙丁 (C) 甲丙丁 (D) 乙丙丁

( ) 13. 依據現行《教育經費編列與管理法》第 13 條規定：「直轄市、縣（市）政府之各項教育經費收入及支出，應設立地方教育發展基金，基金應設專帳管理。地方政府自行分擔之教育經費、一般教育補助、特定教育補助均應納入基金收入，年度終了之賸餘並滾存基金於以後年度繼續運用」，請問上述規定最主要可達成下列哪一項目的？ (A) 增加獲得中央補助款的機會 (B) 規避來自地方政府的審議機制 (C) 增加地方政府消化預算的機會 (D) 增加經費運用的彈性與自主性

參考答案

1.A　2.C　3.A　4.D　5.C　6.B　7.A　8.B　9.C　10.C
11.B　12.B　13.D

二、問答題

1. 依據現行《教育基本法》規定，哪四項權利國家應予保障，使學生不受任何體罰與霸凌行為，造成身心之侵害？並簡述身為教師如何避免體罰的因應措施（至少三項）。

2. 媒體報導網飛（Netflix）上映韓國宗教醜聞的紀錄片《以神之名：信仰的背叛》，其中內容提及攝理教領袖鄭明析性侵事件，因韓國受害者眾甚至涉及香港、臺灣信徒，這些宗教團體會偽裝自己是文化活動，或以永續發展為名目做活動，並以這樣的方式讓信徒急速增加（《聯合報》，2023.3.9）。有立法委員因而在立法院質詢：「攝理教深入各大學、勢力龐大對學生造成負面影響，請研擬宗教教育，使學生對宗教能有正確認識。」

(1) 請問目前我國法規對於宗教進入校園有何規定？

(2) 學生參與校園內外的宗教性社團要如何避免誤信邪教？

第**三**章

師資培育制度

　　「國家的未來，關鍵在教育；教育的品質，奠基於良師」，根據學校教育改革經驗，教師素質是奠定學生成就的最重要基礎，師資培育是很重要的教育工程，更是教育品質發展的重要核心（教育部，2012）。因此每隔一段時間，即頒布新的師資培育政策。例如：《師資培育白皮書》（教育部，2012），以「師道、責任、精緻、永續」為核心價值，培養具有教育愛、專業力與執行力之新時代良師，作為發布後十年師資培育發展的施政藍圖。2017 年《師資培育法》（2017）（以下簡稱本法）修正，確立我國師資培育走向標準本位政策，教育部發布十項教師專業標準以及二十九項專業表現指標，十項教師專業標準內涵包括：專業知能、專業實踐及專業態度。這十項標準適用於師資培育各階段的專業化歷程，也希望能引領師資職前培育與教師專業發展。近年來我國師資培育重點為因應十二年國民基本教育課程綱要所強調的培養學生具有九項核心素養，師資培育課程朝向「素養導向」方向發展（林政逸，2019）。有學者（張鈿富等，2010）認為本法屢次修正，不斷露出向「現實妥協」的痕跡，這種過於遷就現實，將不利於師資培育的永續發展。然而這些改革說明教育部對師資培育的重視，因而針對此一制度不斷地省思及調整，期盼教師能肩負起課程與教學革新的重責大任。本章所要探討的主題有二：概述師資職前教育的演變趨勢，以及探討本法與《技術及職業教育法》（2019）（以下簡稱《技職教育法》）的重要內容。

第一節　我國師資培育之現況及問題

 師資培育制度的演變

　　我國師資培育制度從《師範教育法》到《師資培育法》，這期間是一個連續發展的歷程，而本法自實施以來，至 2019 年修正已修法十五次。自 1994 年以來，我國師資培育政策因應多元價值的社會變遷，產生跨時代的變革，從師範教育體系為主的計畫式、公費制、政府分發的師資培育制度，改以儲備式、自費制、檢定甄試制的多元師資培育制度（教育部，

2012）。多元化師資培育的發展可分成三個階段，以下分別敘述之（林慧雯，2020；張鈿富等，2010）：

一、模式轉變階段

1994 年起開始實施《師資培育法》，此時培育師資的機構除原有的師範院校外，各大學院校可申請設置教育學程，這使得我國的師資培育，從一元化朝向多元化發展，至此多元化師資培育政策正式啟動。在修畢教育部規定的教育學分後，學校即發給學分證明書，此時的師資培育生改以自費爲主，教師資格採初檢及複檢，實習一年，每月領實習津貼 8,000元，實習及格取得教師證。

二、質量調控階段

此階段自 2003 年開始實施，就實習和檢定的部分加以修改，先實習後考試，教育實習由原本的一年改爲半年，且不發給實習津貼，實習及格再參加每年舉行一次的教師資格檢定考試，初檢及複檢程序則予以廢除。此時期的師資生與準教師的數量驟增，但中小學學生數卻沒有相對的增加，反而是逐年驟降，儲備教師的問題十分棘手，師資培育供需失調相當嚴重，師資培育量最高峰爲 93 學年度的 21,805 個名額。爲因應師資培育嚴重失衡與成效不佳的問題，教育部對於師資培育數量的政策隨之啟動，主要做法在透過督導師大大學及師資培育評鑑，完成師資生減半的目標。

三、程序調整階段

2018 年開始實施先檢定後實習的制度，原因在於 2005 年至 2015 年，每年約四成考生未能通過教師資格檢定考試，如改爲先進行教師資格檢定考試後實習，實習學生數量將可大幅減少，相對減輕教育實習機構及師資培育之大學在教育實習輔導上之負擔。此階段師資培育大學可自訂師資職前教育課程，課程改爲備查制，在師資職前教育課程基準規範下自訂職前教育課程。另一新措施爲自 2022 年發給半年的教育實習獎助金，每月5,000 元，並規劃於 113 學年度第 1 學期起調升至 1 萬元。

師資培育問題分析

　　教師培育涵蓋四個階段，分別考慮四個問題：1. 如何吸引優秀的人才進入教師這行業；2. 職前如何培育；3. 初為人師者如何輔導；4. 在職教育如何規劃，以維持教師之水準（李田英，2009）。在師資職前的培育階段，由師培大學所負責的任務包含師資生的甄選、課程規劃與教學、教師資格考試的輔導、半年全時教育實習。當師資生拿到教師證，接著要參加教師甄選，師培大學的輔導就逐漸減少。根據吳武典等人於 2005 年的研究報告指出，我國師資培育正面臨嚴峻的挑戰，分別從師資養成、教育實習與教師資格檢定、教師甄選、教師專業發展等四層面，羅列出師資培育所面臨的問題（引自張鈿富等，2010）。但這些師資培育問題皆與政治、經濟、社會等問題糾結在一起，無法單從教育立場來解決。以下僅就職前階段比較重要的問題加以探討（張鈿富等，2010；盧延根，2023；簡妍，2022）：

一、優秀師資生招募不易

　　少子化趨勢下生源減少，教師開缺大降，加上年金改革造成現職教師延退。受到師資培育多元化、少子化及延退多重的衝擊，衍生教師新陳代謝減緩，教師出缺更為有限，師資培育面臨嚴重市場供需失衡的問題。在正式教職難尋的情況之下，衍生出「流浪教師」逐年增加，以及優秀師資生招募不易的現象。應落實本法兼採公費及助學金之規定，以增加核定公費生名額之方式提升師資生之素質。

二、師資生素質良莠不齊

　　師資培育多元化後，一般公私立大學校院或技職校院，只要設立教育學程都可參與師資培育。由於各學校學術地位或教學模式不盡相同，學生入學成績落差頗大，遴選師資生的素質有所差異，且在少子化下師資生優勢不再，師資培育之大學存在平均水準不一的情形，因此師資生素質走低進而影響國民教育品質，所以師資培育之大學似宜實施嚴謹的汰劣留優機

制，以維持師資品質。

三、師培課程規劃缺乏教學實務經驗

師培課程規劃多半是按照教師檢定考試進行課程規劃，許多必修學分亦強調教育的基礎理論，針對實際教育現場的課程內容設計及教學實務的相關課程偏少。因此，師資生在修課過程中，偏重在學習教育理論，但缺乏實務及教學經驗，未來進入教學現場也很容易與實際教學情形脫節。如何加強師資生的課程設計及實際教學能力，亦是師資培育重要課題。

四、教師資格考試通過率偏高

當今實施的教師資格考試性質，僅係評量師資生學習成果之門檻，應考人只要成績達到標準即為通過。但因通過率偏高，無法做好教師品質把關工作，故在目前教師需求整體降低，教師資格考試檢核標準似宜研議寬嚴尺度。2021 年的教師資格考試計有 6,152 人通過，全國通過率為 67.37%；2022 年全國通過率為 62.03%，但到 2023 年教檢全國通過率僅 51.6%，創下實施素養試題後的新低點。2024 年到考人數 9,620 人、5,022 人通過，通過率 52.2%，比去年略有提升。淘汰率太高或太低皆會引發社會批評，應訂出社會可以接受的尺度。

第二節 《師資培育法》及相關法規之規定

師資培育多元化之後，就人才召募及師資之養成而言未見其利，反而失去我國過去的優勢，師資之養成制度有整體重新檢討與規劃的急迫性。沒有優秀的師資，一切教改均是枉然，長遠觀之，對整個國家之國力也是一大傷害（李田英，2009）。以下依據相關法規來勾勒出我國師資職前教育之輪廓，期能為上一節所提出的問題尋找出解決策略。

師資培育的目標

　　本法第 4 條揭示師資培育的目標如下：「師資培育應落實以學生學習為中心之教育知能、專業精神及品德陶冶，並加強尊重多元差異、族群文化、社會關懷及國際視野之涵泳。」本條文第 2 項說明「為達成前項師資培育之目標，中央主管機關應訂定教師專業素養指引及師資職前教育課程基準。」供師培大學開設教育學分之依據。本條文第 3 項：「前項課程基準，應符應高級中等以下學校課程綱要、幼兒園教保活動課程大綱之教學能力，並符合各項重大議題。」此項條文補充說明師培課程應與高中以下課程綱要相符應。

 師資職前教育課程

　　本法第 3 條首先對一些用詞加以定義：「一、師資培育：指專業教師之培養，包括師資職前教育、教育實習及教師在職進修。二、師資培育之大學：指範大學、教育大學、設有師資培育相關學系或師資培育中心之大學。三、師資職前教育課程：指參加教師資格考試前，依本法所接受之各項有關課程，包括普通課程、教育專業課程及專門課程。四、普通課程：為培育教師人文博雅及教育志業精神之共同課程。五、教育專業課程：為培育教師依師資類科所需教育知能之教育學分課程。六、專門課程：為培育教師任教學科、領域、群科專長之專門知能課程。」《師資培育法施行細則》（2018）第 3 條指出：「……教育專業課程及……教育實習，合稱教育學程。」第 2 條規定：「……師資職前教育課程由各師資培育之大學依教師專業素養指引及師資職前教育課程基準自行規劃，並報中央主管機關備查。」

一、設置師資培育中心

　　本法第 6 條規定：「1 師資職前教育及教育實習，由師資培育之大學為之。2 第 3 條第 2 款師資培育相關學系之認定及變更，由中央主管機關

為之。3 大學設立師資培育中心，應經中央主管機關核准；其設立條件與程序、師資、設施、招生、課程、修業年限、停辦及其他相關事項之辦法，由中央主管機關定之。」想要辦理師資培育的大學，依據《大學設立師資培育中心辦法》提出申請，教育部審核通過後即可辦理師資職前教育及教育實習。

二、規劃開辦師資類科及課程

各大學依據校內系所規劃開辦師資類科，應依本法第 7 條規定辦理：「1 師資培育之大學辦理師資職前教育，應符合下列規定：一、按中等學校、國民小學、幼兒園及特殊教育學校（班）之師資類科，分別規劃。二、各師資類科學科、領域、群科師資培育內容及各類科名額，應報中央主管機關核定後實施。2 中等學校、國民小學師資類科得依教學需要合併規劃為中小學校師資類科。3 師資培育之大學辦理師資職前教育課程，應符合師資職前教育課程基準及原住民族教育法之規定。」

依據《中華民國教師專業素養指引——師資職前教育階段暨師資職前教育課程基準》（2023）規定，各師資培育類科職前教育課程學分數原則如表 3-1 所示。師培大學如開設「中等學校及國民小學師資合流培育」，應修畢至少「教育專業課程」40 學分、國民小學師資類科之教學基本學科 10 學分、中等學校師資類科之專門課程 26 學分至 50 學分及各校自訂之普通課程。

 師資生資格及修業年限

本法第 8 條、第 8-1 條、第 9 條皆與修習師培資格有關之條文，第 8 條規定：「1 各大學師資培育相關學系之學生，其入學資格及修業年限，依大學法之規定。2 設有師資培育中心之大學，得甄選大學二年級以上及碩、博士班在校生修習師資職前教育課程。3 師資培育之大學，得視實際需要報請中央主管機關核定後，招收大學畢業生，修習師資職前教育課程至少一年。4 前三項學生修畢規定之師資職前教育課程，成績及格者，由

表 3-1

各師資培育類科職前教育課程學分數

師資類科	職前教育課程總學分數（最低學分數）	各類課程最低學分數				
		教育專業課程最低學分			專門課程最低學分	普通課程最低學分
		教育基礎最低學分	教育方法最低學分	教育實踐最低學分		
中等學校師資類科	教育專業課程 26 學分＋專門科目 26 學分	4 學分	8 學分	8 學分	26-50 學分 ※（依任教科目）	由各校自訂
國民小學師資類科	教育專業課程 36 學分＋專門科目 10 學分	4 學分	8 學分	12 學分	10 學分（教學基本學科）	由各校自訂
幼兒園師資類科	教育專業課程 46 學分＋專門科目 4 學分	15 學分	17 學分	14 學分	4 學分	由各校自訂

資料來源：《中華民國教師專業素養指引——師資職前教育階段暨師資職前教育課程基準》（2023）

師資培育之大學發給修畢師資職前教育證明書。」第 8-1 條是為特定條件大學畢業生辦理師資職前教育課程之規定：「1 中央主管機關得視政策需要，經師資培育審議會審議通過後，協調師資培育之大學，辦理師資職前教育課程，招收具特定條件之大學畢業生，修習師資職前教育課程至少一年。」成績及格取得證明書者「經教學演示及格者，得免依規定修習教育實習。」第 9 條規定持國外大學以上學歷且修畢師資職前教育課程者，其資格之認定及收費標準。

 教師資格檢定辦理方式

　　本法第 10 條規定：「1 教師資格檢定，依下列規定辦理：一、教師資格考試：依其類科取得修畢師資職前教育證明書或證明者，始得參加。二、教育實習：通過教師資格考試者，始得向師資培育之大學申請修習包括教學實習、導師（級務）實習、行政實習、研習活動之半年全時教育實

習。」師資培育新制為教師資格考試通過後，才能參加教育實習。教育部訂定之相關法規有：《高級中等以下學校及幼兒園教師資格考試辦法》、《高級中等以下學校及幼兒園教師資格考試收費標準》、《師資培育之大學及教育實習機構辦理教育實習辦法》。

有關教育實習之規定

本法第 16 條規定：「1 師資培育之大學應有實習就業輔導單位，辦理教育實習、輔導畢業生就業及地方教育輔導工作。」第 17 條規定：「高級中等以下學校、幼兒園及特殊教育學校（班）配合師資培育之大學辦理全時教育實習者，主管機關應督導辦理教育實習相關事宜，並給予必要之經費及協助。」教育部因此訂定《教育部補助師資培育之大學落實教育實習輔導工作實施要點》，在補助教育實習要點中，除補助實習學校外，亦補助師資生教育實習獎助金。本法第 18 條規定：「師資培育之大學得設立與其培育之師資類科相同之附設實驗學校、幼兒園或特殊教育學校（班），以供教育實習、實驗及研究。」第 19 條規定：「師資培育之大學辦理師資職前教育課程及教育實習，其收取費用之項目、用途及數額，不得逾中央主管機關之規定，並應報中央主管機關核定後實施。」

陸 取得教師證條件

本法第 11 條及第 12 條為規範取得教師證的條件，第 11 條規定：「1 符合下列各款資格者，由師資培育之大學造具名冊，送中央主管機關發給教師證書：一、取得學士以上學位。二、取得修畢師資職前教育證明書或證明。三、通過教師資格考試。四、修習教育實習成績及格。2 前項教師證書之格式、申請程序、審查、核發、換發、收費及其他相關事項之辦法，由中央主管機關定之。」第 12 條規定：「已取得第 7 條其中一類科合格教師證書，修畢另一類科師資職前教育課程，並取得證明書或證明者，由中央主管機關依前條第 2 項所定辦法發給該類科教師證書，免依規

定參加教師資格檢定。」例如：已取得中等學校類科國文科合格教師證書，並修畢中等學校類科其他專門課程者，由師資培育之大學造具名冊送教育部申請發給另一類科教師證書，免依規定參加教師資格檢定。已取得國民小學教師證，再修畢中等學校類科專門課程，同樣準用前項規定。

 ## 柒　從事教職工作

本法第 15 條規定：「取得教師證書欲從事教職者，除公費生應依前條規定分發外，應參加與其所取得資格相符之學校或幼兒園辦理之教師公開甄選。」第 22 條則是規定通過教師資格考試後，至偏遠地區學校、海外臺灣學校任教得抵免修習教育實習，由中央主管機關發給該類科教師證書。其條文摘錄如下：「一、通過教師資格考試後七年內於偏遠地區之學校任教二學年以上或每年連續任教三個月以上累計滿二年。但其年資累計以同一師資類科為限。」；「通過教師資格考試且由依海外臺灣學校設立及輔導辦法設立之海外臺灣學校及經僑務委員會立案或備查之僑民學校聘任之教師……：一、通過教師資格考試後七年內任教二學年以上或每年連續任教三個月以上累計滿二年。但其年資累計以同一師資類科為限。」

 ## 捌　師資培育相關行政配套

為推動師資培育業務所規定的行政配套有以下幾項規定：「第 5 條中央主管機關應設師資培育審議會，及審議會委員之來源。」；「第 13 條……設教師資格考試審議會，其成員應有至少一位原住民族教育專業之學者專家。」；「第 14 條師資培育以自費為主，兼採公費及助學金方式實施；公費生畢業後，應至偏遠或特殊地區學校服務。……公費生訂定契約之內容等。」

玖　辦理現職教師在職進修

　　本法亦規定師培大學辦理現職教師的在職進修，第 16 條規定：「2
前項地方教育輔導工作，得包括教師在職進修，並結合各級主管機關、教
師進修機構及學校或幼兒園共同辦理之；其實施方式、內容、對象及其他
相關事項之辦法，由中央主管機關定之。」第 20 條則是建議教師在職進
修的方式：「1 主管機關得依下列方式，提供高級中等以下學校及幼兒園
教師進修：一、單獨或聯合設立教師進修機構。二、協調或委託師資培育
之大學開設各類型教師進修課程。三、經中央主管機關認可之社會教育機
構或法人開辦各種教師進修課程。2 前項第 2 款師資培育之大學得設專責
單位，辦理教師在職進修，並應依原住民族教育法開設原住民族語言、文
化或多元文化教育等進修課程。3 第 1 項第 3 款之認可辦法，由中央主管
機關定之。」

第三節　《技術及職業教育法》對師資培育的規定

　　我國的技術及職業教育體系，主要分為技術教育（科技大學、技術
學院、專科學校）和職業教育（高職學校，亦即技術型高中），過去數十
年，技職教育對臺灣經濟發展、社會繁榮、提升國家整體的競爭力有重大
貢獻，造就臺灣經濟奇蹟之成功經驗有功不可沒的影響。但受到升學主義
及考試領導教學的影響，使技術型高中從學習職業技能的就業導向轉變為
以升學發展為導向。以往技職教育多以學校階段培養學生取得丙級以上職
業證照為其辦學主要目標，然而隨著社會發展的多元化及職業教育環境的
更迭，我們無法以過去的技術，來面對現在的挑戰及未來的變革。在此情
境脈絡之下，教育部於 2015 年制定《技術及職業教育法》，主要目的為
「建立技術及職業教育人才培育制度，培養國人正確職業觀念，落實技職
教育務實致用特色，培育各行業人才。」以往的《專科學校法》、《職業

學校法》均已因《技術及職業教育法》的頒行而廢止（張仁家、陳琨義，2017）。本節僅就該法對學生職業試探及有關技職師資的相關規定作一探討。

 有關學生職業試探部分

《技術及職業教育法》第9條規定：「1 高級中等以下學校應開設或採融入式之職業試探、生涯輔導課程，提供學生職業試探機會，建立正確之職業價值觀。2 國民小學及國民中學之課程綱要，應納入職業認識與探索相關內容；高級中等學校及國民中學應安排學生至相關產業參訪。」第10條規定：「1 國民中學為實施職業試探教育，得與技職校院或職業訓練機構合作辦理技藝教育……。」

 有關技職師資部分

《技術及職業教育法》第四章為有關技職教育之師資部分，第24條規定：「1 高級中等以下學校師資職前教育課程應將職業教育與訓練、生涯規劃相關科目列為必修學分。2 高級中等學校職業群科師資職前教育課程，應包括時數至少十八小時之業界實習，由師資培育大學安排之。」第1項是針對所有類科的師資生所作的規定，在原有的教育學分之外，還要加修這兩門課程。第2項是規定將來要到技高任教的職業群科教師所作的規定，普通科教師排除在外。

本法第25條規定：「1 技職校院專業科目或技術科目之教師，應具備一年以上與任教領域相關之業界實務工作經驗。……2 前項與任教領域相關之業界實務工作經驗之認定標準，由中央主管機關定之。3 高級中等學校於聘任專業科目或技術科目之專任合格教師時，應優先聘任具備一年以上與任教領域相關之業界實務工作經驗者及第1項第1款者，並於有缺額時，始得聘任第1項第2款之未具一年以上工作經驗者。」依教育部對「一年以上任教領域相關之業界實務工作經驗」的解釋，短期補習班或各

級學校從事教學工作之經驗不能採計；師資生修習師資職前教育課程期間，全時且連續一個月以上之專門課程至業界實習所修學分，得採計為業界實務工作經驗。「一年」得以連續或累計方式採計，但要提出業界出具之工作服務、勞工保險或薪資明細等證明。詳細規定請參閱：《技專校院專業科目或技術科目之教師業界實務工作經驗認定標準》（2015）。

　　第 26 條是對現職教師的規定：「1 技職校院專業科目或技術科目教師、專業及技術人員或專業及技術教師，每任教滿六年應至與技職校院合作機構或與任教領域有關之產業，進行與專業或技術有關之研習或研究，技專校院教師之研習或研究期間，應至少半年；技職校院相關研習或研究之辦法，由中央主管機關定之。」

自我評量 ....

一、選擇題

(　) 1. 依照現行《師資培育法》第 3 條規定，師資生應於參加教師資格考試前，修畢師資職前教育課程，下列哪一種課程未明定於該法規中？　(A) 校訂課程　(B) 普通課程　(C) 專門課程　(D) 教育專業課程

(　) 2. 依據《師資培育法》之規定，下列何者正確？　(A) 師資培育應著重教學知能及專業精神之培養　(B) 修習師資職前教育課程至少二年，並另加教育實習課程一年　(C) 成績優異者，得依大學法之規定提前畢業，並減少教育實習課程　(D) 學生修畢規定之師資職前教育課程，成績及格者，由教育部發給修畢師資職前教育證明書

(　) 3. 依《師資培育法》之規定，下列何者為中央主管機關之職責？　(A) 設立教育實習委員會　(B) 設立教師甄選審議會　(C) 訂定師資生之招生辦法　(D) 訂定師資職前教育課程基準

(　) 4. 《師資培育法》規定之師資培育的內涵為何？　(A) 師資職前教育及教育專業發展　(B) 師資職前教育及教師在職進修　(C) 師資職前教育、教育實習及教育專業發展　(D) 師資職前教育、教育實習及教師在職進修

(　) 5. 《技術及職業教育法》規範師資培育應有的作為，不包括下列何者？　(A) 高級中等以下學校師資職前教育課程應將職業教育與訓練、生涯規劃相關科目列為必修學分　(B) 高級中等學校職業群科師資職前教育課程應包括時數至少十八小時之業界實習　(C) 師資培育大學之教師應每年參加十八小時業界相關研習　(D) 技職校院專業科目或技術科目之教師，應具備一年以上與任教領域相關之業界實務工作經驗

(　) 6. 根據《師資培育法施行細則》有關課程用詞之定義，其中「為培育教師依師資類科所需教育知能之教育學分課程」屬於下列何者？　(A) 一般課程　(B) 專門課程　(C) 教育特殊課程　(D) 教育專業課程

(　) 7. 審視我國現行《師資培育法》的內涵，我國高級中等以下學校及幼稚園教師的工作，最符合哪一項專業特徵？　(A) 不斷的在職進修　(B) 相當的自主性　(C) 服務重於報酬　(D) 專門的知識與技能

(　) 8. 目前要成為一位教師須在師資培育大學修畢師資職前教育課程包括：甲、普通課程；乙、專門課程；丙、教育專業課程；丁、教育實習課程。下列選項，何者正確？　(A) 甲乙丙　(B) 甲乙丁　(C) 乙丙丁　(D) 甲乙丙丁

(　) 9. 依據《師資培育法》的規定，下列敘述何者正確？　(A) 師資培育課程中之專門課程，由師資培育之大學擬訂　(B) 師資培育由師範院校專責辦理　(C) 教育實習課程為一年　(D) 師資培育以公費為主

(　) 10. 有關師資培育之法規敘述，下列何者正確？　(A) 大學設立師資培育中心辦法由立法院訂定發布實施　(B) 設有師培中心之大學申請停辦師資類科教育學程，應報中央主管機關核定　(C) 師培中心之師資生甄選、修習課程規範等相關規定，由教育部訂定頒布　(D) 大學暨獨立學院應設立院級師資培育中心

(　) 11. 《師資培育法施行細則》所指稱之師資培育「專門課程」為何？　(A) 學校規定的必修課程　(B) 任教學科專長知能課程　(C) 教育專業知能課程　(D) 教材教法與教學實習課程

(　) 12. 有關技職教育師資之規定，下列敘述何者錯誤？　(A) 高級中等以下學校師資職前教育課程應將職業教育與訓練、生涯規劃相關科目列為必修學分　(B) 高級中等學校職業群科師資職前教育課程，應包括時數至少十八小時之業界實習　(C) 技職校院專業科目或技術科目之教師，應具備一年以上與任教領域相關之業界實務工作經驗　(D) 技職校院專任教師，每任教滿六年應至合作機構或與任教領域有關之產業，進行至少半年以上與專業或技術有關之研習或研究

參考答案

1.A 　 2.A 　 3.D 　 4.D 　 5.C 　 6.D 　 7.D 　 8.D 　 9.A 　 10.B

11.B 　 12.D

二、問答題

1. 請依據《師資培育法》說明如何成為中小學正式教師？沒修教育學分，或是沒有通過教師資格考試也可以教書嗎？

2. 我國教師受到師資培育多元化、少子化及教師延退多重的衝擊，衍生市場供需嚴重失衡的問題。前幾年受到龍年效應的影響國小教師大開缺，但這批學生進入國中就讀，國中教師的開缺人數卻是有限，以致流浪教師逐年增加。近十年來少子化更加嚴重，可以預估往後國中小教師的開缺將大大減少。這個趨勢將會影響到師資培育大學的招生，想要就讀教育學程的人數也因而大減，進而影響到師資生素質的下降。

   (1) 為維持師資培育品質，你認為要如何訂定汰劣機制？

   (2) 有學者建議以增加公費生名額之方式提升師資生之素質，你贊成這樣的做法嗎？請說明理由。

第四章

中小學教師的任用制度

　　由於教師權利意識的抬頭，爲使教育人員有自己的法令可資依循，眞正做到「公教分途」，1995 年規範教師權利義務的《教師法》，由總統明令公布施行，其中最大的變革在於將教師選聘任免的權力，下放給以教師爲主體的教師評審委員會，以落實教師專業自主與學校本位管理的教改理念。《師資培育法》爲中小學教育市場提供充沛的教師人力資源，而《教師法》則改變中小學教師的任用方式，賦予學校更多的人事自主權（舒緒緯，2002、2006）。師資生拿到教師證後，接著就要參加教師甄試，然而教師甄選的方式與程序在相關法令中並無明確之規定，國民中小學之管理屬於地方政府的權限，再加上國民中小學教師人數眾多，所以因教師甄試所產生的問題也比較多。近年來由於少子化之故，教師的需求急遽減少，每年六、七月的教師甄選便成爲準教師的噩夢，必須到處奔波方有可能取得教職（舒緒緯，2006）。考上教職之後是有關任用的問題，包含應聘、調動、離職或解聘等問題。本章主要在探討我國中小學教師甄選與任用制度，與此關係密切的教育法令有《師資培育法》、《教育人員任用條例》（2014）、《教師法》（2019），本章僅就《教育人員任用條例》、《教師法》及其子法，探討中小學教師的任用制度。

第一節　教師任用制度的發展

　　教師任用制度的範圍較廣，可以包含教師甄選。在《師資培育法》正式實施之前，國小及中等學校師資之培育以公費爲原則，學生畢業後直接分發到學校任教。九年國教開辦以後，爲解決教師不足的問題，教育部於1968 年公布《國民中學教師儲備及職前訓練辦法》，規定凡未經教育專業訓練之專科以上畢業生，經甄選及參加職前訓練合格後由主管教育行政機關予以介聘。由於各地方甄選教師方式不一，常引起爭議，才頒訂法規規定教師甄選方式（舒緒緯，2006）。師資培育新制實施後，公費生只剩少數的名額，絕大多數的教師都是經由教師甄選得到教職。以下就教師任用的沿革、現況及特色三方面說明之。

壹　教師任用制度的沿革

我國教師任用制度，歷年來隨著教育環境的變遷及法令制度的修改，計有下列四種方式，說明如下（施懿倩，2008）：

一、校長同意聘任制

民國五、六十年代實施之教師任用方式，當時的中學教員均由校長聘任。臺灣省國民學校教員，則由縣市政府遴選合格人員派任之。

二、統一甄試介聘制

統一甄試介聘制，是指由縣市政府統一辦理所轄行政區內之學校教師甄試事宜，並且由縣市政府統一辦理新進教師之分發工作，分發後學校不得拒絕，仍得由受介聘學校校長依法聘用。

三、學校自辦甄選制

學校自辦甄選制是依據 1997 年公布之《教育人員任用條例》中之第 26 條規定：「各級學校教師之聘任，應本公平、公正、公開之原則辦理，高級中等以下學校教師除依法令分發者外，由校長就公開甄選之合格人員中，提請教師評審委員會審查通過後聘任。」

四、委任辦理甄選制

近幾年來因教師需求減少，教師甄試的競爭日益激烈，各國中小學為避免困擾，紛紛委由主管教育行政機關辦理教師甄試。此制度即縣市教育主管機關，基於學校需求，經由各學校教師評審委員會同意後，委託縣市教育主管機關，辦理聯合教師甄選後，再統一分發至各報缺額學校，經教師評審委員會審查同意後，由校長聘任之。

現行教師任用的制度

　　受到少子化的影響，教育部訂定《國民小學與國民中學班級編制及教職員員額編制準則》（2023），該法第 3 條第 2 項規定：「國民中小學得視需要，在不超過全校教師員額編制數 8% 範圍內，將專任員額控留，改聘代理教師、兼任、代課教師、教學支援工作人員或輔助教學工作之臨時人員。」受到這項規定的影響，學校內教師類型變得多元化，因此其資格及適用法令也有所不同。

一、教師的類型

　　依據《高級中等以下學校兼任代課及代理教師聘任辦法》（2023）（簡稱《代課代理教師聘任辦法》）第 2 條規定，目前中小學教師的類型除正式教師以外，還包括代理、代課及兼任教師，代理教師是指以全部時間擔任學校編制內教師因差假或其他原因所遺之課務者，代課教師是指以部分時間擔任學校之課務者，兼任教師是指以部分時間擔任學校編制內教師依規定排課後尚餘之課務或特殊類科之課務者。正式及代理教師所領取的待遇為全薪，包含本薪（年功薪）、加給及獎金三種；而代課及兼任教師則是以鐘點費支給。此外還有教學支援人員，屬於代課或兼任教師這類。

二、任用資格

　　不同類型的教師在資格要求、聘任程序方面有不同規定。大學或研究所畢業後取得教師證，再參加正式教師甄試錄取為正式教師，即取得正式教師資格。代理、代課及兼任教師原則上皆需具有中小學教師證，但如果聘不到則需要降低標準，《代課代理教師聘任辦法》第 3 條規定：「3 學校聘任三個月以上之代課、代理教師，應依下列資格順序公開甄選，經教師評審委員會審查通過後，由校長聘任之：一、具有各該教育階段、科（類）合格教師證書者。二、無前款人員報名或前款人員經甄選未通過者，得為具有修畢師資職前教育課程，取得修畢證明書者。三、無前款人

員報名或前款人員經甄選未通過者，得爲具有大學以上畢業者。」也就學校第一次公告簡章後，只有具教師證者才能報考，若無人報考或報考者不符合學校要求，則辦理第二次甄選，這時具有修畢師資職前教育課程且持有證明者可以報考。如果還聘不到教師則辦理第三次招聘，這時持有大學本科系畢業證書者即可報考，以後的招聘報考資格則逐次放寬。第 3 條第 6 項規定：「學校聘任未滿三個月之代課或代理教師，得免經公開甄選及教師評審委員會審查程序，由校長就符合第 3 項規定資格者聘任之。」「教學支援人員」的任用是依據《國民中小學教學支援工作人員聘任辦法》（2023）辦理，針對本土語文、新住民語文、英語文及第二外國語、藝術等科目或領域，擔任部分時間教學支援工作，其資格有特殊的規定。

三、任用方式

　　目前教師的任用方式有分發、遷調、甄選三種管道。公費生採用分發的方式，正式教師要調動採用遷調方式，即教師介聘，爲同一縣市或跨縣市教師之調動，教育部定有《公立國民小學及國民中學教師介聘辦法》（2023）規範之。教師甄選是主要的任用方式，目前各校遴選新進教師，大概有三種途徑：各校的自辦教師甄試（獨招）、聯合數校辦理教師甄試、委由主管教育行政機關辦理（聯招）。國中小正式教師皆委由教育局辦理（簡稱委辦），高中正式教師大多採用獨招；招考代理代課教師也是採用獨招，不考筆試，只有試教及口試。《代課代理教師聘任辦法》第 4 條第 1 項規定：「學校聘任三個月以上經公開甄選之代課、代理教師，其服務成績優良、符合學校校務需求，且具前條第 3 項第 1 款資格者，經教師評審委員會審查通過後得再聘之，再聘至多以二次爲限。」也就是說，代理教師可在原校任教三年，但每隔三年須參加公開甄選，這項條文所衍生的弊端爲教甄不公，多所學校的代理教師甄選充斥著內定人選。我國教師的任用方式主要以甄選爲主，其辦理方式歸納如下（舒緒偉，2006）：

　　㈠各縣市國中、小教師甄試以採委辦者居多，高中、職則多爲自辦，但近年來公立高中的教師甄試有委辦化的傾向。

㈡教師甄選方式以筆試、口試及試教為主，在小學階段筆試所占總分的比重有逐漸下降的趨勢，而國中與高中則偏重口試與實作部分。

㈢筆試的內容，反應出不同階段別教師的教學生態，國小教師多為包班制，故筆試科目以教育專業科目、數學、國語為主。國、高中則以教育專業科目及專門學科為主。

㈣絕大多數縣市採兩階段的考試，先以筆試進行初試，然後再依成績高低選擇錄取人數的若干倍，進行第二階段的口試及試教。

㈤絕大多數縣市將初試及複試分數合併計算，但兩者之比重各縣市的算法不一。

 ## 參 教師任用制度的特色

由以上對我國教師任用制度的概述，可以得到教師任用制度具有以下的特色：

一、聘任為主、派任為輔

依《教師法》第9條「高級中等以下學校教師之聘任……」之規定，即可瞭解我國教師之任用制度為聘任制。所謂聘任制係由用人之權責單位，依其需要聘請教師至學校任教，而在我國用人之權責單位則為學校，故聘任之主客雙方即為學校及教師。第9條規定公費生、校長回任教師等依法分發者，則無須經由教評會之審查通過，亦即此類教師之任用雖係聘任之名，確為派任之實。依目前我國中小學教師之甄選與任用狀況來看，高中職教師大多由各校單獨遴選，亦無公費生之分發，因此聘任名實相符。但為數眾多之國中小教師，在諸多因素考量下，教師甄選與分發皆委由主管教育行政機關辦理，故雖有聘任之名，卻行派任之實。因此，我國中小學教師之任用制度可謂聘任為主、派任為輔（舒緒緯，2002）。

二、公教分途

在軍公教並列的時代，公立學校教師被視爲廣義的公務員，其保障較一般私校教師爲多，小學教師爲派任制，其保障等同於公務人員。自1995年制定公布《教師法》以來，逐漸形成公教分途之趨勢，亦即公務員與教師分別適用不同的法令規範體系。公教分途的理由在於：一般教師（指未兼任學校行政職務之教師）主要擔任教學工作，通常與學生有較長時間或較密切之接觸，對學生具有重要影響力，注重與學生之信任關係，所以對教師的品格及專業倫理，有以較高標準要求之必要；而公務員執行法令所定職務、行使公權力，爲了避免公務員違法行使公權力，也有特殊的規範需求。1992年11月13日公布之司法院釋字第308號解釋文指出：「公立學校聘任之教師不屬於公務員服務法第24條所稱之公務員。惟兼任學校行政職務之教師，就其兼任之行政職務，則有公務員服務法之適用。」參照本號解釋意旨，兼任學校行政職務之教師，除了有《國家賠償法》之適用外，也有《公務員服務法》、《公務員懲戒法》及《刑法》之適用。而一般教師只適用《國家賠償法》所稱之公務員（莊國榮，2021）。

三、教師聘用爭議頻傳

由於法界普遍認爲公立學校教師之聘任關係屬私法行爲，故其保障較不如派任之小學教師，也因此曾有若干公立學校教師非因專業能力不足，或道德上之瑕疵，而遭致解聘之命運，且無法獲得行政上的救濟。因此當時遂有「教師人權促進會」之成立，並以保障教師權益爲其宗旨。該會所倡導的理念，對《教師法》的催生有其一定的貢獻，並落實在相關條文中。但是近年來私立學校任意解聘教師、不當收取違約金之事頻傳，例如：2023年8月新竹縣私立義民中學違法解僱10名教師爭議案。《聯合報》（2023.7.23）報導：私校教師參與他校教師甄試，遭原私校以違反聘約爲由求償十餘萬元；也有公校教甄要求現職教師報考需提出原校報考同意書或離職證明書，新學校八字都還沒一撇，恐先面臨巨額賠償。還有非教育因素介入教師選聘作業，例如：內定、人情關說、送紅包等，嚴重破壞教育風氣（舒緒緯，2006）。

第二節 《教育人員任用條例》對教師任用的規定

　　教師之任用，係依據《師資培育法》、《教師法》、《教育人員任用條例》等法令辦理，須取得教師證書，除依《師資培育法》規定分發者外，應經學校教師評審委員會審查通過後由校長聘任。《教育人員任用條例》（以下簡稱本條例）因修法進度較慢，以致與《教師法》及《師資培育法》的規定不一致，本條例規定本國教育之各級學校教職人員的資格認定、任用程序、任用限制及任期。其中第 2 條所界定的「教育人員」包含為各公立各級學校校長、教師、職員、運動教練，社會教育機構專業人員及各級主管教育行政機關所屬學術研究機構研究人員。以下僅針對中小學教師的任用規定作一敘述。

 壹　任用資格

　　本條例第二章任用資格之中，分別說明各級學校校長、教師、職員等教育人員的任用資格，對於中小學教師任用資格規定如下：

　　本法第 12 條規定：「國民小學教師應具有左列資格之一：一、師範專科學校畢業者。二、師範大學、師範學院各學系、或教育學院、系畢業者。三、本條例施行前，依規定取得國民小學教師合格證書尚在有效期間者。」第 13 條規定：「中等學校教師應具有左列資格之一：一、師範大學、師範學院各系、所畢業者。二、教育學院各系、所或大學教育學系、所畢業者。三、大學或獨立學院各系、所畢業，經修習規定之教育學科及學分者。四、本條例施行前，依規定取得中等學校教師合格證書尚在有效期間者。」《教育人員任用條例施行細則》（2019）第 19 條第 2 項規定：「高級中等以下學校除法令另有規定外，初任教師應具有合格教師證明。」由以上說明可知本法對於中小學教師任用資格之規定不如《師資培育法》嚴謹，教師任用資格還是要依據《師資培育法》。

任用程序

本法第26條第1項規定：「各級學校教師之聘任，應本公平、公正、公開之原則辦理，其程序如左：一、高級中等以下學校教師除依法令分發者外，由校長就經公開甄選之合格人員中，提請教師評審委員會審查通過後聘任。……」第27條規定：「1 國民中、小學校長之遴選，除依法兼任者外，應就合格人員以公開方式甄選之。2 中等學校教師，除分發者外，亦同。」第30條規定：「學校教師經任用後，應依左列程序，報請審查其資格：一、國民中、小學教師應送由服務學校報請該管縣（市）政府轉報省教育廳審查。二、高級中等學校教師應送由服務學校轉報省教育廳審查。三、直轄市所屬公私立中、小學教師應送由服務學校轉報市教育局審查。……」上述規定說明中小學正式教師應以公開甄選的方式辦理，任用後須將教師資格送所屬教育主管機關審查。

 任用限制

任用限制是指在任用時不得具有之情事，如有該等情事即不得任用為教育人員，《教師法》及《代課代理教師聘任辦法》也都有任用限制的規定。本條例第31條第1項規定：「具有下列情事之一者，不得為教育人員；其已任者，應報請主管教育行政機關核准後，予以解聘或免職：一、曾犯內亂、外患罪，經有罪判決確定或通緝有案尚未結案。二、曾服公務，因貪汙瀆職經有罪判決確定或通緝有案尚未結案。三、曾犯性侵害犯罪防治法第2條第1項所定之罪，經有罪判決確定。四、依法停止任用，或受休職處分尚未期滿，或因案停止職務，其原因尚未消滅。五、褫奪公權尚未復權。六、受監護或輔助宣告尚未撤銷。七、經合格醫師證明有精神病尚未痊癒。八、經學校性別平等教育委員會或依法組成之相關委員會調查確認有性侵害行為屬實。九、經學校性別平等教育委員會或依法組成之相關委員會調查確認有性騷擾或性霸凌行為，且情節重大。十、知悉服務學校發生疑似校園性侵害事件，未依性別平等教育法規定通報，致

再度發生校園性侵害事件；或偽造、變造、湮滅或隱匿他人所犯校園性侵
害事件之證據，經有關機關查證屬實。十一、偽造、變造或湮滅他人所犯
校園毒品危害事件之證據，經有關機關查證屬實。十二、體罰或霸凌學
生，造成其身心嚴重侵害。十三、行為違反相關法令，經有關機關查證屬
實。」法規中尚有其他任用限制，第 32 條規定：「各級學校校長不得任
用其配偶或三親等以內血親、姻親為本校職員或命與其具有各該親屬關係
之教師兼任行政職務。……」第 33 條規定：「有痼疾不能任事，或曾服
公務交代未清者，不得任用為教育人員。已屆應即退休年齡者，不得任用
為專任教育人員。」第 34 條規定：「專任教育人員，除法令另有規定外，
不得在外兼課或兼職。」

 肆　任用保障

　　本條例第五章任期中的條文，規定校長採用任期制，第 37 條第 2
項規定：「中等學校教師之聘期，初聘為一年，以後續聘，每次均為二
年。」這項規定與《教師法》不同，有關中小學教師聘期是依照《教師法》
的規定。第 38 條規定：「1 學校在聘約有效期間內，除教師違反聘約或
因重大事故報經主管教育行政機關核准者外，不得解聘。2 教師在聘約有
效期間內，非有正當事由，不得辭聘。」《教育人員任用條例施行細則》
第 20 條規定：「教師擬於聘約期滿後，不再應聘時，應於聘約期滿一個
月前以書面通知學校。如欲於聘約存續期間內辭職者，應經學校同意後，
始得離職。」這項條文是對教師任用的保障，讓學校不能任意解聘教師。

第三節　《教師法》對教師任用的規定

　　依照《教師法》（以下簡稱本法）第 3 條對教師所作的界定如下：
「1 本法於公立及已立案之私立學校編制內，按月支給待遇，並依法取得
教師資格之專任教師適用之。2 軍警校院及矯正學校依本法及教育人員任
用條例規定聘任之專任教師，除法律另有規定者外，適用本法之規定。」

依此界定，代理代課教師不適用《教師法》。依第 4 條規定：「教師資格檢定及審定、聘任、解聘、不續聘、停聘及資遣、權利義務、教師組織、申訴及救濟等事項，應依本法之規定。」以下僅就本法有關教師任用制度的規定作一探討。

 壹　任用資格

本法第 5 條規定：「教師資格之取得分檢定及審定二種：高級中等以下學校之教師採檢定制；專科以上學校之教師採審定制。」第 6 條進一步規定：「高級中等以下學校教師資格之檢定，另以法律定之；經檢定合格之教師，由中央主管機關發給教師證書。」也就是依據《師資培育法》規定中小學教師的任用資格。

 貳　任用方式

本法第三章爲有關教師聘任的規定，中小學教師的任用方式皆採用聘任的方式，且需經教評會的審查通過，但公費生及回任教師之校長例外。第 9 條第 1 項規定：「高級中等以下學校教師之聘任，分初聘、續聘及長期聘任，除有下列情形之一者外，應經教師評審委員會審查通過後，由校長聘任之：一、依師資培育法規定分發之公費生。二、依國民教育法或高級中等教育法回任教師之校長。」《教師法施行細則》（2024）對於初聘及續聘所作的解釋如下：「第 2 條本法所稱初聘，指合格教師接受學校第一次聘約或離職後重新接受學校聘約者。第 3 條本法所稱續聘，指合格教師經學校初聘後，在同一學校繼續接受聘約者。」

本法第 10 條爲有關聘期的規定：「1 高級中等以下學校教師之聘任，以具有教師證書者爲限。2 高級中等以下學校教師聘任期限，初聘爲一年；續聘第一次爲一年，以後續聘每次爲二年；續聘三次以上服務成績優良者，經教師評審委員會全體委員三分之二以上審查通過後，得以長期聘任，其聘期由各校教師評審委員會訂定之，至多七年。」初任教師初聘爲

一年，任教第二年稱續聘，其期聘也是一年，第三年以後就是兩年一聘。續聘三次以上且服務成績優良者，可獲聘為七年的長期聘任，這是一種榮耀，表示教評會對教師任教績效的肯定。

《教師法施行細則》（2024）第 5 條對「服務成績優良」具體標準的界定如下：「本法第 10 條第 2 項所稱服務成績優良者，指高級中等以下學校教師除履行本法第 32 條所規定之義務外，並應具有下列條件之一：一、品德良好且能發揚師道，有具體事蹟足為師生表率。二、擔任導師或行政職務，認真負責。三、積極參加與教學、輔導有關之專業發展活動，且教學及輔導學生有具體績效。四、參與前三款以外其他學術、行政工作及社會教育活動，負責盡職，圓滿達成任務，對學校有特殊貢獻。」

 參　任用保障

本法第 11 條及第 13 條為對教師任用保障的規定，第 11 條規定學校減班超額時優先輔導介聘，但需經任職學校教評會審查通過：「1 高級中等以下學校科、組、課程調整或學校減班、停辦或解散時，學校對仍願繼續任教且在校內有其他適當工作可以調任之合格教師，應優先輔導調整職務；在校內無其他適當工作可以調整職務者，學校或主管機關應優先輔導介聘。2 高級中等以下學校或主管機關依前項規定優先輔導介聘之教師，經學校教師評審委員會審查發現有第 30 條各款情形之一者，其聘任應不予通過。」第 13 條則規定：「教師除有第 14 條至第 16 條、第 18 條、第 19 條、第 21 條及第 22 條情形之一者外，不得解聘、不續聘或停聘。」

 肆　教師評審委員會

教評會在教師任用程序上扮演重要角色，依本法第 9 條第 4 項規定訂定《高級中等以下學校教師評審委員會設置辦法》（2020）（以下簡稱本辦法），以下就其組成及運作加以敘述。

一、任務

本辦法第 2 條說明教評會之任務：「1 高級中等以下學校教師評審委員會之任務如下：一、教師初聘、續聘及長期聘任之審查。二、教師長期聘任聘期之訂定。三、教師解聘、不續聘、停聘及資遣之審議。四、教師違反本法規定之義務及聘約之審議。五、其他依法令應經本會審議之事項。2 本會辦理前項第 1 款教師初聘之審查時，應以公開甄選或現職教師介聘方式爲之。辦理公開甄選時，得經本會決議成立甄選委員會、聯合數校或委託主管機關辦理。……」

二、組成

《教師法》第 9 條第 2 項規定：「前項教師評審委員會之組成，應包括教師代表、學校行政人員代表及家長會代表 1 人；其中未兼行政或董事之教師代表，不得少於總額二分之一，但教師之員額少於委員總額二分之一者，不在此限。」第 4 項規定：「教師評審委員會之任務、組成方式、任期、議事、迴避及其他相關事項之辦法，由中央主管機關定之。」因此本辦法第 3 條對委員會人數的規定如下：「1 本會置委員 5 人至 19 人，其組成方式如下：一、當然委員：㈠ 校長 1 人。校長因故出缺時，以代理校長擔任。㈡ 家長會代表 1 人。㈢ 學校教師會代表 1 人。跨校、跨區（鄉、鎮）合併成立之學校教師會，以該教師會選（推）舉之各該校代表擔任；尚未成立學校教師會者，不置教師會代表。二、選舉委員：由全體專任教師選（推）舉之。2 本會委員中未兼行政或董事之教師，不得少於委員總額二分之一。……3 本會任一性別委員人數不得少於委員總額三分之一。但學校任一性別教師人數少於委員總額三分之一者，不在此限。……」

本辦法第 4 條規定：「1 本會委員任期一年，自 9 月 1 日起至翌年 8 月 31 日止，連選得連任。……4 選舉委員於任期中經本會認定無故缺席達二次或因故無法執行職務者，解除其委員職務。」第 10 條規定：「1 本會委員均爲無給職。2 學校教師執行本會委員職務時，該校應核予公假，

所遺課務由學校遴聘合格人員代課。」

《教師法》第 9 條第 3 項規定可增聘校外學者專家擔任委員：「高級中等以下學校教師評審委員會於處理第 14 條第 1 項第 7 款及第 10 款、第 15 條第 1 項第 1 款至第 4 款時，學校應另行增聘校外學者專家擔任委員，至未兼行政或董事之教師代表人數少於委員總額二分之一為止。」也就是教評會在審議教師涉及性平、兒少、體罰或霸凌事件時，學校應另增聘校外學者專家 2 人，使委員總額增至 11 人，而未兼行政教師代表 5 人則少於委員總額二分之一。至於校外委員則依本辦法第 5 條規定辦理：「學校依本法第 9 條第 3 項另行增聘校外學者專家擔任本會委員，產生方式如下：一、……自教育部國民及學前教育署建置之高級中等以下學校教師評審委員會校外學者專家人才庫遴聘之。二、……依校園性侵害性騷擾或性霸凌防治準則第 22 條規定建置之校園性侵害性騷擾或性霸凌調查專業人才庫遴聘之。」教評會在處理不適任教師問題時，常被批評為師師相護，因而無法獲得家長的認同，增聘校外委員可引進外部監督的力量，促使教師須秉公處理學校同仁的問題（舒緒偉，2006）。

三、運作

本辦法第 6 條規定新學校教評會的組成：「1 新設立學校無法依規定組成本會前，得由校長（籌備主任）聘請地方教師會代表、社（學）區公正人士或其他相關人員組成遴選委員會，報主管機關核定後，辦理第 2 條有關事項。2 學校成立後三個月內應即依第 3 條及前條規定成立本會，前項遴選委員會並於本會成立之日解散。」第 13 條規定：「本會之行政工作，由學校人事單位主辦，教務、總務等單位協辦；人事單位應就審議案件會同相關單位，依據有關法令研提參考意見，開會時並應列席。」

會議的召集則依本辦法第 7 條之規定辦理：「1 本會由校長召集；經全體委員二分之一以上連署召集時，校長應自受請求後五日內召集；校長不召集時，得由連署委員互推 1 人召集之。2 本會開會時，以校長為主席，校長因故無法主持時，由委員互推 1 人為主席。」

本辦法第 8 條規定決議方式：「1 本會之決議，除有下列情形之一者外，應經全體委員二分之一以上出席及出席委員二分之一以上之審議通過：一、審查教師長期聘任事項，應經全體委員三分之二以上出席及全體委員三分之二以上之審議通過。二、本法第 14 條至第 16 條、第 18 條或相關法規另有規定。2 審議本法第 9 條第 3 項之議案時，全體委員應計入校外學者專家之委員；非審議本法第 9 條第 3 項之議案時，不予計入。3 決議過程及個別委員意見，應對外嚴守秘密。」第 11 條規定：「本會審議第 2 條第 1 項第 3 款（教師解聘、不續聘、停聘及資遣之審議）及第 4 款（教師違反本法規定之義務及聘約之審議）事項時，應給予當事人陳述意見之機會……」有關教師聘任之審查則當事人可以不必到場。

四、迴避

本辦法第 9 條規定利害關係人的迴避：「1 本會委員於審查有關委員本人或其配偶、前配偶、四親等內之血親或三親等內之姻親或曾有此關係者之事項時，應自行迴避。2 本會委員有下列各款情形之一者，審查事項之當事人得向本會申請迴避：一、有前項所定之情形而不自行迴避。二、有具體事實，足認其執行任務有偏頗之虞。3 前項申請，應舉其原因及事實，並為適當之釋明；被申請迴避之委員，對於該申請得提出意見書，由本會決議之。4 本會委員有第 1 項所定情形不自行迴避，而未經審查事項當事人申請迴避者，應由本會依職權命其迴避。」

自我評量

一、選擇題

(　　) 1. 依《教育人員任用條例》之規定，下列何者不是該條例所稱之教育人員？ 　(A) 公立各級學校校長、教師、職員　(B) 私立各級學校教師　(C) 公立各級學校運動教練　(D) 各級主管教育行政機關所屬學術研究機構研究人員

(　　) 2. 依《教育人員任用條例》之規定，有關學校人員之任用程序，下列敘述何者正確？ 　(A) 由校長就合格人員中任用主計人員，並報主管教育行政機關核備　(B) 由校長就合格人員中任用人事人員，並報主管教育行政機關核備　(C) 各級學校專任運動教練之資格，由教育局定之　(D) 有痼疾不能任事，或曾服公務交代未清者，不得任用為教育人員

(　　) 3. 根據我國現行《教育人員任用條例》規定，因行為不檢有損師道，經有關機關查證屬實而解聘或免職之教育人員，於解聘或免職生效日起算逾多少年者，得聘任為教育人員？ 　(A) 四年　(B) 六年　(C) 八年　(D) 十年

(　　) 4. 根據《教師法》規定，高級中等學校教師採聘任制，初聘為一年，續聘第一次為一年，以後的續聘每次各為多少年？ 　(A) 二年　(B) 三年　(C) 四年　(D) 五年

(　　) 5. 依據《教師法》規定，有關高級中等以下學校教師聘任期限的敘述，下列何者是正確的？ 　(A) 初聘為二年　(B) 續聘三年以上者，得以長期聘任　(C) 長期聘任的任期由教育部訂定之　(D) 續聘第一次為一年，爾後每次為二年

(　　) 6. 《教師法》公布實施後，中等以下學校教師之聘用除依法令分發者外，必須經由學校何種組織審議通過？ 　(A) 學校教師會　(B) 教師評審委員會　(C) 學校行政會議　(D) 學校校務會議

(　　) 7. 根據《教師法》規定，中等以下學校教師之教師資格取得採用何種方式？ 　(A) 審定制　(B) 審查制　(C) 檢核制　(D) 檢定制

(　　) 8. 林老師在教職服務期間想要介聘到他校服務，相關的程序受到何種

法規規範？ (A) 教育基本法 (B) 教師法 (C) 國民教育法 (D) 學校組織法

( ) 9. 依《教師法》規定，正式教師的長期聘期由各校教師評審委員會自訂，但至多為多少年？ (A) 三年 (B) 五年 (C) 七年 (D) 十年

( ) 10. 依《教師法》規定教師評審委員成員中，未兼行政職務的教師人數不得少於全部委員總數的多少？ (A) 二分之一 (B) 三分之一 (C) 三分之二 (D) 四分之一

( ) 11. 陳老師今年參加縣市教師聯合甄選獲得錄取，分發到啟大國民小學任教，根據《教師法》的規定，陳老師的聘任類型為下列何者？ (A) 初聘一年 (B) 續聘一年 (C) 長期聘任四年 (D) 續聘二年

( ) 12. 根據《教師法》規定，高級中等以下學校教師之聘任，若續聘三次以上且服務成績優良者，經教師評審委員會全體委員多少以上決議通過後，得以長期聘任？ (A) 二分之一 (B) 三分之一 (C) 三分之二 (D) 四分之三

( ) 13. 根據《教師法》規定，高級中等以下學校教師之聘任，若續聘三次以上且服務成績優良者，經教師評審委員會全體委員三分之二以上審查通過後，得以長期聘任，長期聘任最多期限為幾年？ (A) 四年 (B) 五年 (C) 六年 (D) 七年

( ) 14. 有關中小學教師聘任之規定，下列何者正確？ (A) 聘任期限，續聘均為二年 (B) 獲續聘兩次之教師，始得申請長期聘任 (C) 經學校教師評審委員會全體委員三分之二審查通過，才得長期聘任 (D) 教師評審委員會委員由校長遴聘

參考答案

1.B 2.D 3.A 4.A 5.D 6.B 7.D 8.B 9.C 10.A
11.A 12.C 13.D 14.C

二、案例討論

媒體報導「代理教師五十五歲才考上正式教師」。不少人考教師甄試，一考數年，有人五十五歲上岸，代理年資長達二十二年。擔任代理教師期間，不少人幾乎每年扛行政工作。從代理到正式，這些大齡教師的堅持令人動容，

也如同資深老師說的：「別讓年齡界定你」、「永遠不會太晚」。A 小姐努力十八年，終於在五十三歲，考上了正式老師。代理十八年期間，她擔任行政很多年。高雄市某國小郭老師，就是在教師甄試的苦海浮沉了十五年的代理教師，在四十六歲時，登上「正式教師」的福岸。那十五年裡，每年五月上旬，各縣市教師甄試的時間與名額公布後，妻子每晚抱著書本、皺著眉頭，不熬到十二時過後，都難以安心上床睡覺。尤其是剛開始教甄的前幾年，每個縣市都要求要準備教案、自備教具。郭老師報考音樂科，她的先生須用麥克筆在壁報紙上幫忙畫一堆各年級的樂譜，然後逐一剪下來，待試教抽考備用。自己年紀已逾四十歲，小孩上了小學，青春就這樣在準備教甄中過去（馮靖惠，2024）。請就以下問題進行討論：

1.國中小學教師甄選要考上正式教師為什麼這麼困難？

2.要考上正式教師要如何準備？請說出你的構想？

3.你覺得教師甄選制度要如何改善，才能讓師資生順利考上教職？

第五章

教師的權利與義務

　　權利（right）係指依據法律規定，人民應該享有的財物或金錢上的利益，也就是當事人在法律關係上所得合法主張的利益。權利是可以主張的，但不能強迫他人非接受不可，通常可依個人意願行使或拋棄。權利的相對關係是義務，所謂義務（duty）乃法律上所課之一定作爲或不作爲之拘束，被拘束者若違反其拘束時，法律必予以制裁（鄭玉波，2003）。雖然個人的許多權利可以自由行使或拋棄，但義務卻因具有拘束力，不得任意變更或免除。故當事人必須履行義務，否則違反義務，即應受法律之制裁（劉昊洲，2001）。教師具有公民的身分，其基本權利如人身、言論、宗教、集會遊行等，受到《憲法》的保障；同樣地教師也要盡納稅、服兵役、受國民教育等義務。教師也是具有專業地位屬性的從業人員，在其專業領域也應具有權利與義務，因教師的職務內涵攸關學生身心健康及社會文化發展，因此教師在專業規範中所明定的權利與義務受到社會大眾的重視。國家除藉由法律課予教師必要之義務外，亦同時立法保障教師的專業自主，以及包含勞動條件在內的重要權利（曾大千，2021）。本章以《教師法》中之權利、義務條款爲主，分別探討教師在專業上所具有的權利與義務。此外，對於教師基於勞動者地位所具有的勞動三權亦是探討的重點。

第一節　教師的權利

　　1995 年公布的《教師法》（以下簡稱本法）共經歷十五次的修法，其內容包含：第一章總則、第二章資格檢定及審定、第三章聘任、第四章解聘、不續聘、停聘及資遣、第五章權利義務、第六章教師組織、第七章申訴及救濟、第八章附則。本法第 1 條即說明立法的目的：「爲明定教師權利義務，保障教師工作及生活，提升教師專業地位，並維護學生學習權。」第 31 條說明：「教師接受聘任後，依有關法令及學校章則之規定，享有下列權利：一、對學校教學及行政事項提供興革意見。二、享有待遇、福利、退休、撫卹、資遣、保險等權益及保障。三、參加在職進修、研究及學術交流活動。四、參加教師組織，並參與其他依法令規定所舉辦

之活動。五、對主管機關或學校有關其個人之措施，認為違法或不當致損害其權益者，得依法提出申訴。六、教師之教學及對學生之輔導依法令及學校章則享有專業自主。七、除法令另有規定者外，教師得拒絕參與主管機關或學校所指派與教學無關之工作或活動。八、教師依法執行職務涉訟時，其服務學校應輔助其延聘律師為其辯護及提供法律上之協助。九、其他依本法或其他法律應享有之權利。」以下分別說明教師在教育專業上的權利。

 ## 壹　教師專業自主權

　　教師專業自主權意謂專業人員在被認可的條件下，能依據本身所具有的專業知識、技能，行使其專業判斷，執行其專業任務，不受外力干預。主要表現在課程與教學、學生管理、輔導及校務管理等事務上。針對這些事務，教師應擁有完整的計畫、執行及評鑑之權力（趙鏡中，2007）。但這項專業自主權受到「法令及學校章則」限制，例如：每學期必須要教授完的課程、每次考試要測驗的教材範圍，仍然受制於全校統一的進度規定。教師專業自主權既以學生的自我實現為其終極目標，教師的教學自由即應以學生的最佳利益為考量，在不妨害教育目的前提之下，盡情地發揮自己的教育專業（林孟皇，2019）。

　　研究指出，教師認為擁有自主權之項目，大多出現在「教學方法」、「指定作業」、「班級經營」及「學生管理與輔導」，諸如決定教學目標、教科書、教學方法、教學進度、補充教材、作業指導、評量方式、班級常規輔導、生活輔導、學業輔導、教學設備、課程設計等，雖會受到同事、行政人員、家長的干擾，但大抵仍可獨立地依照自己的專業判斷來作決定（趙鏡中，2007）。

貳　經濟方面的權利

　　教師得以享受經濟方面的權利，包括：待遇、福利、退休金、撫卹金、資遣費、保險費等，以下分別說明之：

一、待遇權

　　待遇權是教師最基本，也是最重要的經濟權利，乃國家按教師職務與工作情形，按月核給其薪資待遇的權利。在《教師待遇條例》（2015）第2條規定：「教師之待遇，分本薪（年功薪）、加給及獎金。」其中加給是因所任職務種類、性質與服務地區之不同，而另加之給與，例如：導師費、學術研究費、地域加給。中小學教師以學歷起敘，按年資採計提敘薪級。

二、福利權

　　福利權是指薪給以外的經濟權利，《教師待遇條例》第20條明定：「1 為安定教師生活，激勵教學及工作士氣，政府得視財政狀況，規劃辦理公立學校教師福利措施。2 私立學校教師之福利措施及津貼，得由各校視財務狀況自行辦理。」這些福利例如：福利互助、輔助購置住宅貸款利息、補助體育休閒活動、婚喪互助、緊急災害補助等福利。

三、退休金權

　　退休金權是國家為酬謝教師在職期間服務之辛勞及保障其退休後之生活安全，1996 年開始實施教育人員退休撫卹制度，由政府與教育人員共同提撥費用建立公務人員退休撫卹基金之「共同儲金制」。退休教職員之退休金分下列三種：一次退休金、月退休金、兼領二分之一之一次退休金與二分之一之月退休金。所依據的法規是：《公立學校教職員退休資遣撫卹條例》（2023）。

四、撫卹金權

撫卹金是教職員在職期間死亡，對其遺族所提供的金錢給付。教職員在職死亡之撫卹原因如下：1. 病故或意外死亡；2. 因執行公務以致死亡。自殺死亡比照病故或意外死亡認定，但因犯罪經判刑確定後，於免職、解聘或不續聘處分送達前自殺者，不予撫卹。

五、資遣費權

《公立學校教職員退休資遣撫卹條例》第 24 條規定教師有以下原因之一者，予以資遣：「一、因系、所、科、組、課程調整或學校減班、停辦、合併、組織變更，現職已無工作又無其他適當工作可以調任。二、不能勝任現職工作，有具體事實，且無其他適當工作可以調任，經教師評審委員會或教練評審委員會審議認定屬實。三、受監護宣告或輔助宣告，尚未撤銷。」若年資已達退休條件則可申請退休，若無法辦退休則辦理資遣，這時學校依上述條例發給資遣費。有些私校因教師招生不力而資遣教師，又未發給資遣費，2023 年經修改《學校法人及其所屬私立學校教職員退休撫卹離職條例》後，可以領取資遣費。

六、公保給付權

公私立學校編制內之有給專任教職員皆可參加公教人員保險，因而享有公保給付權。教師在保險有效期間，發生失能、養老、死亡、眷屬喪葬、生育或育嬰留職停薪之保險事故時，可請領現金給付。

七、參加考績權

教師尚有參加考績權，教師任職至學年度終了屆滿一學年者，應予年終成績考核，教師之年終成績考核，應按其教學、輔導管教、服務、品德及處理行政等情形予以考核而定其成績。成績考核共分為三等，即甲、乙、丙，甲等除晉本薪一級外，並給與一個月薪給總額；乙等則晉本薪一級外加半個月薪給；丙等則是留支原薪。詳細規定請參見《公立高級中等以下學校教師成績考核辦法》（2023）第 4 條。

參　專業成長權

　　教師「參加在職進修、研究及學術交流活動」稱為專業成長權，教師在教學生涯中應不斷成長，這不僅是義務，亦是權利。專業訓練和進修構成教育專業之主要條件之一，所謂專業成長是指教師在教學生涯中，從事有關增進個人專業知識和技能之自我改善的能力和活動，包括在職進修、研究會或參加各種專業組織活動，例如：參觀訪問、參與課程設計、專題研究等。本法第 33 條規定：「1 各級學校教師在職期間應主動積極進修、研究與其教學有關之知能。2 教師在職進修得享有帶職帶薪或留職停薪之保障；其進修、研究之經費得由學校或所屬主管機關編列預算支應。3 為提升教育品質，鼓勵各級學校教師進修、研究，中央主管機關應規劃多元之教師進修、研究等專業發展制度，其方式、獎勵相關事項之辦法，由中央主管機關定之。」教育部頒訂《教師進修研究等專業發展辦法》（2020）；此項權利之落實，可提升教師教育專業水準。

 肆　結社權

　　《憲法》第 14 條所訂人民結社自由，結合教育專業的需要，乃有教師專業結社權的形成，其目的在促進教師專業水準，並塑造教育專業文化。因此教師參加教師組織屬教師的權利，並於本法第 39-41 條詳細說明其組成及運作。第 39 條規定：「1 教師組織分為三級：在學校為學校教師會；在直轄市及縣（市）為地方教師會；在中央為全國教師會。2 學校班級數少於二十班時，得跨區（鄉、鎮）合併成立學校教師會。……」第 40 條則是說明「各級教師組織之基本任務」。第 41 條保障教師參加教師的權利：「1 學校不得限制教師參加教師組織或擔任教師組織職務。2 學校不得因教師參加教師組織、擔任教師組織職務或參與活動，拒絕聘用、解聘或為其他不利之待遇。」教師會的成立是法律賦予教師具有團結權，但是教師是否加入並非強制，仍可自由決定。此項權利將於勞動三權中再詳加探討。

伍　參與校務權

　　教師基於專業的立場，為促進校務發展，擁有對教學等事項提供興革意見之權利。學校設有校務會議、課程發展委員會、教學研究會、學年會議、導師會報等，教師可於會議中提出教學及行政的興革意見，供校長及行政人員參考。根據研究發現，教師僅對「教學設備」的建言較為踴躍，對於學校行政、校務發展等方面，則是欠缺參與的熱忱。學校成立教師會後，教師會長可以在學校召開重大會議之前，先蒐集教師的意見，於會議中提出校務建言，使教師的團結權妥善發揮功能。

陸　救濟權

　　有權利即有救濟，救濟也是一種權利，教師的各種權利，必待救濟權的配合運用，始能有效保障。當教師對學校或主管機關有關其個人之措施，認為違法或不當，致損害其權益者，得提起申訴、再申訴。其程序依照《教師申訴評議委員會組織及評議準則》（2020）規定辦理。《憲法》第 16 條規定：「人民有請願、訴願及訴訟之權利。」是以一般人民皆得向政府機關提出請願，如其權益受到侵害時，皆得循法定程序提出訴願、再訴願以及民事、刑事與行政訴訟。當申訴、再申訴無效時，教師可向行政法院提起行政訴訟。

柒　拒絕權

　　所謂「拒絕權」係指本法第 31 條第 7 款之規定：「除法令另有規定者外，教師得拒絕參與教育行政機關或學校所指派與教學無關之工作或活動。」在特別權力關係下，教師常要負擔無定量之勤務，舉凡戶口普查、選務工作、取締電玩、政令宣導等。教師得拒絕教育行政機關或學校指派與教學無關之工作或活動，旨在保障教師的專業與尊嚴，防止政治介入教育，雖然「與教學無關」界限不明，易受教師誤用與濫用，例如：教師是

否應執行校外交通導護問題，一直爭論不休，各方意見出現重大落差，到底教師執行校外導護工作是義務、責任，抑或服務性質？此一問題常引發地方政府行政命令與教師專業自主權伸張的衝突（商永齡，2012）。

 捌　因公涉訟輔助權

教師因依法執行職務涉訟或遭受侵害時，學校應延聘律師，或教師自行延聘律師後，向服務學校申請涉訟輔助。教育部頒訂《教師因公涉訟輔助辦法》（2020），來協助教師。但如因教師故意或重大過失所致者，學校則不予涉訟輔助。

 玖　請假權

教師的請假權未列在第 31 條之中，而是單獨列在第 35 條條文中，該條文規定：「1 教師因婚、喪、疾病、分娩或其他正當事由，得依規定請假；其基於法定義務出席作證性侵害、性騷擾及霸凌事件，應給予公假。2 前項教師請假之假別、日數、請假程序、核定權責與違反之處理及其他相關事項之規則，由中央主管機關定之。」教育部在《教師請假規則》（2022）中明列各種假別，其中事假每學年准給七日，病假每學年准給二十八日，但教師課務應自覓或由學校協調派員代理。而第 12 條第1 項規定：「公立中小學未兼任行政職務教師於學生寒暑假期間，除返校服務、進修研究等專業發展活動及配合災害防救所需之日外，得不必到校。」

 拾　勞動三權

勞動三權包括團結權、團體協商權（團體交涉權）和團體行動權（爭議權）三種。團結權乃體現勞動者的結合與自治；而團體協商權則使勞動者得透過其代表，而與雇主或雇主團體間進行交涉、談判；團體行動權

則可分為爭議權與其他團體行動權兩種。團體行動權之爭議權乃係不可或缺的權利，如果勞動者無法藉由罷工、怠工或圍堵等集體行動，作為團結權與團體交涉權的後盾，則勞動者的權利，無異是緣木求魚。教師不因其工作或職業不同而否定其為基本權利，教師和一般人民皆享有集會、結社與勞動基本權等權利（林良榮，2018）。我國教師自 2011 年 5 月 1 日起適用勞動三法，享有「團結權」及「集體協商權」，但依《勞資爭議處理法》（2021）第 54 條規定，教師不得罷工，可謂僅享有部分「爭議權」。自此，教師得依法組織及參加工會，目前全國性教師工會組織，有全國教師工會總聯合會、全國教育產業總工會（黃俊容，2020）。現階段如要爭取教師爭議權保障之立法方式，或可考慮以下之策略：1. 於一定條件或範圍內限制（或限縮）教師工會得行使爭議行為之權限，或得使用之爭議手段；2. 教師工會於發動爭議（罷工）行為之前應與家長代表進行協商；3. 於行使爭議行為之期間應確保學生之校園安全；4. 於雙方爭議終止後應對學生施予必要之補課等。在程序上，教師工會在採取爭議行動之前即應提出上述相關因應計畫，讓社會大眾認為該罷工行為具有正當性（林良榮，2018）。

 ## 其他權利

　　教師尚有其他的權利受到保障，例如：本法第 13 條規定：「教師除有第 14 條至第 16 條、第 18 條、第 19 條、第 21 條及第 22 條情形之一者外，不得解聘、不續聘或停聘。」此為工作保障權。第 33 條第 4 項規定：「高級中等以下學校各主管機關應建立教師諮商輔導支持體系，協助教師諮商輔導；其辦法由各該主管機關定之。」可稱為接受輔導權。在輔導與管教相關規定之中，會產生生活指導權、懲戒權，但嚴禁對學生的不當管教。

第二節 教師的義務

　　責任與義務兩個法律概念有密切的關聯性。所謂「責任」乃含有法律上負擔之義務，當個人違反法律秩序，或有違反之可能，法律使關係人居於接受制裁之地位，稱之為責任（王等元，2017）。責任是因法律義務而存在的一種地位，所以教師的義務也可視為教師的責任。本法第 32 條第 1 項列出教師的義務有以下十項：「教師除應遵守法令履行聘約外，並負有下列義務：一、遵守聘約規定，維護校譽。二、積極維護學生受教之權益。三、依有關法令及學校安排之課程，實施適性教學活動。四、輔導或管教學生，導引其適性發展，並培養其健全人格。五、從事與教學有關之研究、進修。六、嚴守職分，本於良知，發揚師道及專業精神。七、依有關法令參與學校學術、行政工作及社會教育活動。八、非依法律規定不得洩漏學生個人或其家庭資料。九、擔任導師。十、其他依本法或其他法律規定應盡之義務。」其中的第 5 款進修、研究已於權利一節中言明。第 32 條的第 2 項，授權學校校務會議訂定第 4 款及第 9 款之辦法。本法第 34 條規定：「教師違反第 32 條第 1 項各款之規定者，各聘任學校應交教師評審委員會評議後，由學校依有關法令規定處理。」教師違反義務依其情節輕重要受到懲處，輕者如記申戒、記過，情節重大甚至會受到解聘、停聘或不續聘，教師不可不慎。以下針對教師所應盡的義務詳加討論之。

 ## 壹　遵守聘約義務

　　「聘約」是教師與學校所簽訂之「契約」，常載於教師聘書之背面，教師之權利、義務除依法令規定外，尚須受聘約規範。「聘約」對締約雙方都有拘束力，除學校有不當勞動行為，可另提裁決外，公立學校違反聘約，教師得以申訴或行政訴訟救濟；私立學校違反聘約，教師得申訴或民事訴訟救濟。教師聘約的訂定要依據各地方教育主管機關所頒布的「教師聘約準則實施要點」，而不是任由學校校長或教師依據己意訂定。媒體報導（法源法律網，2013）臺南市多所國中小學，經校務會議通過教師八點

上班，改由警衛、志工媽媽等輪值導護的決議，引發許多家長反彈，教育部說明縱使學校通過決議，此決議也不具任何效力，堅守學生在、老師就要在的原則。

教師比較常見的違反聘約情形為未經學校同意在校外兼職、校外補習、班級經營不佳等，有教師因在校外兼課、兼職而被學校解聘。本法第 16 條規定：「教師聘任後，有下列各款情形之一者，應經教師評審委員會審議通過，並報主管機關核准後，予以解聘或不續聘；……：一、教學不力或不能勝任工作有具體事實。二、違反聘約情節重大。」黃源銘（2016）認為「違反聘約情節重大」係屬行政法學上不確定的法律概念，對於教師工作權之保障，除非有法定事由，否則不得任意解聘與不續聘。未經核准校外兼課、違反規定在外兼職，是屬違反聘約，但是否即屬情節重大？尚有思考空間。《教師法施行細則》第 12 條的說明比較切合實際：「學校於聘約中約定教師有一定違反聘約行為，即得予以解聘或不續聘者，於個案適用時，教師評審委員會仍應依本法第 16 條第 1 項第 2 款情節重大規定，就相關事實予以認定，不得逕以教師有一定違反聘約行為，即予以解聘或不續聘。」

 ## 貳 維護學生受教權益

本法第 32 條第 1 項列出的教師義務中，有以下三款是與實施教學活動有關：「二、積極維護學生受教之權益。三、依有關法令及學校安排之課程，實施適性教學活動。五、從事與教學有關之研究、進修。」研究進修是教師的權利，同時也是義務，教師研究進修不是只為個人薪資的提升，最主要是在增進自己教學的專業能力，以便能改善自己在課程設計與適性教學方面的能力。當教師的教學專業能力不斷提升，學生的受教權即可得到更大的保障。教師如果荒廢教學或教學不力，即符合本法第 16 條所規定的「教學不力或不能勝任工作有具體事實。」需要進一步接受教學方面的輔導，如果沒有改善，則可能面臨解聘、不續聘的後果。教育部對「教學不力或不能勝任工作有具體事實」情事之認定參考基準有以下十一

項：「一、不遵守上下課時間，經常遲到或早退者。二、有曠課、曠職紀錄且工作態度消極，經勸導仍無改善者。三、以言語羞辱學生，造成學生心理傷害者。四、體罰學生，有具體事實者。五、教學行為失當，明顯損害學生學習權益者。六、親師溝通不良，可歸責於教師，情節嚴重者。七、班級經營欠佳，情節嚴重者。八、於教學、訓導輔導或處理行政過程中，採取消極之不作為，致使教學無效、學生異常行為嚴重或行政延宕，且有具體事實者。九、在外補習、不當兼職，或於上班時間從事私人商業行為者。十、推銷商品、升學用參考書、測驗卷，獲致利益者。十一、有其他不適任之具體事實者。」（教育部令，2020）。

嚴守師道的義務

教師義務的第 6 款是「嚴守職分，本於良知，發揚師道及專業精神。」細究其旨，主要在敦促教師保持良好品德與情操，以維護教師的良好形象。如同《公立高級中等以下學校教師成績考核辦法》（2023）第 4 條所列考核甲等的條件之一：「品德良好，能作為學生表率。」此外，教師在發揚師道及專業精神這方面，更應該積極朝「新時代良師」來努力，要能期許自己能發揮師資培育的四項核心價值：「一、師道：每位教師發揮出社會典範精神。二、責任：每位教師致力於帶好每個學生。三、精緻：每位教師用心在提升教育品質。四、永續：每位教師熱切傳承與創新文化。」讓自己成為兼具經師與人師的良師（教育部，2012）。

參與校務義務

教師義務的第 7 款是「依有關法令參與學校學術、行政工作及社會教育活動。」雖然教師的主要工作在教學，但是學校有很多的行政工作需要教師的參與及協助，例如：學校內的運動會、畢業典禮、親師會議、親職講座，需要教師的協助才能圓滿完成。教育部訂有《公立中小學未兼任行政職務教師寒暑假期間返校活動事項及日數實施原則》（2007）規定教師

寒暑假期間返校活動事項如下：㈠返校服務事項；㈡研究與進修事項。通常寒暑假開學前一週擇一日作教學準備，全體教師均應返校；而教師寒暑假期間應返校服務及研究進修日數，約爲二日至七日。例如：學校舉辦輔導知能之研習活動，當教師無法配合參與時，應依規定辦理請假手續。該款有關教師擔任行政工作視爲義務，引發教師團體的反彈，由於許多教師不願兼任組長等行政職務，校長徵詢不到人選，往往只能找資淺教師出任。但「行政工作」不是「行政職務」，教師協助行政工作應視爲合理的規定，例如：營養午餐的一些工作。如果將教師擔任行政職務定爲「義務」，則沒有人願意擔任的組長工作，可能需要教師輪流擔任。但最佳的方式還是由校長依校務推動理念和需求，尋找適合的人選。

　輔導與管教義務

　　教師義務的第 4 款是「輔導或管教學生，導引其適性發展，並培養其健全人格。」對學生輔導與管教的行爲，在本質上係學校基於教育目的所爲之教育措施，當學生干擾或妨礙教學活動正常進行，違反校規、社會規範或法律，或從事有害身心健康之行爲者，教師應施予適當輔導與管教，以維護教學秩序，確保班級教學及學校教育活動之正常進行。《教育基本法》第 2 條即明言「爲實現……教育目的，國家、教育機構、教師、父母應負協助之責任。」教育部爲協助各中小學自行訂定「教師輔導與管教學生辦法」，特頒布《學校訂定教師輔導與管教學生辦法注意事項》、《學生輔導法》等法規，以對學生實施生活、學習、生涯、心理與健康等各種輔導。凡經學校或教師安排之教育活動，教師應負起輔導與管教學生之責任，但就中小學學生輔導與管教實務而言，在很大程度上需要學生家長的積極合作參與，始能發揮整體綜效，以事竟其功，尤其對來自弱勢高風險家庭，如單親或隔代教養家庭的學生，家長的協力合作意願尤其關鍵（王等元，2017）。

陸　維護隱私的義務

　　教師義務的第 8 款是「非依法律規定不得洩漏學生個人或其家庭資料。」旨在維護學生的隱私權，教師有義務對其在教學及輔導的過程中，所獲悉的學生及其家庭資料加以保密。依《個人資料保護法》（2023）第 2 條規定，個人資料是指「自然人之姓名、出生年月日、國民身分證統一編號、護照號碼、特徵、指紋、婚姻、家庭、教育、職業、病歷、醫療、基因、性生活、健康檢查、犯罪前科、聯絡方式、財務情況、社會活動及其他得以直接或間接方式識別該個人之資料。」學生在學校資料主要是學籍、成績、輔導紀錄、作文、日記等，教師基於維護學生的隱私權，不得對外公開或洩漏，例如：教師將畢業班學生的名冊提供給補習班、教師公布全班的成績等，皆違反了這項義務。

 柒　擔任導師義務

　　第 9 款規定教師有擔任導師之義務，導師的工作相當繁重，雖有減課及導師費，但很多教師不願擔任。教育部於是在 2002 年函頒《國民中小學聘任班級導師注意事項》與《高級中等學校訂定教師擔任導師辦法及聘任導師注意事項》，其聘任程序是各校制定「導師聘任辦法」經校務會議通過後，由校長依辦法聘任各班導師。導師的聘任以任職相對較具穩定性的正式教師優先擔任為原則，其有特殊情況的學校，再由校長評估是否由代理教師擔任。該注意事項建議學校建立以下導師的支持系統：1. 每月辦理導師會議，瞭解各班級導師需求，適時給予協助。2. 建立校內個案轉介機制，發揮二級輔導功能。3. 建立師傅導師制，以提供有需要者必要協助。建立一套公平合理的導師輪流制度，不僅可以維護學生受教權益，還可弭平校內不公、促進校園和諧。

捌　其他義務

　　教師義務的第 10 款是「其他依本法或其他法律規定應盡之義務。」教師因為教學或擔任導師所衍生出的義務，有照顧學生的義務、財產保管。照顧學生在學校的生活與學習活動，最主要的是身體健康、生活安全的照顧，使學生在使用遊樂器材、進行各項教學活動時免於傷害。教師因為職務上關係，有時應保管教學儀器設備或其他財物，就應該負善良管理人的義務，如果有故意或過失，致發生毀損或遺失時，即應負賠償責任（吳清山，2010）。教師在知悉學生受到家暴、性侵害、性騷擾及霸凌等事項時，應依《校園安全及災害事件通報作業要點》（2024）辦理通報，故教師負有通報的義務。

自我評量 ·······························

一、選擇題

(　) 1. 下列有關我國現行《教師法》教師權利與義務的敘述，何者有誤？
(A) 教師之教學及學生輔導依相關教育法令，享有專業自主權　(B)
教師得視自己工作負擔狀況，選擇是否擔任導師　(C) 除法令另有
規定外，教師得拒絕學校所指派與教學無關之工作或活動　(D) 教
師非依法律規定，不得洩漏學生個資

(　) 2. 依據《教師法》之規定，教師所應具有之義務，不包括下列何者？
(A) 遵守聘約規定，維護校譽　(B) 依有關法令及學校安排之課程，
實施適性教學活動　(C) 參加教師組織，並參與其他依法令規定所
舉辦之活動　(D) 輔導或管教學生，導引其適性發展，並培養其健
全人格

(　) 3. 根據《教師法》規定，下列何者為教師的權利？　(A) 遵守聘約規
定，維護校譽　(B) 積極維護學生受教之權益　(C) 對學校教學及
行政事項提供興革意見　(D) 依有關法令及學校安排之課程，實施
適性教學活動

(　) 4. 下列何者不是教育部頒布《國民中小學聘任班級導師注意事項》
對於教師擔任班級導師的規定或措施？　(A) 各校編制內的教師，
均具有被遴聘為導師的義務　(B) 每班依規定應置導師一人，必要
時可採取雙導師制　(C) 學校得建立師傅導師制，以提供有需要的
導師必要之協助　(D) 學校應每月辦理導師會議，瞭解班級導師需
求，適時給予協助

(　) 5. 根據《教師法》規定，下列有關我國教師權利義務的敘述，何者正
確？　(A) 從事與教學有關之研究及進修等，既是教師權利，也屬
教師義務　(B) 教師不得拒絕參與教育行政機關或學校所指派與教
學無關之工作或活動　(C) 教師在自由心證下得視情況透露學生個
人或其家庭資料　(D) 教師享有自行決定是否擔任導師之權利

(　) 6. 教師接受聘任後應遵守法令履行聘約外，並負有義務，依《教師
法》第 32 條規定範疇，下列何者非教師義務事項？　(A) 輔導或管

教學生，導引適性發展　(B) 積極維護學生的受教權　(C) 擔任班級導師　(D) 兼任學校行政職務

(　　) 7. 下列何者是《教師法》明定的教師義務？　(A) 擔任處室組長　(B) 擔任上下學導護老師　(C) 擔任導師　(D) 擔任學習扶助教師

(　　) 8. 下列何者非《教師法》第 31 條中所明定的權利？　(A) 參加學校教師會　(B) 參加在職進修研究　(C) 擁有教學專業自主權　(D) 擁有罷教權

(　　) 9. 根據《教師法》及《教師法施行細則》，有關教師組織的描述下列何者錯誤？　(A) 教師組織分為三級　(B) 學校教師會是職業團體　(C) 學校教師會是聯合團體　(D) 地方教師會是聯合團體

(　　) 10. 根據《教師法》及《教師法施行細則》，有關教師組織之學校教師會的規範下列何者正確？　(A) 學校代理／兼課教師也可以參加　(B) 同一學校至少要有專任教師 30 位以上參加　(C) 大型學校教師可以跨校／跨區參加　(D) 依人民團體法規定設立，名稱可自由設定

參考答案

1.B　　2.C　　3.C　　4.B　　5.A　　6.D　　7.C　　8.D　　9.C　　10.B

二、問答題

1. 請分別簡述現行《教師法》中，教師的權利與義務各三項，並請略加解釋。

2. 根據媒體報導（中央社，2023）：全國教育產業總工會指出，112 年度全國共有 1,291 名國中小教師，必須身兼導師和主任、組長職務，尤以偏鄉小校最嚴重。理事長林碩杰提到，很多小型學校行政員額較少，還讓老師擔任「黑牌組長」，負擔行政職的同時，卻沒加給可領。他認為，教師身兼多職，照顧學生的時間勢必被擠壓，教學品質也一定會受到影響。

(1) 請問教師身兼導師和行政職（主任、組長）使他們哪些權利受損？同時也違反了哪些義務？

(2) 這種現象要如何改善，請提出你的看法？

第六章

教師的懲戒與救濟

　　懲戒乃國家基於特別身分，為維持紀律，對於違反一定義務者課以制裁之謂也。教師懲戒必須基於是教師有違反相關法令規定或義務之事實者，否則政府機關或學校單位不能任意加以懲處，以保障教師工作權益。而懲戒的方式不管是免職或記過，都必須是依據教育相關法令所規定的方式來辦理，而且要符合處分的比例原則，即懲處決定應視其違法行為比例大小而定（吳清山，2010）。目前未兼行政的專任教師，其懲戒的法規依據有二：法律方面是《教師法》及《教育人員任用條例》，命令方面是《公立高級中等以下學校教師成績考核辦法》；而兼任行政的教師則適用《公務員懲戒法》。近年來家長團體與社會輿論相當關注「不適任教師」（incompetent teacher）的議題，這也是教育主管當局與學校行政人員備感棘手的問題。我國由於缺乏教師評鑑機制，加上教師成績考核未能落實，以至於平時就無法預防不適任教師的產生，到了家長反應、抱怨教師的不適任問題時，常已是「冰凍三尺，非一日之寒」，處理起來額外的棘手。不適任教師的種類相當繁多，依據修正後《教師法》，將不適任教師區分為：「涉及性平案件」、「涉及兒少及體罰霸凌」、「教學不力或不能勝任工作」、「其他，例如：有罪判決確定」等四種類型。大修的目的在強化「不適任教師」的淘汰機制，不過全國教師工會總聯合會表示，新法上路不但沒有加快處理速度，反而造成學校像法院在辦案，為處理名目繁多的各種校園事件，要花很多時間及心力，也出現不少濫訴案例，學校不堪其擾（中時新聞網，2023）。本章即在探討《教師法》（以下簡稱本法）及其相關子法對不適任教師的懲處及救濟方式。

第一節　教師解聘、不續聘與停聘的制度

　　公立學校教師經聘任後，當其行為違反表 6-1 所列之條文時，可經（或免經）教師評審委員會決議通過予以解聘、停聘或不續聘。有關教師解聘、停聘、不續聘之定義，參照《教師法施行細則》第 7 條說明如下：1. 解聘指教師在聘約存續期間，經服務學校依規定程序終止聘約。2. 不續聘指教師經服務學校依規定程序，於聘約期限屆滿時不予續聘。3. 停聘指

教師在聘約存續期間，經服務學校依規定程序，停止聘約之執行。《高級中等以下學校教師專業審查會組成及運作辦法》（2020）（簡稱《專審辦法》）、《高級中等以下學校教師解聘不續聘停聘或資遣辦法》（2024）（簡稱《解聘辦法》），與《高級中等以下學校教師評審委員會設置辦法》，是探討教師解聘制度的重要法規。

表 6-1

《教師法》懲處教師的七條法規

《教師法》	法律效果
第 14 條	終身解聘（不得回任教師）
第 15 條	解聘且一至四年不得回任教師
第 16 條	原校解聘、不續聘
第 18 條	終局停聘
第 21 條	當然暫時停聘
第 22 條	暫時停聘
第 16 及 27 條	資遣

壹　教師解聘、不續聘之法規

　　《教師法》對於不適任教師的懲戒有三種方式：終身解聘、一至四年解聘、解聘。在組織上於學校層級成立「校園事件處理會議」（簡稱校事會議），而在主管機關應成立「教師專業審查會」（簡稱專審會），以加速不適任教師的覺察及處理。另外，在處理程序上亦有較為嚴謹的規定且有法律的依據（張德銳，2023）。

一、終身解聘

　　終身解聘是對教師最嚴厲的處分，受此處分教師終身不得聘為教師。

㈠構成條件

本法第 14 條第 1 項規定：「教師有下列各款情形之一者，應予解聘，

且終身不得聘任爲教師：一、動員戡亂時期終止後，犯內亂、外患罪，經有罪判決確定。二、服公務，因貪汙行爲經有罪判決確定。三、犯性侵害犯罪防治法第 2 條第 1 項所定之罪，經有罪判決確定。四、經學校性別平等教育委員會或依法組成之相關委員會調查確認有性侵害行爲屬實。五、經學校性別平等教育委員會或依法組成之相關委員會調查確認有性騷擾或性霸凌行爲，有解聘及終身不得聘任爲教師之必要。六、受兒童及少年性剝削防制條例規定處罰，或受性騷擾防治法第 20 條或第 25 條規定處罰，經學校性別平等教育委員會確認，……。七、經各級社政主管機關依兒童及少年福利與權益保障法第 97 條規定處罰，並經學校教師評審委員會確認，……。八、知悉服務學校發生疑似校園性侵害事件，未依性別平等教育法規定通報，致再度發生校園性侵害事件；或僞造、變造、湮滅或隱匿他人所犯校園性侵害事件之證據，經學校或有關機關查證屬實。九、僞造、變造或湮滅他人所犯校園毒品危害事件之證據，經學校或有關機關查證屬實。十、體罰或霸凌學生，造成其身心嚴重侵害。十一、行爲違反相關法規，經學校或有關機關查證屬實，……。」

㈡ 處理程序

本法第 14 條第 2 項規定依確定判決確認事實而直接解聘：「教師有前項第 1 款至第 3 款規定情形之一者，免經教師評審委員會審議，並免報主管機關核准，予以解聘，……。」

第 3 項規定依《性別平等教育法》等法令調查確認後，報主管機關核准後解聘，亦免經教評會審議：「教師有第 1 項第 4 款至第 6 款規定情形之一者，免經教師評審委員會審議，由學校逕報主管機關核准後，予以解聘，……。」

第 4 項則是規定其他各款之事由，需經教評會審議，其決議方式亦不相同：「教師有第 1 項第 7 款或第 10 款規定情形之一者，應經教師評審委員會委員三分之二以上出席及出席委員二分之一以上之審議通過，並報主管機關核准後，予以解聘；有第 8 款、第 9 款或第 11 款規定情形之一者，應經教師評審委員會委員三分之二以上出席及出席委員三分之二以上

之審議通過，並報主管機關核准後，予以解聘。」

二、一至四年解聘

本法第15條第1項規定：「教師有下列各款情形之一者，應予解聘，且應議決一年至四年不得聘任為教師：一、經學校性別平等教育委員會或依法組成之相關委員會調查確認有性騷擾或性霸凌行為，有解聘之必要。二、受兒童及少年性剝削防制條例規定處罰，或受性騷擾防治法第20條或第25條規定處罰，經學校性別平等教育委員會確認，有解聘之必要。三、體罰或霸凌學生，造成其身心侵害，有解聘之必要。四、經各級社政主管機關依兒童及少年福利與權益保障法第97條規定處罰，並經學校教師評審委員會確認，有解聘之必要。五、行為違反相關法規，經學校或有關機關查證屬實，有解聘之必要。」

㈠調查程序

依《解聘辦法》第2條規定：「高級中等以下學校（以下簡稱學校）接獲檢舉或知悉教師疑似有本法第14條第1項、第15條第1項、第16條第1項、第18條第1項規定情形者，應依下列規定調查，並依本辦法規定處理。」

1. 成立校事會議

被害人或其法定代理人，知悉教師疑似涉及上述法規或校園事件時，可向學校檢舉。依《解聘辦法》第12條規定：「1學校應於受理檢舉事件後七個工作日內召開校園事件處理會議審議。2前項校事會議應置委員5人，任期一年，期滿得續聘；其成員如下：一、校長。二、學校家長會代表1人……。三、行政人員代表1人。四、學校教師會代表1人……。五、教育學者、法律學者專家、兒童及少年福利學者專家或社會公正人士1人。3校事會議任一性別委員人數不得少於委員總數三分之一……」

2. 成立調查小組

校事會議議決是否需成立調查小組進行調查。若涉及《公立高級中等以下學校教師成績考核辦法》第6條所定教師懲處之情形，且其情節明顯

未達應依本法第 14 條至第 16 條或第 18 條予以解聘、不續聘或終局停聘之程度者，校事會議得決議無須組成調查小組，由學校直接派員調查。

3. 校事會議審議

《解聘辦法》第 25 條規定：「校事會議審議調查報告，應為下列決議之一：一、教師涉有本法第 16 條第 1 項第 1 款情形（教學不力），而無輔導改善可能者，學校應移送教師評審委員會審議。二、教師涉有本法第 14 條第 1 項第 8 款至第 11 款、第 15 條第 1 項第 3 款、第 5 款、第 16 條第 1 項第 2 款所定情形，學校應移送教評會審議。三、教師涉有本法第 18 條第 1 項所定情形，且非屬性別事件者，學校應移送教評會審議。四、教師涉有本法第 16 條第 1 項第 1 款情形，而有輔導改善可能者，學校應自行輔導或向主管機關申請專審會輔導。五、教師涉有公立高級中等以下學校教師成績考核辦法第 6 條所定教師懲處之情形，……學校應移送考核會或依法組成之相關委員會審議。六、教師無前五款所定情形，應予結案。」

㈡ 教評會審議

校事會議將決議移送教評會後，教評會即審議是否予以解聘。依本法第 15 條第 2、3 項之規定：「2 教師有前項（第 15 條第 1 項）第 1 款或第 2 款規定情形之一者，應經教師評審委員會委員二分之一以上出席及出席委員二分之一以上之審議通過，並報主管機關核准後，予以解聘。3 教師有第 1 項第 3 款或第 4 款規定情形之一者，應經教師評審委員會委員三分之二以上出席及出席委員二分之一以上之審議通過，並報主管機關核准後，予以解聘；有第 5 款規定情形者，應經教師評審委員會委員三分之二以上出席及出席委員三分之二以上之審議通過，並報主管機關核准後，予以解聘。」

三、解聘、不續聘或資遣

本法第 16 條規定：「1 教師聘任後，有下列各款情形之一者，應經教師評審委員會審議通過，並報主管機關核准後，予以解聘或不續聘；其

情節以資遣爲宜者，應依第 27 條規定辦理：一、教學不力或不能勝任工作有具體事實。二、違反聘約情節重大。2 教師有前項各款規定情形之一者，應經教師評審委員會委員三分之二以上出席及出席委員三分之二以上之審議通過。但高級中等以下學校教師有前項第 1 款情形，學校向主管機關申請教師專業審查會調查屬實，應經教師評審委員會委員二分之一以上出席及出席委員二分之一以上之審議通過。」

教學不力或不能勝任工作的具體事實已在第五章有所說明，教學不力的教師的處理流程與前文所述的調查程序一樣，由學校內先調查蒐證，經校事會議審議後，學校應自行輔導或向主管機關申請專審會輔導。本法第 17 條規定：「1 主管機關爲協助高級中等以下學校處理前條第 1 項第 1 款及第 26 條第 2 項情形之案件，應成立教師專業審查會，受理學校申請案件或依第 26 條第 2 項提交教師專業審查會審議之案件。2 教師專業審查會置委員 11 人至 19 人，任期二年，由主管機關首長……；任一性別委員人數不得少於委員總數三分之一。」教育部據此制定《專審辦法》，由學校自行輔導或申請專審會輔導的程序大致相同，認爲有輔導改善之可能者，應組成輔導小組，進行爲期二個月的輔導，必要時得延長一個月。如校事會議或專審會審議，認爲輔導改善無成效者，或無輔導改善之可能者，則移請教評會審議是否予以解聘、不續聘或資遣。

貳　停聘

停聘有三種方式：終局停聘、當然暫時停聘、暫時停聘。終局停聘是此次《教師法》修法後新增的懲戒方式，等同於強迫留職停薪，也就是說，在終局停聘期間，教師職位還在，但這期間沒有薪水，而且不得申請退休、資遣或在任何學校任教（含兼任、代理、代課及其他教學或輔導工作），只可以找其他行業的工作。

本法第 18 條爲有關終局停聘的規定：「1 教師行爲違反相關法規，經學校或有關機關查證屬實，未達解聘之程度，而有停聘之必要者，得審酌案件情節，經教師評審委員會委員三分之二以上出席及出席委員三分之

二以上之審議通過，議決停聘六個月至三年，並報主管機關核准後，予以終局停聘。2 前項停聘期間，不得申請退休、資遣或在學校任教。」終局停聘期間屆滿，教師才能復聘。

　　本法第 21 條為當然暫時停聘之規定：「教師有下列各款情形之一者，當然暫時予以停聘：一、依刑事訴訟程序被通緝或羈押。二、依刑事確定判決，受褫奪公權之宣告。三、依刑事確定判決，受徒刑之宣告，在監所執行中。」教師因犯罪而被通緝、羈押或褫奪公權，即發生停聘之效力，學校仍應提請教評會審議是否已有本法第 14 條第 1 項、第 15 條第 1項、第 16 條第 1 項或第 18 條第 1 項所定之情事，並另作解聘、不續聘或終局停聘之決定，若無涉及上述事由，教師應於停聘事由消滅後，次日向學校報到復聘。

　　本法第 22 條為暫時停聘之規定：「1 教師涉有下列各款情形之一者，服務學校應於知悉之日起一個月內經教師評審委員會審議通過後，免報主管機關核准，暫時予以停聘六個月以下，並靜候調查；必要時，……延長停聘期間二次，每次不得逾三個月。……：一、第 14 條第 1 項第 4 款至第 6 款情形。二、第 15 條第 1 項第 1 款或第 2 款情形。」此項為教師涉及性平案件，調查期間「暫時停聘」，停聘期間不發待遇，待事由消滅且未受解聘或終局停聘處分，即可回復聘任，學校補發全數本薪。

　　本法第 22 條第 2 項規範教師涉及其他案件（不含性平、《教師法》第 14 條第 1 項第 11 款、第 16 條第 1 項）的停聘：「2 教師涉有下列各款情形之一，服務學校認為有先行停聘進行調查之必要者，應經教師評審委員會審議通過，免報主管機關核准，暫時予以停聘三個月以下；必要時得經教師評審委員會審議通過後，延長停聘期間一次，且不得逾三個月。經調查屬實者，於報主管機關後，至主管機關核准及學校解聘前，得經教師評審委員會審議通過後，予以停聘：一、第 14 條第 1 項第 7 款至第 11款情形。二、第 15 條第 1 項第 3 款至第 5 款情形。」第 3 項則是規範教評會的決議：「前二項情形應經教師評審委員會委員二分之一以上出席及出席委員二分之一以上之審議通過。」教師於停聘期間發給半數本薪，事由消滅未受解聘或終局停聘處分並回復聘任者，補發半數本薪。

第二節 中小學教師成績考核

在教師成績考核（亦稱考績）制度方面，目前公立高級中等以下學校教師係依《公立高級中等以下學校教師成績考核辦法》（2023）（簡稱《考核辦法》）之規定辦理，只要列為第 4 條第 1 項第 1 款（考績甲等），即可獲得一個月薪給的考績獎金，以及晉級加薪。因《考核辦法》依據的法源為《高級中等教育法》第 33 條：「各該主管機關應對公立高級中等學校教師辦理年度成績考核……」及《國民教育法》第 26 條第 2 項規定：「公立學校校長、教師應辦理成績考核；……。」因此只給予中小學教師考績獎金，大學教師未能領取績效獎金，實有違公平原則（余啟名、張源泉，2012）。《考核辦法》尚有規範教師之平時考核，依據獎懲基準予以獎勵或懲處，因此亦屬教師懲戒之依據法規。然而該辦法未訂定甲等教師一定之人數比例限制，考核標準僅需請假未超過規定之日數，即可年年甲等、晉級加薪，以致外界批評此種制度無法區分出教師之努力、技巧及專業能力，對提升教師教學品質沒有幫助。以下針對教師的平時考核及年終考核作一探討。

 壹　考核組織

《考核辦法》第 8 條規定學校組成教師成績考核委員會：「辦理教師成績考核，高級中等……；國民小學及國民中學應組成考核委員會，其任務如下：一、學校教師年終成績考核、另予成績考核及平時考核獎懲之初核或核議事項。二、其他有關考核之核議事項及校長交議考核事項。」第 9 條規定：「1 考核會由委員 9 人至 17 人組成，除掌理教務、學生事務、輔導、人事業務之單位主管及教師會代表 1 人為當然委員外，其餘由本校教師票選產生，並由委員互推 1 人為主席，任期一年。……3 委員每滿 3 人應有 1 人為未兼行政職務教師；……。4 任一性別委員應占委員總數三分之一以上。……。5 委員之任期自當年 9 月 1 日至次年 8 月 31 日止。6 委員之總數、選舉與被選舉資格、會議規範及相關事項規定，由學校擬

訂，經校務會議通過後實施。」

《考核辦法》第10條規定決議事項：「1 考核會會議時，應有全體委員二分之一以上出席，出席委員過半數之同意，始得決議。但審議教師年終成績考核、另予成績考核及記大功、大過之平時考核時，應有全體委員三分之二以上出席，出席委員過半數之同意，始得決議。2 考核會為前項決議時，迴避之委員不計入該項決議案之出席人數。」

貳　平時考核

《考核辦法》第6條規定教師平時考核之獎懲基準，獎勵分記大功、記功、嘉獎，懲處分記大過、記過、申誡。第7條規定獎懲可累計，同一學年度獎懲得相互抵銷。以下僅列出懲處之基準規定如下：

一、記大過

1. 言行不檢，致損害教育人員聲譽，情節重大。2. 故意曲解法令，致學生權益遭受重大損害。3. 因重大過失貽誤公務，導致不良後果。4. 體罰、霸凌或其他違法處罰學生，造成學生身心傷害，情節重大，而未達解聘、不續聘或終局停聘之程度。5. 執行職務知有校園性侵害事件，未依規定通報。6. 隱匿學生涉犯毒品事件，或要求藥物濫用個案學生辦理休、轉學等情形，經查證屬實。7. 行為違反相關法規，情節重大，而未達解聘、不續聘或終局停聘之程度。

二、記過

1. 處理教育業務，工作不力，影響計畫進度。2. 有不當行為，致損害教育人員聲譽。3. 體罰、霸凌、不當管教或其他違法處罰學生，造成學生身心傷害。4. 對偶發事件之處理有明顯失職，致損害加重。5. 有曠課、曠職紀錄且工作態度消極。6. 班級經營不佳，致影響學生受教權益。7. 在外補習、違法兼職，或藉職務之便從事私人商業行為。8. 代替他人不實簽到退，經查屬實。9. 對公物未善盡保管義務或有浪費公帑情事，致造成損

失。10. 延遲通報學生涉犯毒品事件，經查證屬實。11. 其他違反有關教育法令規定之事項。

三、申誡

1. 執行教育法規不力，有具體事實。2. 處理業務失當，或督察不週，有具體事實。3. 不按課程綱要教學，或教學未能盡責，致貽誤學生課業。4. 對學生之輔導或管教，未能盡責。5. 有不實言論或不當行為致有損學校名譽。6. 無正當理由不遵守上下課時間且經勸導仍未改善。7. 教學、輔導管教行為失當，有損學生學習權益。8. 體罰、霸凌、不當管教或其他違法處罰學生，情節輕微經令其改善仍未改善。9. 其他依法規或學校章則辦理有關教育工作不力，有具體事實。10. 其他違反有關教育法令規定之事項，情節輕微。

 ## 年度考核

年度考核於學年結束後辦理，依《考核辦法》第 15 條第 2 項規定：「教師年終成績考核及另予成績考核結果，應於每年 9 月 30 日前分別列冊報主管機關核定。」第 3 條第 1 項規定：「教師任職至學年度終了屆滿一學年者，應予年終成績考核；不滿一學年，而連續任職已達六個月，或有養育三足歲以下子女辦理留職停薪，而任職累計已達六個月者，另予成績考核。……」

《考核辦法》第 4 條第 1 項規定年終成績考核標準及獎勵：「教師之年終成績考核，應按其教學、輔導管教、服務、品德及處理行政等情形，依下列規定辦理：

一、在同一學年度內合於下列條件者，除晉本薪或年功薪一級外，並給與一個月薪給總額之一次獎金，已支年功薪最高級者，給與二個月薪給總額之一次獎金：㈠按課表上課，教法優良，進度適宜，成績卓著。㈡輔導管教工作得法，效果良好。㈢服務熱誠，對校務能切實配合。㈣事病假併計在十四日以下，並依照規定補課或請人代課。㈤品德

良好，能作為學生表率。㈥ 專心服務，未違反主管機關有關兼課兼職規定。㈦ 按時上下課，無曠課、曠職紀錄。㈧ 未受任何刑事、懲戒處分及行政懲處。……。

二、在同一學年度內合於下列條件者，除晉本薪或年功薪一級外，並給與半個月薪給總額之一次獎金，已支年功薪最高級者，給與一個半月薪給總額之一次獎金：……㈣ 事病假併計未超過二十八日，或因重病住院致病假連續超過二十八日而未達延長病假，並依照規定補課或請人代課。……。

三、在同一學年度內有下列情形之一者，留支原薪：㈠ 教學成績平常，勉能符合要求。㈡ 曠課超過二節或曠職累計超過二小時。㈢ 事、病假期間，未依照規定補課或請人代課。㈣ 未經學校同意，擅自在外兼課兼職。㈤ 品德較差，情節尚非重大。㈥ 因病已達延長病假。㈦ 事病假超過二十八日。

《考核辦法》第 5 條規定受申誡以上懲處者，不得列為甲等：「三、體罰、霸凌、不當管教或其他違法處罰學生，而受申誡以上之懲處者，不得考列前條第 1 項第 1 款。四、有性騷擾、性霸凌行為，或違反校園性侵害性騷擾或性霸凌防治準則第 6 條、第 7 條或第 8 條規定，而受申誡以上之懲處者，不得考列前條第 1 項第 1 款。」

第三節 教師的救濟制度

公立學校的教師聘任係為行政契約，故有關其教師解聘、停聘、或不續聘之爭議，應向行政法院提起行政訴訟加以救濟，而私立學校教師聘約則乃屬私法契約，應向普通法院提起民事訴訟救濟。黃源銘（2023）認為教師懲戒之法源依據係《教師法》，其規範目的在於決定教師身分存否；教師懲處之法源依據係《考核辦法》，其規範目的為「教師考績管理」。當教師受到懲戒或懲處，將通知送達受處分人後，即得依本法第 42-46 條規定，提出申訴及救濟。有關教師的申訴及再申訴處理程序，則依據《教師申訴評議委員會組織及評議準則》（2020）（以下簡稱《評議準則》）辦理。

申訴再申訴

本法第 42 條規定：「1 教師對學校或主管機關有關其個人之措施，認爲違法或不當，致損害其權益者，得向各級教師申訴評議委員會提起申訴、再申訴。2 教師因學校或主管機關對其依法申請之案件，於法定期間內應作爲而不作爲，認爲損害其權益者，亦得提起申訴；……。」申訴具有時效性，「3 申訴之提起，應於收受或知悉措施之次日起三十日內以書面爲之；再申訴應於申訴評議書達到之次日起三十日內以書面爲之。」申訴是有期限的，申訴人填寫申訴書，於期限內向主管機關遞送。

一、組織

地方及中央主管機關各成立申訴評議委員會（簡稱申評會），受理中小學教師的申訴案。本法第 43 條規定：「教師申訴評議委員會委員，由教師、社會公正人士、學者專家、該地區教師組織代表，及組成教師申訴評議委員會之主管機關或學校代表擔任之；其中未兼行政職務之教師人數不得少於委員總數三分之二。……」《評議準則》第 5 條規定：「各級主管機關申評會置委員 15 人至 21 人，均爲無給職，任期二年。」第 6 條規定：「各級主管機關申評會委員會議，由機關首長或其指定之人員召集之。……」依第 7 條規定：「1 各級主管機關申評會主席由委員互選之，並主持會議，任期一年，連選得連任。……3 申評會主席，不得由該級主管機關首長擔任。」

二、程序

本法第 44 條第 1 項規定：「教師申訴之程序分爲申訴及再申訴二級如下：一、專科以上學校分學校及中央二級。二、高級中等以下學校分直轄市、縣（市）及中央二級。……。」第 2 項規定：「教師不服申訴決定者，得提起再申訴；學校及主管機關不服申訴決定者，亦同。」依第 3 項之規定：「教師依本法提起申訴、再申訴後，不得復依訴願法提起訴願。……。」表示教師只可選擇申訴或訴願，不能並行。依第 6 項之規

定：「……不服再申訴決定者，得依法提起行政訴訟。」由於教師懲戒與教師懲處之結果均為「行政處分」，教師申訴的程序為申訴、再申訴、行政訴訟；教師亦可依《訴願法》（2012）提起訴願、再訴願及行政訴訟。

三、評議及決議

《評議準則》第17條規定受理申訴書後的流程及處理方式：「1 申評會應自收受申訴書之次日起十日內，以書面檢附申訴書影本及相關書件，通知為原措施之學校或主管機關提出說明。2 學校或主管機關應自前項書面通知達到之次日起二十日內，擬具說明書連同關係文件送申評會，並應將說明書抄送申訴人。但原措施之學校或主管機關認申訴為有理由者，得自行撤銷或變更原措施，並函知申評會。」第18條規定：「申訴提起後，於評議書送達申訴人前，申訴人得撤回之。」

第31條規定決議的人數：「申評會……，經委員總數二分之一以上出席，始得開議；評議決定應經出席委員三分之二以上之同意行之；其他事項之決議，以出席委員過半數之同意行之。」《教師法》第45條規定：「評議決定確定後，就其事件，有拘束各關係機關、學校之效力；原措施之學校或主管機關應依評議決定執行，主管機關並應依法監督其確實執行。」第46條規定：「……評議書應主動公開。但其他法律另有規定者，依其規定。」依《評議準則》第24條第1項規定整個申訴案的結案時間：「申評會之評議決定，除依第20條規定停止評議者外，自收受申訴書之次日起，應於三個月內為之；必要時，得予延長，並通知申訴人。延長以一次為限，最長不得逾二個月。」

貳　訴願及行政訴訟

依《訴願法》第1條之規定：「人民對於中央或地方機關之行政處分，認為違法或不當，致損害其權利或利益者，得依本法提起訴願。但法律另有規定者，從其規定。」訴願分為撤銷訴願及課予義務訴願兩類，其程序包括訴願及再訴願。行政訴訟是向行政法院提起訴訟，以維護自己的

權益。依《行政訴訟法》（2022）第 4 條的規定，提起訴訟的目的有三：「1 人民因中央或地方機關之違法行政處分，認爲損害其權利或法律上之利益，經依訴願法提起訴願而不服其決定，……。2 逾越權限或濫用權力之行政處分，以違法論。3 訴願人以外之利害關係人，認爲第 1 項訴願決定，損害其權利或法律上之利益者，……。」若一審敗訴，可繼續上訴。

自我評量．．．．．．．．．．．．．．．．．．．．．．．．．．．．．．．

一、選擇題

（　　）1. 依據《教師法》之規定內容，下列何者不是該法應設立的組織？
（A) 教師會　(B) 教師評審委員會　(C) 教師申訴評議委員會　(D)
教師成績考核委員會

（　　）2. 依據《公立高級中等以下學校教師成績考核辦法》之規定，審議教
師記大過之平時考核時，應有下列何種人數比率限制，方得為決
議？　(A) 全體委員三分之二以上出席，出席委員三分之二之同意
（B) 全體委員二分之一以上出席，出席委員三分之二之同意　(C)
全體委員二分之一以上出席，出席委員過半數之同意　(D) 全體委
員三分之二以上出席，出席委員過半數之同意

（　　）3. 現行國民中學負責教師資遣原因認定之審查事項的法定單位，係指
下列哪一委員會？　(A) 性別平等委員會　(B) 成績考核委員會
（C) 教師評審委員會　(D) 教師申訴評議委員會

（　　）4. 依據《公立高級中等以下學校教師成績考核辦法》之規定，下列
敘述何者正確？　(A) 國民中小學考核委員會委員之總數，由校務
會議議決　(B) 國民中小學考核委員會由校長擔任主席　(C) 國民
中小學應於每年八月三十日前，將教師成績考核結果，分別列冊報
主管機關核定　(D) 教師任職至學年度終了，連續任職已達三個月
者，另予成績考核

（　　）5. 教師有下列哪一種情形者，應予解聘，且應議決一年至四年不得聘
任為教師？　(A) 服公務，因貪汙行為經有罪判決確定　(B) 體罰
學生，造成其身心侵害，有解聘之必要　(C) 犯性侵害犯罪防治法
第 2 條第 1 項所定之罪，經有罪判決確定　(D) 經學校性別平等教
育委員會調查確認有性侵害行為屬實。

（　　）6.《教師法》第四章針對教師之解聘、不續聘、停聘及資遣進行規範，
其中第 14 條「教師有下列各款情形之一者，應予解聘，且終身不
得聘任為教師」，在此條文中敘明若教師符合某些情形者，免經教
師評審委員會審議，並免報主管機關核准，予以解聘。請問這些

情形不包含下列何者？　(A) 動員戡亂時期終止後，犯內亂、外患罪，經有罪判決確定　(B) 服公務，因貪汙行為經有罪判決確定 (C) 犯性侵害犯罪防治法第 2 條第 1 項所定之罪，經有罪判決確定 (D) 偽造、變造或湮滅他人所犯校園毒品危害事件之證據，經學校或有關機關查證屬實

(　) 7. 依據現行《教師法》規定，主管機關為協助高級中等以下學校處理「教學不力或不能勝任工作有具體事實者」之案件，應成立下列何種委員會受理學校申請案件？　(A) 教師評審委員會　(B) 教師專業審查會　(C) 成績考核委員會　(D) 校園事件處理會議

(　) 8. 依據《教師法》規定，各級學校對於現職工作不適任或現職已無工作又無其他適當工作可以調任者，或經公立醫院證明身體衰弱不能勝任工作者，報經主管教育行政機關核准後，如何處理？　(A) 予以資遣　(B) 予以停聘　(C) 予以解聘　(D) 予以不續聘

(　) 9. 幸福縣成立教師申訴評議委員會，委員人數為 15 人。依相關規定，其中未兼行政教師不得少於幾人？　(A)7　(B)8　(C)9　(D)10

(　) 10. 臺北市立大明中學的教師，若對學校不當處置提起申訴，應先向哪一級的教師申訴評議委員會提出？　(A) 教育部　(B) 大明中學 (C) 臺北市政府　(D) 中部辦公室

(　) 11. 下列對教師申訴評議規定的敘述，何者正確？　(A) 申評會應自收到教師申訴書之次日起二十日內，以書面檢附申訴書影本及相關書件，通知原措施之學校或主管教育行政機關提出說明　(B) 申評會委員會議的召開應以公開公正為原則　(C) 申訴人撤回申訴後，不得就同一原因事實重行提起申訴　(D) 申評會委員於評議程序中，為求清楚瞭解案件事實始末，得個別與當事人或利害關係人為程序外的接觸

(　) 12. 依據現行《高級中等以下學校教師解聘不續聘停聘或資遣辦法》規定，下列哪一事件不屬於校園事件處理會議調查範疇？　(A) 體罰學生　(B) 霸凌學生　(C) 違反聘約情節重大　(D) 教學不力或不能勝任工作有具體事實

參考答案

1.D　　2.D　　3.C　　4.C　　5.B　　6.D　　7.B　　8.A　　9.D　　10.C

11.C　　12.C

二、問答題

1.對於教學不力的教師，《教師法》所定的處理流程為何？

2.某教師於 101 年 9 月起任教於桃園縣某高中並擔任導師，平日與全班相處融洽，經常參與學生之電影、KTV 唱歌、聚餐等活動，並且與班上一名女同學有私下的交往，當學生畢業之後，兩人進一步發生性關係。這件事情因而在校園裡傳了開來，學校因此召開教評會，以「行為不檢有損師道，經有關機關查證屬實者」之理由逕予解聘，且於兩年內不得聘任為教師。

(1) 學校在得知這起校園事件後，依據現行《解聘辦法》要如何進行處理？

(2) 請問該位教師受到懲戒後，應如何救濟？

第七章

九年國民教育制度

聯合國教科文組織於 2000 年《達喀爾行動綱領》（The Dakar Framework for Action）揭櫫：「教育是一項基本人權，也是參與 21 世紀迅速全球化的社會與經濟必不可少的手段。」（引自翁福元、鍾明倫，2015）國民教育為一切教育的基礎，亦是培育人才的根本。因此國民教育在社會發展和國家建設上，均扮演著相當重要的角色。依據《憲法》第 160 條規定：「六歲至十二歲之學齡兒童，一律受基本教育。」基本教育具有義務教育性質，《憲法》只規定六年的基本教育，然隨著社會發展及人才培育之所需，六年已不符國民受教育之需求，因而延長基本教育年限，有其時代需求。於是 1968 年實施九年國民教育，2014 年實施十二年國民基本教育，此兩者均為跨世紀的教育工程，開啟我國教育發展新的里程碑（吳清山，2018）。然而當前國中教育的實施，卻產生了一些亟待解決的教育問題：1. 升學壓力沉重，正常教學受到扭曲；2. 學生、家長多元價值觀未建立，迷信明星中學；3. 功課壓力沉重，學生身心發展阻礙；4. 弱勢學生越趨弱勢，升學、就業受到阻礙。國內教改推動多年，雖解決了部分的教育問題，卻因社會、經濟態勢的改變，產生許多新的教育問題，例如：學生的課業壓力卻是越改越重（楊朝祥，2013）。如何提升國民教育品質，使國民有相同的受教機會，以及擁有面對挑戰所需的競爭力，便成為一項重要的課題。

第一節　國民教育之辦理

《國民教育法》（2023）（以下簡稱本法）於 1979 年 5 月 23 日制定公布，2023 年立法院三讀通過修正草案，修法重點如下：教育人事費須專款專用、應邀請學生列席校務會議、政府應補助自學生、戶外教育入法等。本法共有 62 條，分為十章，其相關子法多達二十項，瞭解子法的規定才能對國民教育的辦理有深入的認識。

壹　目標

本法第 4 條說明國民教育分成兩階段：前六年爲國民小學教育；後三年爲國民中學教育。第 1 條明列國民教育的目標：「國民教育，以養成德、智、體、群、美五育均衡發展之健全國民爲宗旨。」

貳　辦理原則

本法第 5 條說明：「國民教育，以政府辦理爲原則，並鼓勵私人興辦。」所以是公私立並行。但第 6 條第 1 項規定可以實施實驗教育：「爲保障學生學習權及家長教育選擇權，國民教育階段之學校型態實驗教育，依學校型態實驗教育實施條例規定辦理；非學校型態實驗教育，依高級中等以下教育階段非學校型態實驗教育實施條例規定辦理。」第 2 項則是規定對實驗教育的補助：「爲協助前項實驗教育之發展，中央主管機關應訂定相關補助規定。」

本法第 7 條及第 8 條分別規定辦理國民教育所需的土地及經費要優先規劃及編列。第 7 條規定：「辦理國民教育所需建校土地，由直轄市、縣（市）主管機關視都市計畫及社區發展需要，優先規劃；……。」第 8 條規定：「1 直轄市、縣（市）主管機關辦理國民教育所需經費，應優先編列預算支應；……。2 中央主管機關應視直轄市、縣（市）主管機關辦理國民教育經費之實際需要補助之。」

參　國教輔導團法制化

本法第 9 條規定：「1 各級主管機關得商借公立學校教師組成任務編組性質、具專業自主性之課程及教學輔導團；其任務如下：……。2 各級主管機關得商借公立學校教師組成任務編組之組織，推動學生輔導諮商、科技與資訊教育、特殊教育、原住民族教育及其他相關教育事項。……。」現行各級主管機關所設任務編組之國教輔導團及中心組織，

多以行政規則定之，此次修法透過法制化程序予以保障，教育部訂定《國民教育及特殊教育輔導團與中心組織運作辦法》（2024）辦理此業務。

第二節　學校之設立及人員編制

　　本法第三章爲學校之設立、變更及停辦，步入少子化的社會之後，有些學校可能因爲社區人口的變動而導致學校要變更或停辦，這裡的變更是指學校之改名、改制、合併，例如：學校因合併後變成分校、分班。第四章爲組織、人員及編制，規範學校行政組織及教職員工的編制，學校編制的大小是依據班級數而來，大校教職員數量充足，小校則是教師要身兼數職。以下分別探討這兩章條文的內涵。

壹　學校設立、變更及停辦

　　本法第 10 條第 1 項規定學校的設立原則是分區設立，劃分學區，其規定如下：「公立學校，由直轄市、縣（市）主管機關依據學齡人口推估、交通狀況、社區發展、文化特色、環境條件、行政區域及學校分布情形，分區設立，劃分學區；……。」《國民教育法施行細則》（2023）第 2 條再詳細列出設置學校的原則：「國民小學及國民中學之設置，除依本法第 4 條及第 5 條規定外，應依下列各款辦理：一、以便利學生就讀爲原則。二、以分別設置爲原則。三、以不超過四十八班爲原則。學校規模過大……應增設學校，重劃學區。四、交通不便、偏遠地區或情況特殊之地區，……選擇採取下列措施：㈠ 設置分校或分班。㈡ 依強迫入學條例第 14 條規定提供膳宿設備。㈢ 提供上下學所需之交通工具或補助其交通費。㈣ 其他有利學生就讀及學習之措施。」第 3 條也規定實施國民教育之學校名稱：「一、縣（市）立國民小學，應冠以縣（市）及鄉（鎮、市、區）之名稱；國民中學及合併設置之國民中小學，應冠以縣（市）立之名稱。二、直轄市立國民小學，應冠以直轄市及行政區之名稱；國民中學及合併

設置之國民中小學，應冠以直轄市立之名稱。……」

　　受到少子化的影響小校消失了，媒體報導 113 學年度展開時，全國 22 縣市至少有 18 所國小將消失在學校名冊中，全國 16 縣市將「50 人」列為觀察門檻，或者是轉型為實驗教育或是混齡編班，才能讓校園再現生機（趙宥寧，2024a）。本法第 10 條第 2 項規定：「為促進學生同儕互動，培養群體多元學習，有效整合教育資源，建構優質學習環境，均衡城鄉教育功能，確保學生就學權益，直轄市、縣（市）主管機關得辦理公立學校之變更或停辦；其變更、停辦之條件、程序、審查、學校學生與教職員工之安置及其他相關事項之準則，由中央主管機關定之；直轄市、縣（市）主管機關應依準則之規定，訂定有關變更或停辦之自治法規。」教育部訂定《公立國民小學及國民中學變更或停辦準則》（2023）（簡稱《停辦準則》），建立學校之改名、改制、合併、停辦之準則。

　　《停辦準則》第 7 條規定：「1 學校之合併或停辦應確保學生就學權益，規模較小之學校，地方主管機關得鼓勵學校依偏遠地區學校教育發展條例、國民小學與國民中學混齡教學及混齡編班實施辦法相關規定，採取混齡編班、混齡教學之方式，或將學校委託私人辦理。2 學校新生或各年級學生有 1 人以上者，均應開班，並得辦理混齡編班、混齡教學；地方主管機關不得於自治法規中規定，學生不足一定人數者不予成班。」第 8 條建立學校停辦的標準：「學校有下列情形之一者，不得停辦。但經學區內設有戶籍之選舉權人書面連署達二分之一以上同意，或確實已無適齡學生者，不在此限：一、同一鄉（鎮、市、區）只有一所國民小學（國小部）或國民中學（國中部）。二、到鄰近同級學校之交通，有重大安全顧慮。」

 ## 貳　學校組織、人員及編制

　　學校內部人員以教師為主，少部分是經過國家考試的公務員，行政部門包含教務、學務、總務、輔導，由教師擔任主任、組長的職務。以下僅就校務會議及學校人員編制說明之。

一、校長

本法第 13 條規定：「1 學校置校長 1 人，專任，綜理校務。2 直轄市、縣（市）立學校校長，由直轄市、縣（市）主管機關召開遴選會，就公開甄選並儲訓合格之人員、任期屆滿或連任任期已達二分之一之現職校長或曾任校長人員中公開遴選，並擇定 1 人後，由直轄市、縣（市）主管機關聘任之……」。教育部訂有《公立國民小學及國民中學校長主任甄選儲訓辦法》（2023），規範校長、主任之甄選及儲訓的做法，合格校長再參加校長遴選，地方機關訂有校長遴選的自治法規，如《臺北市國民中小學校長遴選自治條例》。本法第 13 條第 7 項規定：「……遴選會，應有家長會代表、教師會或教師代表參與，其比例各不得少於五分之一，任一性別委員人數不得少於委員總數三分之一；……。」

至於校長的任期，依本法第 16 條規定：「1 學校校長應採任期制，公立學校校長一任四年，得在同一學校連任一次，任期屆滿得回任教職。但任期屆滿後一年內屆齡退休者，經遴選會通過，報經各該主管機關核准，得續任原學校校長職務至退休之日；……。」第 17 條規定不適任校長的處理方式：「1 學校校長有不適任之事實者，公立學校校長，由各該主管機關依法解除職務、改任其他職務或為其他適當之處理；……。2 前項不適任事實之認定、處理方式及其他相關事項之辦法，由中央主管機關定之。」教育部訂定《國民小學及國民中學校長不適任事實調查處理辦法》（2024）處理此項議題。第 18 條第 1 項規定校長回任教師的方式：「公立學校現職校長具有教師法所定教師資格願意回任教師者，由各該主管機關分發學校，或公立師資培育之大學安排原校任教；其回任程序不受教師法、教育人員任用條例應經學校教師評審委員會審議相關規定之限制。」第 3 項則規定：「公立學校現職校長未獲遴聘，未具教師資格無法回任或具有教師資格不願回任教師者，各該主管機關或公立師資培育之大學得依下列方式辦理：一、符合退休條件自願退休者，准其退休。二、不符合退休條件或不自願退休者，視其意願及資格條件，優先輔導轉任他職。」上述的規定是為了解決萬年校長、不適任校長的問題所訂，若能落

實這些規定，將可讓校長的辦學更加用心。

二、校務會議

本法第 19 條規定校務會議的設置：「1 學校設校務會議，議決下列事項，由校長召集並主持之：一、校務發展或校園規劃等重大事項。二、依法令或本於職權所訂定之各種重要章則。三、教務、學生事務、總務及其他校內重要事項。四、其他依法令應經校務會議議決事項。2 校務會議成員，應包括校長、全體專任教師或教師代表、家長會代表及職工代表，並應邀請學生列席會議；採教師代表為組成成員者，任一性別成員人數不得少於成員總數三分之一；其各類成員比例及運作原則，由各該主管機關定之。」校務會議議決校務重大事項，是學校中最高的決策會議機制，除使教師、家長能參與決策外，新修訂的法律加上學生代表列席。至於教師是全體參加或採用代表制？則依各主管機關所訂的實施要點而定，例如：《高雄市國民中小學校務會議實施要點》（2024）第 4 條就規定：「前項之成員中係全體專任教師或教師代表，則由學校依其校內民主程序討論後決定之。」也就是授權學校自行決定。

三、行政組織及主任資格

學校行政組織之設置，除依本法第 20 條、第 21 條之規定外，教育部亦訂定《國民小學與國民中學班級編制及教職員員額編制準則》（2023）（簡稱《員額編制準則》）規範之。本法第 20 條：「1 學校為辦理教務、學生事務、總務及其他事務，應視規模大小，分別或合併設一級單位或二級單位。2 前項各單位之一級單位置主任 1 人，二級單位置組長 1 人，各置職員若干人。公立學校主任由校長就甄選且儲訓合格之專任教師聘兼之，組長由教師兼任、職員專任或兼任之，職員由校長遴用之，均應報直轄市、縣（市）主管機關備查。3 學校應設人事及主計單位。……。」第 21 條規定：「1 學校辦理學生輔導事項，應依學生輔導法之規定。2 學校應由專責單位或專責人員推動學生輔導工作。3 輔導專責單位為一級單位

者，置主任 1 人，二級單位者，置組長 1 人，各置專任輔導教師若干人。輔導主任、組長由校長遴聘具有輔導熱忱及專業知能教師擔任之。輔導主任及輔導教師以專任爲原則。4 專任輔導教師及專任專業輔導人員之員額編制，應依學生輔導法規定。」前述規定說明學校的行政組織包括教務、學務、總務、輔導、人事及主計等一級單位，至於其所掌理事項及業務則在《國民教育法施行細則》第 6 條第 2 項中規定：「學校各處、室或其他一級單位及其二級單位掌理事項，得依下列規定辦理：……。」第 1 項第 3、4 款還規定：「成立課程發展委員會，下設各學習領域課程小組；規模較小學校，得合併設置跨領域課程小組。實驗國民小學及實驗國民中學，得視需要增設研究一級單位，置主任 1 人，並得設二級單位。」本法第 22 條亦規定：「學校應設圖書館（室）、寬列圖書採購預算及訂定閱讀課程，獎勵學生閱讀課外書籍。」本法第 49 條則規定：「1 已逾齡未受國民教育之國民，應受國民補習教育。2 國民補習教育，由學校設進修部實施之。」第 50 條規定：「學校進修部置主任 1 人，並得置組長若干人，由該校專任教師或職員兼任；……。」

　　至於主任的資格則規定在本法第 20 條第 5 項：「公立學校專任教師最近三年有下列各款情形之一者，不得參加主任甄選、儲訓及取得受聘主任資格：一、受刑事有罪判決。但經判決無罪確定者，不在此限。二、受懲戒處分，未經撤銷。三、受記過以上之行政懲處，未經撤銷。」

四、組長編制

　　《員額編制準則》第 3 條第 1 項規定國民小學：「各組及其他二級單位置組長 1 人，得由教師兼任、職員專任或兼任。」第 4 條第 1 項規定國民中學：「各組及其他二級單位置組長 1 人，得由教師兼任、職員專任或兼任；六十一班以上者，學生事務單位及輔導專責單位得共置副組長 1 人至 3 人，得由教師兼任。」

五、專任輔導教師

《員額編制準則》第 3 條第 1 項及第 4 條第 1 項，分別規範國民小學及國民中學專任輔導教師的編制，國民小學「班級數二十四班以下者，置 1 人；二十五班至四十八班者，置 2 人；四十九班以上者以此類推。」國民中學「班級數十五班以下者，置 1 人；十六班至三十班者，置 2 人；三十一班以上者以此類推。」這樣的規定受到詬病，例如：國小二十四班設 1 人，五至六班的學校也是 1 人，但是所能服務的學生人數差異太大，造成工作負擔不均。《學生輔導法》完成修法後，專任輔導教師的編制規定亦將隨之調整。

六、專任教師

教師員額是依據班級數而來，本法第 23 條第 1 項規定：「公立學校以採小班制為原則，每班置導師 1 人，由教師兼任，學校規模較小者，得酌予增加教師員額；其班級編制及教職員員額編制準則，由中央主管機關定之。」依《員額編制準則》第 2 條規定：「國民小學及國民中學普通班班級編制規定如下：一、國民小學每班學生人數以 29 人為原則。二、國民中學每班學生人數以 30 人為原則。」第 3 條第 1 項第 4 款國小教師：「每班至少置教師 1.65 人；全校未達九班者，另增置教師 1 人。」第 4 條第 1 項第 4 款國中教師：「每班至少置教師 2.2 人，每九班得增置教師 1 人；全校未達九班者，得另增置教師 1 人。」

但為因應少子化減班超額的問題，《員額編制準則》第 3 條第 2 項規定：「國民小學得視需要，在不超過全校教師員額編制數 8% 範圍內，將專任員額控留，改聘代理教師、兼任、代課教師、教學支援工作人員或輔助教學工作之臨時人員，但學校教師員額編制 12 人以下者，得將專任員額控留 1 人改聘之；其控留員額為 2 人以上者，至少半數員額應改聘代理教師。」國民中學教師比照辦理。本法第 23 條第 3 項規定：「……在不超過全校教師員額編制數一定比率範圍內，將專任員額控留，其所控留之員額經費，應全數支用於改聘教學人力所需之相關費用。」控管員額的規

定導致國民中小學代理代課教師偏多，甚至有些縣市控管的教師員額超過8%。

本法第 24 條第 1 項規定：「學校教師應為專任，必要時，得依法聘請兼任教師，或聘請具有特定科目、領域專長人員，以部分時間擔任教學支援工作。」授權學校可以聘請特定專長的兼任教師及教學支援人員至校授課。本法第 25 條規定學校可聘「合聘教師」：「公立學校因校際合作、課程需要或有特殊情形者，得與他校合聘教師，並於一校專任；合聘教師之條件、比率限制、教師之權利義務及其他應遵行事項之辦法，由中央主管機關定之。」教育部訂有：《公立國民小學及國民中學合聘教師辦法》（2023），各主管機關再依此辦法訂定法規。

七、每週授課節數

本法第 24 條第 5 項規定：「教師每週授課節數之基準，由中央主管機關定之。」教育部訂定《國民中小學教師授課節數訂定基準》（2006），規範各領域專任教師之授課節數。第 2 條規定：「國民中小學專任教師之授課節數，依授課領域、科目及學校需求，每週安排十六節至二十節為原則，且不得超過二十節之上限。專任教師授課節數應以固定節數為原則，不宜因學校規模大小而不同。」兼任導師者，依第 3 條規定：「其授課節數與專任教師之差距以四節至六節為原則。」至於「兼任行政職務，其減授節數之基準由各該主管教育行政機關訂定之。」主任、組長依班級數大小減授上課時數，其他如合作技藝班教師、午餐執行秘書亦減授二節課或以上。至於專任輔導教師不得排課，但因課務需要教授輔導相關課程者，以不超過教師兼主任之授課節數排課。兼任輔導教師之減授節數，國民中學教師以十節為原則，國民小學教師以二節至四節為原則。

第三節 學生之入學

本節所要探討的法規比較多，除了《國民教育法》及其施行細則外，還有《強迫入學條例》（2019）（簡稱《入學條例》）及其施行細則，以及教育部所訂定的中輟生輔導的相關法規。由於本法「第七章課程、教學及學習評量」、「第八章學生權益及家長參與」尚未討論，這些條文的內容規範學校教育的運作，將於第十一章「中小學教學正常化」中討論。

 壹　強迫入學

本法第 3 條規定：「六歲至十五歲之國民，應受國民教育；其強迫入學，另以法律定之。」第 49 條第 1 項規定：「已逾齡未受國民教育之國民，應受國民補習教育。」第 51 條第 1 項規定：「學校進修部之入學年齡須年滿十五歲。」從第 3 條規定延伸至《強迫入學條例》的制定，同時也讓未讀完國中階段的國民能接受國民補習教育。第 28 條規定：「1 六歲之學齡兒童，由戶政機關調查造冊，送經直轄市、縣（市）主管機關按學區分發，並由鄉（鎮、市、區）公所通知其入公立國民小學。2 公立國民小學當年度畢業生，由直轄市、縣（市）主管機關按學區分發入公立國民中學。」《施行細則》第 7 條規定學生的入學年齡：「學生入學，……一、學齡兒童入學年齡之計算，以入學當年度 9 月 1 日滿六歲者。」俟學生入學之後本法第 31 條第 1 項規定：「學校學生入學後之學籍資料，應以書面或電子方式切實記錄，永久保存，並依法維護安全及使用。」

一、強迫入學委員會

學生入學之後，因為個人、家庭或社會因素而輟學的人數不少。1968 年開始實施九年國民教育，實施十餘年其就學率在 1979 年雖已達 84%，但距普及的程度仍有一段距離，而不符合國民教育的性質。於是在 1982 年修正公布《強迫入學條例》並訂定施行細則。該條例第 2 條規定：「六歲至十五歲國民（以下稱適齡國民）之強迫入學，依本條例之規定。」

《入學條例》在第 3 條、第 4 條分別規定直轄市、縣（市）設置「強迫入學委員會」，由市長、教育、民政、財政、主計、警政、社政等單位主管及鄉（鎮、市、區）長組織而成，以直轄市、縣（市）長為主任委員。鄉（鎮、市、區）亦設強迫入學委員會，國民中、小學校長亦是委員，以鄉（鎮、市、區）長為主任委員。第 5 條規定其任務：「負責宣導及督促本鄉（鎮、市、區）適齡國民入學。」第 8-1 條規定中輟生的定義：「國民小學及國民中學發現學生有未經請假或不明原因未到校上課達三天以上，或轉學生未向轉入學校報到者，應通報主管教育行政機關，並輔導其復學；其通報及復學輔導辦法，由教育部定之。」教育部依此條文訂定《國民小學與國民中學未入學或中途輟學學生通報及復學輔導辦法》（2020）（簡稱《復學輔導辦法》）執行之。

二、未入學及中輟生的處置

依《入學條例》第 9 條第 1 項規定：「對應入學而未入學、已入學而中途輟學或長期缺課（指全學期累計達七日以上，未經請假而無故缺課者）之適齡國民，學校應報請鄉（鎮、市、區）強迫入學委員會派員作家庭訪問，勸告入學、復學；其因家庭清寒或家庭變故而不能入學……，依社會福利法規或以特別救助方式協助解決其困難。」第 2 項則規定：「……其父母或監護人經勸告後仍不送入學、復學者，應由學校報請鄉（鎮、市、區）強迫入學委員會予以書面警告，並限期入學、復學。」第 3 項規定：「經警告並限期入學、復學，仍不遵行者，由鄉（鎮、市、區）公所處一百元以下罰鍰，並限期入學、復學；如未遵限入學、復學，得繼續處罰至入學、復學為止。」若家長不繳罰款，則依第 11 條規定：「依本條例規定所處罰鍰，逾期不繳者，移送法院強制執行。」

對於特殊狀況未能入學的學生，《入學條例》第 12 條規定：「適齡國民因身心障礙或健康條件達到不能入學之程度，經公立醫療機構證明者，得核定暫緩入學。但健康恢復後仍應入學。」第 13 條規定：「身心障礙之適齡國民，經……特殊教育學生鑑定及就學輔導委員會鑑定後，安置入學實施特殊教育。但經鑑定確有暫緩入學之必要者，得予核定暫

緩入學，最長以一年爲限……。」第 14 條規定：「……因地區偏遠路途遙遠無法當日往返上學之學生，學校應提供膳宿設備、交通或其他有效措施。」

貳　就學費用及獎助學金

　　國民教育即義務教育，其三項基本原則是：強制、普遍與免費。本法第 32 條即規定：「1 學校學生免納學費；經濟弱勢之學生，由直轄市、縣（市）主管機關供給書籍，並免繳其他法令規定之費用。2 公立學校學生免納雜費；各項代收代辦費之自治法規，由直轄市、縣（市）主管機關定之。3 私立學校收取雜費及各項代收代辦費之自治法規，由直轄市、縣（市）主管機關定之。」對於家庭清寒的學生，本法第 33 條規定：「各該主管機關、學校應設獎、助學金，獎助優秀、清寒學生。」針對就學費用，《施行細則》第 9 條進一步說明：「代收代辦費指學生個人需要及使用之事項，或學校爲學生相關權益及福祉，接受委託代收代辦之下列費用：一、教科用書書籍費、學生寄宿費、家長會費、學生團體保險費及午餐費。二、前款以外，直轄市、縣（市）主管機關依本法第 32 條第 2 項及第 3 項所定自治法規規定得收取之費用。」各主管機關皆訂定辦法規範學校向學生收取的費用，例如：臺南市訂有《臺南市國民中小學雜費及代收代辦費收支辦法》（2024）。教育部國教署亦編列補助國民中小學學生代收代辦費的預算，對象是低收入戶、中低收入戶之國民中小學在籍學生，或家庭突遭變故致經濟陷入困境。補助每學期應繳交代收代辦費之書籍費、家長會費及學生團體保險費等三項費用。

參　中輟生的復學及輔導

　　中輟學生所造成的家庭、學校教育經營、社會治安問題，向來是各界所關注的問題，面對這些離群的折翼天使，學校老師、相關行政單位不斷透過各種方式、尋求各項資源，讓他們重返校園（石英、池旭台等，

2011）。教育部國民及學前教育署訂有《執行強迫入學條例作業要點》
（2004），要求直轄市、縣（市）政府及鄉（鎮、市、區）公所的強迫入
學委員會，每年至少開會兩次，並且要求學校及其相關行政單位各應依其
法定職權，執行強迫入學事宜。第 4 點列出執行強迫入學之對象如下：㈠
新生未報到者。㈡ 新生未就學者。㈢ 轉出未轉入者。㈣ 中途輟學或長期
缺課者。㈤ 其他原因失學者。

　　當學校發現中輟生時，就要循通報系統辦理通報，系統會通知內政部
警政署及強迫入學委員會，各單位即開始展開協尋，找到後並且要協助他
們復學。依《復學輔導辦法》第 3 條第 6 項規定：「本辦法所定學生之通
報、協尋及協助復學，至其滿十五歲之該學年度結束為止。」

　　學生復學後學校要進行多項的輔導措施，《復學輔導辦法》第 6 條規
定：「學校應對復學之學生施予適當之課業補救及適性教育措施，並依學
校輔導制度之推動，優先列其為輔導對象。」第 9 條規定：「1 直轄市、
縣（市）政府對中輟生復學後不適應一般學校教育課程者，應規劃多元教
育輔導措施，提供適性教育課程，避免學生再度輟學。2 前項多元教育輔
導措施如下：一、慈輝班：直轄市、縣（市）政府對家庭遭遇變故或因親
職功能不彰之學生，採跨學區、跨行政區所設置。二、資源式中途班：直
轄市、縣（市）政府以鄰近學區教學資源共享方式，遴選轄內國民中小學
分區設置。三、合作式中途班：直轄市、縣（市）政府提供師資及適性課
程，民間團體提供適宜場地及專業輔導資源共同設置。四、其他具相同功
能之教育輔導措施。」

　　依據《學校訂定教師輔導與管教學生辦法注意事項》（2024）第 27
點及第 28 點之規定實施高關懷課程。開設高關懷課程應經學生獎懲委員
會或高關懷課程執行小組議決後，始得為之。第 28 點規定：「4 高關懷
課程編班以抽離式為原則，依學生問題類型之不同，以彈性分組教學模式
規劃安排課程（如學習適應課程、生活輔導課程、體能或服務性課程、生
涯輔導課程等），每週課程以五日為限，每日以七節以下為原則。5 高關
懷課程之師資，依實際需要，經執行小組議決後，由校長聘請校內外開設
相關課程或活動專長之人員擔任。6 各校應視實際開設班別，設專責教師
擔任導師工作，以每班一名為原則。」

自我評量 ·····························

一、選擇題

(　　) 1. 我國十二年國民基本教育分為兩個階段，前九年是國民教育，後三年為高級中等教育，關於十二年國民基本教育的國民教育階段的描述，下列何者正確？　(A) 學校類型多元　(B) 普通與職業教育兼顧　(C) 對象為十五歲以上之國民　(D) 依國民教育法及強迫入學條例規定辦理

(　　) 2. 依據《國民教育法》的精神，下列何者較不能顯示出國中小學階段之「國民教育」的性質？　(A) 義務教育　(B) 強迫教育　(C) 免費教育　(D) 選擇性教育

(　　) 3. 依據《國民教育法》之規定，下列何者為正確？　(A) 凡六歲至十五歲之國民，應受國民教育；已逾齡未受國民教育之國民，應受國民補習教育　(B) 國民教育分為三階段：前六年為國民小學教育；中三年為中等教育；後三年為高等教育　(C) 國民教育以養成德、智、體三育均衡發展之健全國民為宗旨　(D) 國民教育均應由政府辦理，不鼓勵私人興辦

(　　) 4. 依據《國民教育法》之規定，國民小學及國民中學之教科圖書由哪一單位訂定辦法公開選用之？　(A) 學校教師會　(B) 國立編譯館　(C) 學校校務會議　(D) 主管地方教育行政機關

(　　) 5. 依相關規定，學校得視需要，在不超過全校教師員額編制數多少百分比範圍內，可將專任員額控留並改聘兼任、代課教師等臨時人員？　(A)8%　(B)4%　(C)3%　(D)5%

(　　) 6. 下列有關我國目前國民教育制度的敘述，何者為正確？　(A) 凡六歲至十五歲之國民應受補習教育　(B) 國民中學之教科圖書，由教育部編定，必要時得審定之　(C) 國民中學設校務會議，議決校務重大事項，由教師代表召集主持　(D) 國民中學各年級應實施常態編班；為兼顧學生適性發展之需要，得實施分組學習

(　　) 7. 依據《強迫入學條例》之規定，以下敘述何者正確？　(A) 本條例依教育基本法制定　(B) 六歲至十八歲國民之強迫入學，依本條例

之規定　(C) 六歲應入國民小學之國民，由當地戶政機關於每年五月底前調查造冊　(D) 國民小學應於每年七月底前，造具當年度畢業生名冊，報請主管教育行政機關辦理分發，按學區通知入國民中學

(　　) 8. 依據《強迫入學條例》及其施行細則之規定，以下敘述何者正確？
(A) 各級強迫入學委員會每年至少開會一次　(B) 身心障礙之適齡國民，其暫緩入學最長以一年為限　(C) 適齡國民之強迫入學，至其滿十五歲生日為止　(D) 長期缺課是指連續缺課七日以上，未經請假而無故缺課者

(　　) 9. 依據《國民小學與國民中學班級編制及教職員員額編制準則》的規定，下列對於國民小學教職員員額編制的敘述何者是錯的？
(A) 每班至少置教師 1.7 人　(B) 每校置校長 1 人，專任　(C) 班級數二十四班以下者專任輔導教師置 1 人　(D) 各處、室及分校置主任 1 人，除輔導室主任得由教師專任外，其餘由教師兼任

(　　) 10. 依《國民小學與國民中學班級編制及教職員員額編制準則》之規定，需要專任輔導教師之員額，依班級數多寡而決定，下列敘述何者正確？　(A) 國中二十四班以下者，置 1 人　(B) 國小十五班以下者，置 1 人　(C) 國小二十四班以下者，置 1 人　(D) 國小十六至二十四班者，置 2 人

(　　) 11. 依教育部規定之《國民小學與國民中學未入學或中途輟學學生通報及復學輔導辦法》規定，中輟生追蹤列管期限至什麼時候為止？
(A) 國中畢業　(B) 年滿十五歲　(C) 年滿十六歲　(D) 返校復學止

(　　) 12. 依據《國民小學與國民中學未入學或中途輟學學生通報及復學輔導辦法》規定，直轄市、縣（市）政府對中輟生復學後不適應一般學校教育課程者，透過鄰近學區教學資源共享方式，遴選轄內國民中小學分區設置，以提供適性教育課程，避免學生再度輟學之班別為下列何者？　(A) 慈輝班　(B) 高關懷班　(C) 資源式中途班　(D) 合作式中途班

參考答案

1.D　　2.D　　3.A　　4.C　　5.A　　6.D　　7.C　　8.D　　9.A　　10.C

11.B　　12.C

二、問答題

1. 由於社會變遷，中輟生有急遽增加趨勢，試分析學生中輟的原因有哪些？中輟生返校應如何輔導？

2. 家住彰化縣○○鄉○○國小的四年級學生，自 106 學年度第 1 學期開始，因長期缺曠課，經該校通報之後，強迫入學委員會派員進行個案家庭訪問並開立勸止書、警告書，限期應送○生入學，惟家長仍不遵行，於是處新臺幣三百元罰鍰，並限期入學。家長表示有向學校請假，經校方表示該診所出具之診斷書經醫師註明在家休養兩週無法適用，須公立醫院診斷書註明在家休養天數；家長不服，遂提起訴願。

   (1) 依《強迫入學條例》內容說明對於中輟生的處理流程為何？

   (2) 《強迫入學條例》是否與家長教育選擇權相衝突？家長如果想要讓子女在家自行教育該如何做？

第八章

高級中等教育與教育分流制度

　　世界各國為提供學生更好的受教機會和品質，就其社會需求和經濟條件，逐漸延長國民受義務教育年限，例如：德國、荷蘭、比利時等國家已達十三年，而美國、英國、紐西蘭等國家也達十二年，至於加拿大、法國、澳洲等國家亦有十一年。顯見延長義務教育年限已經成為先進國家教育發展重要潮流。隨著社會發展需要及順應教育潮流，我國延長國民教育的呼聲越來越高，《教育基本法》第 11 條規定：「國民基本教育應視社會發展需要延長其年限；其實施另以法律定之。」國民教育政策的延長，遂以「十二年國民基本教育」的名稱定調，而不稱為「十二年國民教育」或「十二年基本教育」（吳清山，2018）。《高級中等教育法》於 2013 年公布施行，取代了原有的《高級中學法》和《職業學校法》，十二年國民基本教育於 103 學年度全面實施，高級中等教育階段將提供國中畢業生依其性向、能力和興趣，升入普通高中、職業學校或五專之分流選擇，並分別施予適性的課程和教學，以使每位學生潛能都能獲得開展（教育部，2012）。《高級中等教育法》實施至今已超過十年，其中有關公私立學校附設國民中學部應屆畢業學生直升入學方式、免納學費政策等已正式實施，因此有必要針對此法重新修訂。本章主要在探討後期中等教育的相關法規，分別探討分流制度、高級中學的編制，以及課程與評量。

第一節　教育分流制度

　　在學校教育的過程中，依據學生的性向、興趣與能力，提供合適的教育，似乎是理所當然的。在國小與國中的教育中，所有學生接受的正式課程，幾乎完全相同。在國中畢業後，開始了正式的教育分流（educational tracking）（黃鴻文、王心怡，2010），所以分流一直是各國後期中等教育的特色，有所謂單軌制、雙軌制或多軌制。臺灣自從實施九年國民教育以來，教育體系中的「分流」便從升上高中階段教育開始，即普通與職業教育分流。國中畢業生所面對的教育機會，可能進入屬於學術分流的普通高中，或屬於技職分流的高職或五專就讀。而不同的分流關係到未來職業地位取得與收入，如高中畢業後可能唸普通大學，進而從事高地位白領工

作且收入較高，高職畢業後則可能馬上就業從事藍領工作，或升上出路不佳的科技大學與技術學院而職業地位、收入較低（黃銘福、黃毅志，2014）。學生可能因升學考試而被分派到什麼類型的學校，這對個人未來事業發展而言相當重要，所以後期中等教育可以說是人生階段的重要關鍵點。

 壹 十二年國民基本教育

為配合高級中等教育發展需要，以及十二年國民基本教育的實施，特別制定《高級中等教育法》（2021）（以下簡稱本法），本法計有九章，分別是第一章總則、第二章設立、類型及評鑑、第三章校長聘任及考核、第四章組織及會議、第五章教職員任用及考核、第六章學生資格、入學方式及就學區劃分、第七章課程及學習評量、第八章學生權利及義務、第九章附則，共有 67 條。本法與十二年國民基本教育相關之規定如下：

一、辦學目標

本法第 1 條為辦學目標：「高級中等教育，應接續九年國民教育，以陶冶青年身心，發展學生潛能，奠定學術研究或專業技術知能之基礎，培養五育均衡發展之優質公民為宗旨。」

二、免學費

本法第 2 條規定：「1 九年國民教育及高級中等教育，合為十二年國民基本教育。2 九年國民教育，依國民教育法規定，採免試、免學費及強迫入學；高級中等教育，依本法規定，採免試入學為主，由學生依其性向、興趣及能力自願入學，並依一定條件採免學費方式辦理。」這裡的「一定條件採免學費」原本只針對「高職」學生，以及第 36 條所規定的「私立高級中等學校入學方式，未依本法規定，並報經主管機關核准者，其學生不適用第 56 條免學費之規定。」但自民國 113 年 2 月起，所有學生均不必繳納學費。

三、入學方式

　　有關學生入學方式的條文共有 8 條之多，簡略敘述如下：依本法第 34 條規定：「國民中學畢業生或具同等學力者，具有高級中等學校入學資格……。」第 35 條規定以多元入學方式辦理招生：「1 ……高級中等學校應採多元入學方式辦理招生。多元入學，以免試入學爲主；經各該主管機關核定者，得就部分名額，辦理特色招生。2 前項免試入學，103 學年度各就學區之總名額，應占核定招生總名額 75%，並逐年提升，至 108 學年度，應占核定招生總名額 85% 以上。3 免試入學總名額，包括學校附設國民中學部應屆畢業學生直升之名額；其直升名額規定如下：一、國立高級中等學校直升名額：不得高於國民中學部應屆畢業學生人數之 35%。二、直轄市、縣（市）立高級中等學校直升名額：由直轄市、縣（市）主管機關定之。……5 103 學年度各校提供免試入學名額比率，不得低於該校核定招生總名額 25%，其比率得逐年檢討調整之。……。」第 37 條爲免試入學申請原則的規定，其中「3 申請免試入學人數超過各該主管機關核定之名額者……。5 第 3 項免試入學超額比序之原則、程序及相關事項之規定，各直轄市、縣（市）主管機關應於各學年度開始一年前公告之。」

　　第 38 條規範特色招生的方式：「1 高級中等學校辦理特色招生，應採學科考試分發或術科甄選方式辦理。……5 第 1 項採學科考試分發之特色招生，應於免試入學後辦理。免試入學未招滿之名額，不得移列調整於特色招生。」第 39 條及第 40 條是規範直轄市、縣（市）主管機關有關就學區之規劃，以及辦理多元入學招生辦法之擬訂。

四、適性分流的問題

　　有學者指出人才培育的適性分流問題，在十二年國教的母法《高級中等教育法》並未提及，究竟學生的生涯定向（包括學涯與職涯）要提早、延後或維持現狀，尚未有定論（陳盈宏，2013）。只有在第 35 條第 8 項提到：「各國民中學應協助學生自我認識及探索，依其能力、性向及興趣等，給予適性輔導，並提供升學選擇之建議，進入高級中等學校就學。」

與《國民教育法》第 37 條第 2 項：「學校應規劃辦理學生自我認識及職業試探生涯發展教育活動，依其能力、性向、興趣及其他需要，提供適性輔導，協助其進路選擇。」的內涵是一致的，在國中階段進行職業試探等生涯輔導。第 38 條則規定到了國三實施技藝教育學程：「1 為適應學生個別差異、學習興趣及需要，學校應提供技藝課程選習，加強技藝教育。2 國民中學三年級學生，應在自由參加之原則下，由學校提供技藝課程選習，並得採專案編班方式辦理；其實施辦法，由中央主管機關定之。」然而在高級中等教育階段，教導學生如何面對及處理「適性」及「分流」兩種教育價值之競合所帶來的爭論，仍是相當需要的（陳盈宏，2013）。

 ## 貳　普通教育與技職教育

　　自從推動教育改革以來，為滿足升學導向，技職升學管道逐年通暢，技職教育已成為我國教育體系第二國道，這條國道包括高職、專科、技術學院、科技大學，在提高技職升學率的同時，技職教育與普通教育的混合效應也逐漸發酵，兩者之間的定位及區隔逐漸模糊。原本以就業為目標的高職生，升學已成為他們的主要選擇，投入就業市場比率已不到兩成。為解決後期中等教育過早分流以及高中職學生比率調整的問題，教育政策鼓勵公私立高中及高職開辦「綜合高中課程」，如今綜合高中已納入正式學制，高中職的比例也由 3：7 調整為 5：5。學者指出，當技職教育面臨與普通教育合流發展，將使學生集體湧入普通教育體系，因而產生嚴重經濟與社會失調問題，這是一味提倡延後分流所衍生的問題（陳恆鈞、許曼慧，2015）。

一、高中類型

　　十二年國民基本教育為了落實因材施教、適性揚才、多元進路等理念，依照本法第 5 條的規定，將學校分為四種類型：

　　㈠普通型高級中等學校：提供基本學科為主課程，強化學生通識能力之學校。

　　㈡技術型高級中等學校：提供專業及實習學科為主課程，包括實用技能及建教合作，強化學生專門技術及職業能力之學校。

　　㈢綜合型高級中等學校：提供包括基本學科、專業及實習學科課程，以輔導學生選修適性課程之學校。

　　㈣單科型高級中等學校：採取特定學科領域為核心課程，提供學習性向明顯之學生，繼續發展潛能之學校。

二、高職式微

　　這四種類型的學校，適合不同能力、性向、興趣的學生就讀。然而實施十年以來，高級中等教育出現結構性變化，普通高中已成為主流，高職及五專日漸萎縮，綜合高中走向沒落。這種失衡狀態，不利於教育整體發展，值得加以正視。其中技術型高級中等學校，就是社會大眾所熟悉的「高職」。學生選擇高職，將來一樣有前途，不必過度追逐普通高中。但受到少子化衝擊，生源日趨減少，高職學生人數一年比一年少，尤其是一些位處偏鄉的公立高職，未來可能人數更少，勢必會影響到教師員額配置及部分類科存廢，高職的經營將越來越辛苦。而部分私立高職更是雪上加霜，正面臨到存亡困境，有待政府給予協助（國語日報，2024）。

三、單科型高中

　　單科型高中也是為了落實十二年國民基本教育「適性揚才」的教育願景而推動，目前國內有花蓮縣立體育實驗高級中學、國立新港藝術高級中學、臺北市立麗山高級中學的科學班等校，具單科型高級中學發展的可能性，但現行學校之課程規劃仍無法脫離普通高級中學課程綱要的架構（余政賢，2014）。教育部訂有《高級中等學校辦理實驗教育辦法》（2022），作為全校或部分班級設立科學班、雙語班等實驗教育之依據。

　　十二年國民基本教育雖然將高中分成四類，但很顯然地，社會大眾還是用二分法將之分為普通和技職兩類，傳統上輕視技職而重視普通教育，但是技職教育與當前社會、產業的脈動緊密聯結，對國家經濟的發展有很大的貢獻。在中等教育階段應考慮提供學生適性發展及多元學習的環境，

以培養學生就業及職業生涯發展能力（陳恆鈞、許曼慧，2015）。

第二節　學校的設立、組織與人員編制

本節探討本法第二章至第四章的重要條文，分別說明學校的設立、人員組織及編制的規定。

 學校設立

本法第4條第1項規定：「高級中等學校由中央政府、直轄市政府、縣（市）政府或由私人依私立學校法設立之。」因而有國立、直轄市立、縣（市）立或私立之分。第3項高級中等學校得設立分校、分部。教育部訂有《高級中等以下學校及其分校分部設立變更停辦辦法》（2023）辦理此項規定。

一、辦理類科

本法第6條規定：「1……各類型學校，除單科型高級中等學校外，得設群、科、學程。2普通型高級中等學校經第4條第2項各款核准設立之主管機關（以下簡稱各該主管機關）核定，得設專業群、科、綜合高中學程。3技術型高級中等學校以分類設立為原則，必要時，得合類設立；其應依類分群，並於群下設科，僅有一科者，不予設群；其經各該主管機關核定，得設普通科、綜合高中學程。」依第6條第6項規定，教育部訂定《高級中等學校群科學程設立變更停辦辦法》。例如：普通型高中除了普通科外，還可申辦職業類科、實用技能學程；技術型高中可辦理工業類、商業類、農業類、家事類、海事水產類、藝術與設計類等六類中之兩類，類下設性質相近的群，如機械群，群下再設機械科、模具科等。本法第9條為有關學校命名的規定：「公立高級中等學校之校名，依其類型、群科類別，由各該主管機關定之；私立高級中等學校不得以地名為校名，……。」例如：學校名稱為「○○高工」，就可以知道這所學校只有

辦理工業類科。

二、附設國中或進修部

　　本法第 7 條第 1 項規定可設立完全中學：「高級中等學校經各該主管機關核定，得於同一直轄市、縣（市）設國民中學部。」第 2 項規定：「設有國民中學部之高級中等學校，基於中小學一貫教育之考量，經各該主管機關核定，得於同一直轄市、縣（市）設國民小學部。」第 8 條則是設置進修部的規定：「1 高級中等學校爲提供已受國民教育者繼續學習之教育機會，經各該主管機關核定，得設進修部，辦理繼續進修教育。2 ……其授課方式得採按日制、間日制或假日制。……。3 ……修業期滿，評量及格者，准予畢業。」第 10 條爲辦理建教合作班的規定：「1 高級中等學校爲配合產業發展，提供學生職場實作學習及產學合作，得辦理建教合作；其相關事項，另以法律定之。」

三、學校評鑑

　　本法第 11 條規定學校評鑑事項，主要目的爲促進高級中等學校的優質化發展，第 1 項先規定自我評鑑：「高級中等學校應定期對教學、輔導、校務行政及學生參與等事項，進行自我評鑑……。」第 2 項規定由主管機關辦理評鑑：「各該主管機關爲促進高級中等學校均優質化發展，應定期辦理學校評鑑，並公告其結果，作爲協助學校調整及發展之參考；……。」

四、實驗教育

　　本法第 12 條辦理學校型態實驗教育之規定：「1 爲促進教育多元發展、改進教育素質，各該主管機關得指定或核准公私立高級中等學校辦理全部或部分班級之實驗教育；……。2 前項學校全部或部分班級辦理實驗教育者，其課程得不受第 43 條第 1 項課程綱要規定之限制；全部班級辦理實驗教育者，其設校條件，得不受第 4 條第 4 項所定辦法有關規定之限

制。」第 13 條則為辦理非學校型態實驗教育之規定：「為保障學生學習權及家長教育選擇權，高級中等教育階段得以個人、團體及機構方式辦理非學校型態之實驗教育；其申請條件、程序、學生受教資格、課程、學籍管理、學習評量、畢業條件、訪視輔導、收費、政府補助及其他相關事項之辦法，由中央主管機關定之。」

 ## 貳　校長的遴選

　　有關高級中等學校校長的聘任及考核於第 14 條至第 17 條詳加規定。第 14 條規定：「1 高級中等學校置校長 1 人，專任，綜理校務，經各該主管機關許可者，得於本校或他校兼課。2 公立高級中等學校校長，由各該主管機關遴選合格人員聘任之；……。3 高級中等學校校長應採任期制。公立學校校長一任四年，參與遴選之現職校長應接受辦學績效考評，經遴選會考評結果績效優良者，得在同一學校連任一次或優先遴選為出缺學校校長；第一任任期未屆滿，或連任任期未達二分之一者，不得參加他校校長遴選。……。4 現職國民中小學校長符合高級中等學校校長資格者，其於國民中小學校長第一任任期未屆滿或連任任期未達二分之一者，不得參加高級中等學校校長之遴選。……。」上述的規定與國中小學校長的任期及遴選方式相同。

　　本法第 15 條規定現職校長未獲遴聘回任教師：「1 現職公立高級中等學校校長未獲遴聘，或因故解除職務，其具有教師資格願回任教師者，除有教師法所定解聘、停聘或不續聘情事者外，由各該主管機關逕行分發學校任教，免受教師評審委員會審議。2 前項校長未具教師資格無法回任或具有教師資格不願回任教師者，各該主管機關得依下列方式辦理：一、符合退休條件自願退休者，准其退休。二、不符合退休條件或不自願退休者，依其意願及資格條件，優先輔導轉任他職或辦理資遣。」第 16 條為校長年度績效及考核之規定，第 17 條為不適任校長之處理規定。

組織及會議

以下探討高級中等學校行政組織、校務會議及各項委員會的設置規定。

一、行政組織

本法第 18 條規定視學校規模及業務需要設置分級單位：「1 高級中等學校爲辦理教務、學生事務、總務、實習、資訊、研究發展、繼續進修教育、特殊教育、建教合作、技術交流等事務，得視學校規模及業務需要設處（室）一級單位，並得分組（科、學程）爲二級單位辦事。」第 19 條規定副校長、主任或部主任之設置：「1 高級中等學校得置副校長 1 人，一級單位置主任或部主任 1 人，二級單位依其性質置組長、科主任或學程主任 1 人。2 副校長應由校長就曾任一級單位主管以上人員聘兼之。……」一級單位主任及二級單位組長，由校長就專任教師聘兼之，但總務單位除外，主任得由教師兼任或職員專任，而組長皆由職員專任；學生事務單位負責生活輔導業務之組長，得由具輔導知能之人員兼任。

第 20 條規範專任輔導教師之設置：「1 高級中等學校設輔導處（室），置專任輔導教師，由校長遴聘具有輔導專業知能之教師擔任之。2 高級中等學校輔導處（室）置主任 1 人，由校長於專任輔導教師中遴聘 1 人兼任之。3 高級中等學校設輔導工作委員會，置主任委員 1 人，由校長兼任，其餘委員由校長就各處（室）主任及有關專任教職員聘兼之，……，並置執行秘書，由輔導處（室）主任兼任。」

第 21 條規定：「1 高級中等學校設圖書館，置主任 1 人，由校長遴選具有專業知能之人員專任，必要時得由具有專業知能之專任教師聘兼之。」第 22 條爲有關人事管理機構之設置，第 23 條爲有關主計機構之設置。

上述行政組織的設置均需依照第 24 條第 1 項之規定：「高級中等學校之組織設置及員額編制標準，由中央主管機關定之。……」教育部訂定《高級中等學校組織設置及員額編制標準》（2018）（以下簡稱《員額

編制標準》）供各校遵循。

二、校務會議

本法第 25 條規定校務會議的設置及審議事項：「1 高級中等學校設校務會議，審議下列事項：……2 校務會議，由校長、各單位主管、全體專任教師或教師代表、職員代表、家長會代表及經選舉產生之學生代表組成；其成員之人數、比率、產生及議決方式，由各校定之，任一性別成員人數不得少於成員總數三分之一；學生代表人數不得少於成員總數 8%，並報各該主管機關備查。……4 校務會議，由校長召集並主持，每學期至少開會一次；經校務會議代表五分之一以上請求召開臨時校務會議時，校長應於十五日內召開。」該條文特別規定學生代表人數所占的比率。

三、各種委員會及家長會的設置

本法第 26 條規定學校可設置各種委員會：「高級中等學校為推展校務，除依法應設之委員會外，經由校務會議議決後，得設各種委員會；其組成及任務，由各校定之。」例如：在《高級中等教育法施行細則》第 5 條規定：「……設有學科、群科教學研究委員會者，置召集人 1 人，負責協調教師進行研究、改進教材教法、推展教學活動，並得減少每週基本教學節數。」第 27 條規定學生家長會之設置。

 教師編制

《員額編制標準》第 7 條規定：「學校教師員額編制如下：一、普通科：每班置教師 2 人，每達四班，增置教師 1 人。」不同的專業類科則有不同的編制，例如：工業及藝術類每班置教師 3 人；商業及家事類每二班置教師 5 人，未達二班者，一班置 2 人。每班置導師 1 人，由編制內專任教師兼任。

至於專任輔導教師的編制如下：學校班級數十二班以下者，置 1 人；十三班至二十四班者，置 2 人；二十五班以上者以此類推。

　　本法第 28 條對於教師聘任的規定如下：「1 高級中等學校教師應爲專任。但有特殊情形者，得爲兼任。2 高級中等學校因校際合作、課程需要或有特殊情形者，得與他校合聘教師，並於一校專任；合聘教師之條件、比例限制、教師之權利義務及其他應遵行事項之辦法，由中央主管機關定之。3 各該主管機關辦理公立高級中等學校教師之介聘，得自行或聯合組成介聘小組辦理；……。」第 29 條則規定：「高級中等學校得置專業及技術教師，遴聘具有實際經驗之人員，擔任專業或技術科目之教學；……。」第 30 條是有關導師聘任的規定：「高級中等學校每班置導師一人，由校長就專任教師聘兼之。但建教合作班得依需要增置導師員額。」第 33 條規定：「各該主管機關應對公立高級中等學校教師辦理年度成績考核；……。」

 ## 伍　每週授課時數

　　專任教師每週的授課時數於本法第 32 條有所規定：「公立高級中等學校專任教師、合聘教師、專業及技術教師、兼任導師或行政職務者，其每週教學節數之標準，由各該主管機關定之。」依此條文教育部訂定《國立高級中等學校教師每週教學節數標準》（2022），國語文專任教師每週十四節課，其餘學科爲十六節課，兼任導師可減四節課；兼任行政職務之專任教師，其每週基本教學節數，依學校班級數及擔任之職務而有所不同。專任輔導教師及輔導處（室）主任，專職學生輔導工作，無需擔任課程教學，但若教授輔導相關課程者，其節數比照教學組長。第 8 條規定：「專任教師及兼任導師之專任教師個人全學期協助辦理學校行政業務，或兼任實驗（習）場所管理人員之每週基本教學節數，……，減經學校行政會議、課程發展委員會或校務會議決議之減授節數。」

第三節　修業年限、課程與評量

本法有關學生的條文，除入學及修業年限外，還有課程與評量、權利與義務，以下僅就修業年限、課程與評量敘述之。

 壹　學生修業年限

本法第 42 條第 1 項規定：「高級中等學校學生修業年限為三年。但性質特殊之類、群、科、學程有增減修業年限之必要，經各該主管機關報中央主管機關核定者，不在此限。」特殊情況可延長修業期限，如第 2 項及第 3 項規定：「學生未在修業年限內修畢應修課程者，得延長其修業年限，至多二年。身心障礙學生因身心狀況及學習需要，得延長修業期限，至多四年。學生因懷孕、分娩或撫育三歲以下子女，得延長修業期限，至多四年。」第 41 條規範特定身分學生，如身心障礙學生、原住民學生等不受學生修業年限之限制。

至於高中生中途離校或長期缺課的學生，則依《高級中等學校中途離校學生預防追蹤及復學輔導實施要點》（2022）辦理預防、追蹤及復學輔導事項。因高中不是義務教育階段，對於這類學生需要通報及追蹤，但不需強迫復學。要點的第 2 點對中途離校學生的定義如下：「1. 未經請假或不明原因未到校上課連續達三日以上；2. 學籍管理辦法第 17 條第 1 項之休學學生。」長期缺課學生的定義如下：「1. 日間部為全學期缺課節數達修習總節數二分之一，或曠課累積達四十二節之學生。2. 進修部為全學期缺課節數達修習總節數二分之一，或曠課累積達三十六節之學生。」學校針對這類學生應加強輔導，並引進社會資源，共同協助學生穩定就學。

貳　高級中等學校課程

　　有關高級中等學校課程綱要的訂定與實施規定共有 3 條，本法第 43 條第 1 項規定：「中央主管機關應訂定高級中等學校課程綱要及其實施之有關規定，作爲學校規劃及實施課程之依據；……。」依此條文教育部訂有《高級中等學校課程規劃及實施要點》（2023）規範學校課程之實施。第 2、3 項爲有關課綱修訂的規定：「2 ……學校課程綱要之訂定，……，其他教育相關領域之機構、學校、法人及團體，亦得提出課程綱要草案，併案委由課程審議委員會審議；……。3 課程綱要之研究、發展、審議及其實施，應秉持尊重族群多元、性別平等、公開透明、超越黨派之原則。」

　　本法第 43 條之 1 規定：「1 中央主管機關爲審議課程綱要，應設課程審議會（以下簡稱課審會）；課審會分爲審議大會及分組審議會。2 審議大會置委員 41 至 49 人，由政府機關代表與非政府代表組成。……5 課審會委員任期四年，任滿得連任。單一性別不得低於委員總人數三分之一。政府機關代表及非政府代表中，均應包含具原住民身分者。……。6 中央及地方各級民意機關代表不得擔任課審會委員審查會之委員。」第 43 條之 2 規定：「1 課審會審議大會掌理事項…… 」，以及「2 課審會審議大會之決議，應有全體委員三分之二以上出席，以出席委員過半數之同意行之。……。」

　　第 44 條規定：「1 技術型高級中等學校之課程，應加強通識教育、實驗及實習。2 前項實習課程……相關事項之辦法，由中央主管機關定之。……。」依此條文教育部訂有《高級中等學校實習課程實施辦法》（2018）。

　　在學生教科書方面，第 48 條規定：「1 高級中等學校教科用書，以由民間編輯爲原則，必要時，得由中央主管機關編定之。2 高級中等學校教科用書，由國家教育研究院審定；……。」第 49 條規定教科用書之選用及採購：「高級中等學校教科用書應由各學校公開選用；其選用規定，由學校訂定，經校務會議通過後實施；其相關採購方式，由各該主管機關

定之。」依《施行細則》第 8 條規定教師可選用審定版的教科用書外，當可自編補充教材。

 參　學習評量

本法第 45 條爲有關學習評量之規定：「1 高級中等學校應辦理學生學習評量，其評量範圍包括學業成績及德行評量。2 前項評量方式、科目、結果及其他相關事項之辦法，由中央主管機關定之。」教育部訂有《高級中等學校學生學習評量辦法》（2024）辦理高中生的評量，各高中可訂定「○○市立○○高級中等學校學生學習評量補充規定」規範有關學校評量的實施方式。本法第 45 條第 3 項規定：「高級中等學校應就學生能力、性向及興趣，輔導其適性發展，並得採取專案編班方式提供體育、音樂、美術、舞蹈、戲劇等技藝課程，以銜接國民中學之技藝教育，……。」

本法第 46 條規定學生發給畢業證書的條件：「高級中等學校學生依第 43 條第 1 項所定課程綱要修畢其應修課程或學分成績及格，且德行評量之獎懲紀錄相抵後未滿三大過者，由學校發給畢業證書。」以普通高級中學爲例，學生畢業之最低學分數爲 160 學分，包括：必修學分至少需120 學分成績及格，選修學分至少需修習 40 學分。

自我評量 ....

一、選擇題

(　　) 1. 依我國《高級中等教育法》規定，高級中等教育應符合下列何項規定？　(A) 與九年國民教育，合稱為十二年國民義務教育　(B) 由學生依性向、興趣及能力考試分發入學為主　(C) 高級中等學校不得結合公、私立機構及社會團體，以非營利方式辦理推廣教育　(D)高級中等學校經各該主管機關核定，得於同一直轄市、縣（市）設國民中學部

(　　) 2. 關於現行《高級中等教育法》的內容，下列何者正確？　(A) 高級中等學校招生以免試入學為主　(B) 將高級中等學校概分為普通型與技術型兩種類型　(C) 規定地方政府得參與高級中等學校課程綱要及其實施之有關規定的訂定　(D) 主管機關在中央、直轄市政府與縣（市）政府等層級，悉由教育部全權負責

(　　) 3. 以下有關我國《高級中等教育法》內容之敘述，何者錯誤？　(A) 最後生效日期為民國 103 年 8 月 1 日　(B) 高級中等學校分為普通、高職、綜合與單科四種類型　(C) 高級中等學校應採以免試入學為主之多元入學方式招生　(D) 高級中等學校得設立分校、分部

(　　) 4. 依據《高級中等教育法》下列何者錯誤？　(A) 接續九年國民教育採免試入學為主，並依一定條件免學費　(B) 高級中等學校分為普通型、技術型、綜合型及單科型　(C) 高級中等學校設校務會議、學生家長會、學生申訴評議委員會　(D) 申請免試入學人數超過時得以學生在校語文、數學、自然與生活科技領域評量成績及格作為比序項目

(　　) 5. 依據《高級中等學校組織設置及員額編制標準》之規定，學校班級數多少班以下者置專任輔導教師 1 人？　(A)10　(B)12　(C)14　(D)16

(　　) 6.《高級中等教育法》中關於學校評鑑的規定，下列何者正確？　(A) 高級中等學校評鑑採自我評鑑方式　(B) 高級中等學校評鑑之結果應公告　(C) 高級中等學校評鑑之目的為建立學校辦學表現之數據

資料庫　(D) 高級中等學校自我評鑑應完全根據主管機關一般評鑑規範辦理之

(　　) 7. 我國於 103 學年度實施十二年國民基本教育，前九年為國民教育，後三年為高級中等教育。有關兩者的政策主張，下列何者正確？ (A) 一律免試　(B) 都是免學費　(C) 都是普及教育　(D) 都是強迫入學

(　　) 8. 依據《高級中等學校組織設置及員額編制標準》，學校教師員額編制於「普通科」是每班置教師幾人？ (A)2.0　(B)2.2　(C)2.4　(D)2.5　人

(　　) 9. 有關十二年國民基本教育的主要內涵，下列何者正確？ (A) 普及　(B) 免學雜費　(C) 課程採學分制　(D) 入學方式以考試分發為主

(　　) 10. 有關我國目前十二年國民基本教育的敘述，下列何者正確？ (A) 重視以學生為中心的教學，依據國中畢業生之性向、能力和興趣，提供升學的分流選擇　(B) 分兩階段，國中小階段依據「教育基本法」，高中職階段依據「高中教育法」規定辦理　(C) 採均一原則，依據「強迫入學條例」，提供普及、公辦、免學費、強迫入學之國民教育機會　(D) 以免試入學為主，但仍保留多種招生方式，104 年度起先辦理特色招生，再依會考成績申請免試分發

參考答案

1.D　2.A　3.B　4.D　5.B　6.B　7.C　8.A　9.A　10.A

二、問答題

1.請就《高級中等教育法》說明「十二年國民基本教育」之五項特質。

2.「十二年國民基本教育」試圖透過逐年提高免試升學比例以減輕學生壓力，對於家長而言，無論這個考試叫「高中聯考」、「國中基測」、「國中會考」，基本上並沒有任何差異，於是家長們大罵教育部欺騙社會，要求實施真正的「免試入學」。歷年來只要實施新的入學制度，不免都要伴隨以下毫無交集的論戰：只考一次被批評「一試定終身」、考二次說是「多煎熬一次」、改成多元入學又說是「違反公平正義」；採計在校成績擔心「分分計較、折磨三年」、不採計在校成績又說「降低學生學習意願」，爭議永無止境。國中

生的壓力早就不是能否升學，困擾師生家長的不外是，按照新的制度學生能否進入「理想的」學校就讀？家長徬徨的不外是，如果子弟就讀的是「不理想的」學校，孩子的未來是否將落入「失敗組」而難以翻身（羅德水，2014）？

(1) 就你的看法，說明要如何解決明星高中的升學競爭壓力？

(2) 何謂特色招生？你覺得有必要辦理特色招生嗎？請說明贊成或反對理由。

第九章

實驗教育與原住民教育

　　實驗教育在臺灣歷經二十餘年的慘澹經營，直至 2014 年立法院通過了實驗教育三法（Three Types of Experimental Education Act），分別是《學校型態實驗教育實施條例》、《高級中等以下教育階段非學校型態實驗教育實施條例》和《公立國民小學及國民中學委託私人辦理條例》三項法規，賦予實驗教育更寬廣的揮灑空間。偏鄉學校受到少子化影響，面臨經營轉型的危機，如果不朝向實驗教育發展，將很難吸引家長的注意。原住民學校多半位處偏鄉地區，趁這波實驗教育的潮流，紛紛發展成原住民族的實驗學校，因此在本章中一併探討原住民教育的法規。本章從實驗教育的發展沿革、實驗教育三法、原住民教育的法規等面向，探討上述法規的重要規定。

第一節　實驗教育實施概況

　　實驗教育可分為「學校型態」、「公立學校委託私人辦理」（公辦民營）及「非學校型態」三種，其中學校型態實驗教育計畫通過校數已由 107 學年 64 所快速增至 112 學年之 116 所；參加學生亦由 6,244 人增至 11,639 人，成長近 0.9 倍，以國小 7,899 人最多，國中 3,167 人，高級中等學校 573 人。112 學年公辦民營實驗教育計畫通過校數計有 16 所，較 107 學年增加 6 所；學生人數 2,687 人，較 107 學年 1,940 人增加 747 人，其中國小 1,633 人、國中 754 人、高級中等學校 300 人。至於非學校型態實驗教育，112 學年參與學生人數計 11,360 人，其中以國小 6,967 人最多，國中 2,443 人，高級中等學校 1,950 人（教育部統計處，2024a）。

 壹　實驗教育的發展

　　實驗教育強調的是有別於主流課程及教育體制的教育模式，旨在保障學生的多元學習需求，以及對家長教育選擇權之重視，並藉由此過程重新檢視學校教育的可能面向與思維（陳榮政，2021）。在國外的實驗教育通常稱之為「另類教育」（alternative education），歐美於 1920 年代開始

發展，主要是受到杜威（J. Dewey）、史代那（R. Steiner）、尼爾（A. S. Neill）等人的新教育運動與進步主義運動所影響，主張兒童中心，並且重視生活經驗、個人價值、美感與民主治理等理念（蔡培村等，2020）。最早的實驗教育型態源起於英國 1921 年的夏山學校（Summerhill School），始於倡議者反對權威、績效導向、過度強調智性發展的國家教育體制，進而追求民主、自主的教育型態。起初教育行政機關不接受這種另類教育，並視之為體制外違法的教育組織，但是在 1960 年代開始有越來越多的學校都基於夏山學校的理念，提供另一種教育選擇（陳榮政，2021）。

我國推動實驗教育，最早是 1950 年教育部發布的《教育部指定中等學校及小學進行教育實驗辦法》，屬於體制內教育實驗。隨著民主化和自由化的思潮興起，體制外教育實驗開始倡導，1990 年 3 月人本教育基金會正式創辦「森林小學」，開啟臺灣非學校型態實驗教育先河。爾後相繼出現的毛毛蟲種子實驗學苑、新竹縣雅歌小學、苗栗縣全人實驗高級中學等，都被視為體制外教育（蔡培村等，2020）。在家自行教育（homeschooling）臺北市率先於 1997 年起試辦，宜蘭縣 2010 年通過公辦民營條例，提供家長教育選擇的另一種管道，《國民教育法》因此進行增修，讓公辦民營和非學校型態教育取得法源依據。由於國民教育對於實驗教育之規定，就法律效力而言，仍有其局限性，因此訂定特別法，讓實驗教育之推動更具有彈性，得不適用其他法律的約束（吳清山，2016）。

 貳 實驗教育的類型

我國實驗教育多以西方教育思想為辦學理念，如華德福、蒙特梭利、耶拿等歐洲教育理念（劉世閔，2021）。以華德福教育為例，不少辦學者即闡述華德福創辦人史代那（R. Steiner）的「人智學」（anthroposophy），並探討其教育意涵，由於華德福教育機構在臺扎根已久，該教育理念提倡「人智學」及藝術美感教育，將其理念融入在課程與教學中。劉世閔（2021）將臺灣學校型態的實驗教育分為八類，分述如下：

㈠蒙特梭利：1985 年核准在臺設立，採混齡教學、著重五感。

㈡華德福：以靈性為教育終極目標，重視身心靈的靈智學。如宜蘭縣慈心托兒所於 1996 年轉型為華德福教育。現改制為宜蘭縣立慈心華德福教育實驗高級中等學校，是華德福教育在臺正式設立的第一所學校。

㈢生態教育：以生態為主的兒童探索世界，如臺南市虎山實驗小學。

㈣民主學校：重視自由、尊重、支持、開放、信任與民主對話的學校，如信賢種籽親子實驗小學。

㈤探索體驗學校：培養自然探索、體能活動與自主的學校，如臺北市芳和實驗國中。

㈥原住民學校：課程安排原住民的文化、語言、技藝、舞蹈，保存與傳承原住民傳統文化，將民族文化融入課程，如臺中市博屋瑪國小（泰雅族）或高雄市巴楠花部落中小學（布農族）。

㈦國際教育：以培養未來精通國際語言與國際素養的國際公民為目標，如臺東縣富山國際教育實驗小學。

㈧其他：「創課教育」的「初鹿夢想家實驗中學」、「混齡教學」的「三和走讀學堂實驗小學」及「公辦民營」的「桃源 KIST 理念實驗小學」。

至於「非學校型態」的「在家自學」相關議題逐年受到關注，自學原先僅同意身心障礙家庭得以申請，但自 1999 年起便有不少家庭積極爭取其子女在家自學，直到 2014 年我國「實驗教育三法」通過後，正式賦予在家自學的法源依據，申請人數即大幅提升。針對在家自學的原因、類型及其挑戰，研究發現我國自學原因可分為「宗教信念因素」與「教育理念因素」，類型則有「個人家庭」和「團體共學」。而研究發現「非學校型態」的教育機構所面臨的問題，包括：實施評鑑制度恐影響教學品質、辦學自主空間和教育主管機關介入的比例多寡等，因此建議教育行政機關宜思考實施評鑑制度的必要性，以及適當減少對學校教學與經營的干擾。同時也建議政府應提供自學生的補助給實驗教育機構，以維持其教師教學及學生學習品質（陳榮政，2021）。

第二節 實驗教育相關法規

　　「實驗教育三法」通過後，開始促進我國實驗教育的推展，後續教育現場陸續反映相關意見，於是教育部 2016 年提出修法草案，並於 2018 年公布實施。教育部於 2017 年委請國立政治大學辦理實驗教育推動中心計畫，成立「臺灣實驗教育推動中心」，各地方政府亦設立實驗教育中心，建構實驗學校支持網絡，以促進教育改革與創新（蔡培村等，2020）。修正後的實驗教育三法將《公立國民小學及國民中學委託私人辦理條例》改名為《公立高級中等以下學校委託私人辦理實驗教育條例》（2022），其餘兩項法規名稱不變，實驗教育三法的法源基礎為《教育基本法》第 7 條第 2 項：「政府為鼓勵私人興學，得將公立學校委託私人辦理；其辦法由該主管教育行政機關定之。」及第 13 條：「政府及民間得視需要進行教育實驗，並應加強教育研究及評鑑工作，以提升教育品質，促進教育發展。」本節分別對三項法規之重要內容摘述如下：

《學校型態實驗教育實施條例》

　　《學校型態實驗教育實施條例》（2018）第 1 條說明實驗教育的實施目的：「為鼓勵教育創新，實施學校型態實驗教育，以保障人民學習及受教育權利，增加人民選擇教育方式與內容之機會，促進教育多元化發展，落實教育基本法第 13 條規定，特訂定本條例。」

一、實驗的範圍

　　第 3 條第 1 項規範實驗教育的範圍，公私立皆可辦理：「本條例所稱學校型態實驗教育，指依據特定教育理念，以學校為範圍，從事教育理念之實踐，並就學校制度、行政運作、組織型態、設備設施、校長資格與產生方式、教職員工之資格與進用方式、課程教學、學生入學、學習成就評量、學生事務及輔導、社區及家長參與等事項，進行整合性實驗之教育。」目前公立學校所辦的實驗教育，多數僅進行「課程教學」此單一面

向的實驗，甚少進行「整合性」實驗者。

二、設置學校型態實驗教育審議會

第 5 條說明設立「學校型態實驗教育審議會」負責審議、監督及政策與資源協調等相關事項：「實驗教育審議會置委員 9 人至 25 人，由各該主管機關就熟悉實驗教育之下列人員聘（派）兼之，其中第 4 款至第 6 款之委員人數合計不得少於委員總人數五分之二；任一性別委員人數不得少於委員總人數三分之一；……前項委員任期二年，其續聘以二次為限；……。」第 7 條規定：「學校法人……，應由其指定之計畫主持人擬具實驗教育計畫，於學年度開始一年前，向各該主管機關提出，經各該主管機關送實驗教育審議會審議通過後，由各該主管機關許可。」第 17 條規定：「各該主管機關應於實驗教育計畫期間，邀集實驗教育審議會委員組成評鑑小組辦理評鑑；……。」第 19 條規定：「私立實驗教育學校違反本條例或實驗教育計畫、經實驗教育評鑑結果辦理不善或有影響學生權益之情事時，各該主管機關應採取下列全部或部分措施：一、輔導。二、糾正。三、限期整頓改善。四、停止招生或減少招生人數。五、停辦實驗教育計畫。」

三、學生之權益

第 6 條第 1 項規定：「為保障學生之權益，學校型態實驗教育應維護學生基本人權，積極營造友善校園之教育環境，並遵守下列事項：一、實驗教育之實施應事前徵得學生本人及其法定代理人之同意或事先載明於招生簡章中。二、接受學生本人及其法定代理人退出實驗教育之申請，不得以任何理由拒絕。三、學生不適應實驗教育，並提出轉學需求時，學校應予以協助。……」第 20 條第 1 項規定：「私立實驗教育學校之實驗教育計畫經停辦或不續辦時，應依學生意願留校或輔導轉學，必要時得由各該主管機關分發學生至其他學校。」

四、公立學校的總量管制

　　這項法規大部分條文都是在規定私立學校如何轉型爲實驗教育，對公立學校的規定在「第五章附則」才出現。第 23 條規定：「1 公立學校經校務會議通過後得提出申請，或由各該主管機關指定所屬高級中等以下公立學校，……，辦理學校型態實驗教育，並準用第 5 條……規定。2 原住民重點學校以外之公立學校辦理學校型態實驗教育，其學校總數，不得逾主管機關所屬同一教育階段總校數 5%，不足一校者，以一校採計。但情況特殊，其實驗教育計畫於學年度開始六個月前逐案報中央主管機關審查核定者，不得逾同一教育階段總校數 15%。3 前項學校總數，不得逾全國同一教育階段總校數 10%。」

　　第 23 條第 4 項規定：「公立學校辦理學校型態實驗教育，……；於實驗規範之範圍內，得不適用國民教育法、高級中等教育法、……及其相關法規之部分規定，……。5 ……，其校長之遴選、聘任程序，由各該主管機關依實際需要另定之；校長辦學績效卓著，……，得不受連任一次之限制。」依據《教育部國民及學前教育署補助推動實驗教育要點》（2021）規定，教育部除依核定經費之 60% 補助地方政府外，更對公私立實驗學校（或機構）每校第一年補助最高 80 萬元、第二年以後亦每年補助最高 40 萬元。

 ## 《公立高級中等以下學校委託私人辦理實驗教育條例》

　　依此法規所辦理的學校稱爲「公辦民營學校」，頗類似美國的「特許學校」（Charter School）和英國的「自主型學校」。這類型學校在國外因較重視績效責任，受到不少家長喜愛，願意把小孩送去就讀，在英美已實施多年，惟在臺灣尚屬起步階段。2001 年人文中小學是宜蘭縣第一批成立的公辦民營特許模式學校之一，近來因十八項課程、人事和會計違規事項，在 11 月底遭縣府教審會決議提前解約，引起各界關注（蘇進棻，2014）。

一、立法目的

　　本條例第 1 條說明立法的目的如下：「為促進教育創新，鼓勵私人參與辦理公立高級中等以下學校實驗教育，以保障人民學習及受教育權利，增加人民選擇教育方式與內容之機會，促進教育多元化發展，……。」這裡的受託人是指本國自然人、非營利之私法人或民間機構、團體。但學校財團法人及其設立之私立學校或短期補習班，不得為受託人。由受託人受各該主管機關委託辦理之學校，仍屬公立學校。

二、委託內容

　　將公立學校委託給私人辦理，所委託的內容除了學校土地、校舍、教學設備之外，還包含第 4 條所規定的費用：「1 學校委託私人辦理，各該主管機關應提供同級同規模學校之教職員工員額編制之人事費、建築設備費及業務費予受託學校；人事費並應逐年依教職員工敘薪情形調整之。3 受託學校對於第 1 項費用，除人事費不得流入及資本支出不得流出外，得於各用途別科目間彈性運用。」

三、賦予辦學彈性

　　為賦予受託人辦學的彈性，第 5 條規定：「1 受託學校就學區劃分、依法向學生收取之費用、課程、校長、教學人員與職員之進用、行政組織、員額編制、編班原則及教學評量，得不適用下列法律與其相關法規及自治法規之規定：一、國民教育法第 4 條第 2 項……。二、高級中等教育法第 14 條……。三、教育人員任用條例……。」但是教職員工的權利義務仍要受到相關法規的保障，第 19 條規定：「1 受託人應依受託學校規模，擬訂學校行政組織、人員配置及人事管理規章等重要章則，報各該主管機關核定。2 受託學校教師員額編制，不得低於公立學校之相關規定。」第 22 條規定：「受託學校之班級學生人數，不得高於公立學校之相關規定；其教學設備依公立學校相關規定……。」

四、定期接受評鑑

第 23 條規定：「1 各該主管機關應組成評鑑小組，定期或不定期對受託學校實施評鑑及輔導。2 前項評鑑得委託相關學術機構或團體辦理，並於評鑑前公布評鑑項目、評鑑方式等相關事項，於評鑑後公布評鑑結果。評鑑時，得邀請家長陳述意見。評鑑優良者，得予獎勵；評鑑未達標準者，得以書面糾正、限期改善，並接受複評。複評未通過，各該主管機關應再限期改善。」若評鑑未通過，依據第 27 條規定：「……，各該主管機關應提經審議會決議後，終止委託契約：……。」

 ## 《高級中等以下教育階段非學校型態實驗教育實施條例》

本條例是在家自學的法源，確保學生可參與學校型態以外之教育方式，高中以下的學生皆可依本條例規定參與各該教育階段實驗教育，而不受《強迫入學條例》之規範。

一、辦理類型

第 4 條第 1 項規定非學校型態的實驗教育有三種方式：「一、個人實驗教育：指為學生個人，在家庭或其他場所實施之實驗教育。二、團體實驗教育：指為 3 人以上學生，於共同時間及場所實施之實驗教育。三、機構實驗教育：指由學校財團法人以外之非營利法人設立之機構，以實驗課程為主要目的，在固定場所實施之實驗教育。」第 2 項規定：「前項第 2 款團體實驗教育學生總人數，以 30 人為限。」第 3 項規定：「第 1 項第 3 款機構實驗教育，每班學生人數不得超過 25 人，國民教育階段學生總人數不得超過 250 人，高級中等教育階段學生總人數不得超過 125 人，且生師比不得高於十比一，並不得以學生之認知測驗結果或學校成績評量紀錄作為入學標準。」

個人型之實驗教育，為非學校型態的實驗教育中，所占人數最多的一類；非學校型態實驗教育之團體類型，通常由數個個人／家庭集合辦理，例如：高雄聖功樂仁蒙特梭利、花蓮縣五味屋、不老部落原根團體實驗教育等三個團體；機構型非學校型態實驗教育之型態，相較於個人型與團體型兩類，規模與組織均相對系統化，例如：高雄市私立南海月光實驗學校、臺中市道禾實驗教育機構。

二、學籍與管理

第 15 條第 1 項規定：「參與國民教育階段個人實驗教育之學生，其學籍設於原學區學校；參與團體實驗教育或機構實驗教育之學生，其學籍設於受理辦理實驗教育申請之直轄市、縣（市）主管機關指定之學校。」第 3 項規定：「國民教育階段實驗教育之學生修業期滿成績及格者，由設籍學校發給畢業證書。」對於此類型實驗教育的管理，第 21 條規定：「1 直轄市、縣（市）主管機關應於每學年度邀集審議會委員或委託相關學術團體、專業機構辦理個人實驗教育及團體實驗教育之訪視；……。」第 22 條規定：「直轄市、縣（市）主管機關應於機構實驗教育計畫期滿三個月前，對機構實驗教育辦理成效評鑑；……。」評鑑結果若辦理不善或有影響學生權益之情事者，先令其限期改善，未改善者廢止其辦理實驗教育之許可。

第三節 原住民教育相關法規

原住民族的教育成就長久以來處於不利地位，社會學家解釋原住民教育機會不均等的現象有社會再製、文化再製、文化認同等理論，均可用來解釋原住民教育機會的不均等，例如：經濟弱勢、學校課程依據主流文化所編製。部分原住民會認為學校在實施同化教育，要消滅原住民文化，因此會抗拒學習。雖然多元文化教育推動了好幾年，但是成效不彰。為貫徹《憲法》及《憲法增修條文》的主張，1996 年成立行政院原住民委員會，2014 年更名為原住民族委員會（簡稱原民會），統籌規劃原住民族教育、

文化保存與維護等事務，以有效運用各項教育資源，加速提升原住民教育品質，於是 1998 年頒布《原住民族教育法》、2010 年頒布《原住民族教育政策白皮書》、2020 年發布《原住民族教育發展計畫（110 年-114 年）》等措施。

 ## 壹　原住民教育概況

自 105 學年起，依據《學校型態實驗教育實施條例》實施以原住民族教育為課程教學核心之實驗教育，融合多元部落文化於學校體系，培育兼具傳統與現代知識的新世代原住民。實施至今校數及人數持續增加，112 學年原住民實驗教育學校已遍及 11 縣市 40 所學校、逾 2,000 位學生之參與規模，已達成「原住民族教育發展計畫」預期目標，並兼顧傳統文化傳承與現代知識培育之發展。近幾年，教育部在建構原住民安心學習環境方面，制定了不少政策，除了持續透過升學外加名額保障、學雜費減免、獎助學金提供等措施外，亦鼓勵大專校院設置原住民族學生資源中心，以提供原住民學生生活、課業及就業輔導、生涯發展、民族教育課程活動等各項服務，以協助原住民學生安心就學。就大專校院原民生粗在學率來看，112 學年較 107 學年提升逾 6 個百分點（教育部統計處，2024b）。期盼藉由上述措施，提升原住民整體的教育水準。

 ## 貳　相關法規

2021 年修訂公布的《原住民族教育法》（2021）（以下簡稱本法）對於「原住民族學校」做了更具體的定義，並以「原住民族知識體系」為基礎，規定其設立事項另以法律定之，這項法律即是「原住民族學校法草案」，目前尚在立法院審議中。以下將以《原住民族教育法》為主，探討有關原住民教育的重要規定。

一、原住民族教育之目的

　　本法是根據《憲法增修條文》第 10 條之規定所制定，本法第 2 條說明原住民族教育之目的：「1 原住民族教育，應以維護民族尊嚴、延續民族命脈、增進民族福祉及促進族群共榮為目的。」其他三項為推動原住民族教育之原則：「2 政府應本於多元、平等、自主、尊重之原則，推動原住民族教育，並優先考量原住民族歷史正義及轉型正義之需求。3 原住民為原住民族教育之主體，原住民個人及原住民族集體之教育權利應予以保障。4 各級政府應採積極扶助之措施，確保原住民接受各級各類教育之機會均等，並建立符合原住民族需求之教育體系。」

二、原住民族教育主管單位

　　原住民族教育包含原住民族之一般教育及民族教育。民族教育是指依原住民族文化特性，對原住民學生所實施之民族知識教育；一般教育是指前款民族教育外，對原住民學生所實施之一般性質教育。依第 3 條第 3 項的規定：「原住民族之一般教育，由教育主管機關規劃辦理；原住民族之民族教育，由原住民族主管機關（原住民族委員會）規劃辦理，並會同教育主管機關為之。」第 4 條對專有名詞提出釋義：「四、原住民族學校：指以原住民族知識體系為主，依該民族教育哲學與目標實施教育之學校。五、原住民重點學校：指原住民學生達一定人數或比率之高級中等以下學校。六、原住民教育班：指為原住民學生教育需要，於一般學校中開設之班級。」《原住民族教育法施行細則》第 4 條更清楚界定上述名詞之涵義：「……原住民重點學校，……在原住民族地區，該校原住民學生人數達學生總數三分之一以上者。在非原住民族地區，該校原住民學生人數達 100 人以上或達學生總數三分之一以上者。前項認定，應每三學年重新認定一次。」

　　第 6 條規定各級各類學校推動原住民族教育的做法：「1 各級政府應鼓勵各級各類學校，以原住民族語言及適應原住民學生文化之教學方法，提供其教育需求。2 學校應運用行政活動及校園空間，推動原住民族及多

元文化教育。」第 7 條規定中央設置原住民族教育政策會，第 8 條規定地方政府設置原住民族教育審議會。第 19 條規定地方政府應設立任務編組性質之原住民族教育資源中心，辦理原住民族教育課程、教材與教學方法之研發及推廣。

三、學生就學

第 15 條規定：「1 各級政府得視需要設立各級原住民族學校或原住民教育班，以利原住民學生就學，並維護其文化。2 前項原住民族學校設立事項，另以法律定之。」因此，依第 10 條第 2 項規定，當學校要停辦時：「國民教育階段之原住民重點學校，於徵得設籍於該學區成年原住民二分之一以上書面同意，始得合併或停辦學校；⋯⋯。」第 11 條第 1 項規定原住民族教育經費的編列：「中央政府應寬列預算，專款辦理原住民族教育；其比率，合計不得少於中央教育主管機關預算總額 1.9%，並依其需求逐年成長。」

第 23 條規定：「1 高級中等以上學校，應保障原住民學生入學及就學機會，必要時，得採額外保障辦理；⋯⋯。」第 24 條規定：「1 中央教育主管機關及中央原住民族主管機關應鼓勵大專校院設立原住民相關院、所、系、科、學位學程或專班，並得編列預算酌予補助。」

依本法第 23 條第 1 項規定，教育部訂定《原住民學生升學保障及原住民公費留學辦法》（2019），其中第 3 條第 1 項規定：「原住民學生參加高級中等以上學校新生入學，除博士班、碩士班、學士後各學系招生不予優待外，依下列規定辦理；其入學各校之名額採外加方式辦理，不占各級教育主管機關原核定各校（系、科）招生名額：一、高級中等學校、專科學校五年制：㈠ 參加免試入學者，其超額比序總積分加 10% 計算。但取得原住民文化及語言能力證明者，超額比序總積分加 35% 計算。⋯⋯。」技術校院四年制、二年制、大學的加分與高級中等學校相同。第 3 項規定：「第 1 項所定外加名額，以原核定招生名額外加 2% 計算，⋯⋯。」

四、師資

　　為確保原住民族教育師資的來源，第 31 條第 1 項規定：「……中央教育主管機關應協調各師資培育之大學保留一定名額予原住民學生，……，提供原住民公費生名額或設師資培育專班。」第 32 條第 4 項規定：「依前項取得教師證書，並經公開甄選獲聘任為高級中等以下原住民重點學校或偏遠地區學校編制內合格專任教師者，應於原住民重點學校或偏遠地區學校任教民族教育課程至少六年，始得提出申請介聘至非原住民重點學校或非偏遠地區學校服務。」依第 33 條規定：「原住民重點學校於規定之專任教師編制員額內，以至少聘任一位具備前條第 1 項或第 3 項資格之教師為原則。」也就是具有合格教師證的原住民教師。原住民重點學校及原住民教育班需依第 34 條規定「聘任一定比率的原住民各族教師。」第 2 項亦規定逐年增聘原住民教師：「於本法……條文施行後十年內，國民小學階段之原住民重點學校聘任具原住民身分之教師比率，應不得低於學校教師員額三分之一或不得低於原住民學生占該校學生數之比率；國民中學及高級中等教育階段之原住民重點學校聘任具原住民身分之教師比率，不得低於該校教師員額 5%。」第 4 項規定：「原住民學生人數達全校學生人數二分之一之原住民重點學校，其主任、校長，應優先聘任、遴選原住民族已具主任、校長資格者。」

自我評量 ....

一、選擇題

(　　) 1. 根據《高級中等以下教育階段非學校型態實驗教育實施條例》，關於機構實驗教育，下列敘述何者有誤？　(A) 每班學生人數不得超過 30 人　(B) 國民教育階段學生總人數不得超過 250 人　(C) 高級中等教育階段學生總人數不得超過 125 人　(D) 高級中等教育階段的生師比不得高於十比一

(　　) 2. 某縣（市）政府委託本國自然人，將縣（市）內偏遠地區公立學校轉型為公辦民營實驗教育學校。上述情形是依據下列哪一種法規辦理？　(A) 學校型態實驗教育實施條例　(B) 偏遠地區學校教育發展條例　(C) 公立高級中等以下學校委託私人辦理實驗教育條例　(D) 高級中等以下教育階段非學校型態實驗教育實施條例

(　　) 3. 有關《高級中等以下教育階段非學校型態實驗教育實施條例》之內容，下列敘述何者錯誤？　(A) 依本條例辦理之實驗教育，包括個人實驗教育、團體實驗教育、機構實驗教育等三種方式　(B) 實驗教育計畫期程，應配合學校學期時間；國民小學教育階段最長為六年，國民中學教育階段最長為三年，高級中等教育階段最長為三年　(C) 完成國民教育階段實驗教育之學生，得重行依本條例規定申請參與同一教育階段之實驗教育　(D) 直轄市、縣（市）主管機關應於機構實驗教育計畫期滿三個月前，對機構實驗教育辦理成效評鑑

(　　) 4. 「所謂團體實驗教育是指為 3 人以上學生，於共同時間及場所實施之實驗教育。」此係屬於哪一法律規範內容？　(A) 國民教育法　(B) 學校型態實驗教育實施條例　(C) 公立高級中等以下學校委託私人辦理實驗教育條例　(D) 高級中等以下教育階段非學校型態實驗教育實施條例

(　　) 5. 依據現行「實驗教育三法」，假如學校透過教師教學與課程設計，讓學生能有創新的學習，這是屬於下列哪一種實驗教育的型態？　(A) 在家教育　(B) 學校型態的實驗教育　(C) 非學校型態的實驗教育　(D) 委託私人辦理的實驗教育

（　）6. 下列何校符合《原住民族教育法施行細則》之原住民重點學校認定標準？　(A)A 校位於原住民族地區，全校學生 138 人，原住民學生 41 人　(B)B 校位於原住民族地區，全校學生 368 人，原住民學生 112 人　(C)C 校位於非原住民族地區，全校學生 364 人，原住民學生 102 人　(D)D 校位於非原住民族地區，全校學生 263 人，原住民學生 82 人

（　）7.《原住民族教育法》規定，原住民重點學校得合併設立學校或實施合併教學的程序為何？　(A) 地方政府報請地方議會同意　(B) 經地方性公民投票決定　(C) 經設籍於該學區內年滿二十歲居民之多數同意　(D) 學區內各部落之部落會議同意

（　）8. 依據《原住民族教育法》之規定，學校聘任具原住民族身分之教師比率，應不得低於原住民學生占該校學生數之比率或不得低於學校教師員額幾分之幾？　(A) 五分之一　(B) 三分之一　(C) 四分之一　(D) 六分之一

（　）9. 依據《原住民族教育法》之規定，原住民族教育的定義為何？　(A) 指原住民族之一般教育及民族教育之統稱　(B) 指依原住民族文化特性，對原住民學生所實施之民族知識教育　(C) 對原住民學生所實施之一般性質教育　(D) 依該民族教育哲學與目標實施教育

（　）10. 有關《原住民族教育法》的相關內容，下列敘述何者錯誤？　(A) 民族教育由原住民族主管機關規劃辦理，並會同教育主管機關為之　(B) 在中央主管機關有二，依性質劃分教育部及原住民族委員會　(C) 原住民族教育政策會之組成，具原住民身分者不得少於三分之一　(D) 預算比率合計不得少於中央教育主管機關預算總額 1.9%，並依其需求逐年成長

參考答案

1.A　　2.C　　3.C　　4.D　　5.B　　6.C　　7.C　　8.B　　9.A　　10.C

二、問答題

　　實驗教育帶來的教育鬆綁，似乎開啟了「擇校時代」，讓民眾有更多選擇的自由。然而，隨著教育鬆綁而來的一個敏感問題是，實驗教育的學費要收多少才算合理？根據親子天下的調查，公辦的實驗學校學費大多比照公立學校，而團體自學一年平均 18 萬，機構自學則為 24 萬。近年來訴求雙語、國際化的實驗教育也相當吸引家長，學費最高的高達一年 60 萬（機構自學）。這也讓許多人開始憂慮，實驗學校是否朝 M 型化發展（許家齊，2020）。

1.實驗教育的發展是否會形成教育商品化，進一步導致教育機會的不均等？

2.政府的管制與私校辦學的自主空間一直存在著爭議，對於實驗教育你認為政府對於課程與教學、學費等方面要如何介入？

第十章

教育機會均等理念
的落實

　　美國哲學家羅爾斯（Rawls, 1972）著有《正義論》（*A Theory of Justice*）一書，他認爲正義須具備兩項原則：第一原則是平等權（公平）（fairness），每個人都有平等的權利，享有一完備體系下的各項平等自由權；第二原則是機會均等及差異原則（均等）（equality），雖然社會及經濟是不平等的，但必須滿足兩項條件：1. 各項職位及地位必須在公平的機會均等下，對所有人開放；2. 使社會中處於最劣勢的成員獲得最大利益。第一項原則優先於第二項原則，亦即不得以改善社會及經濟的不平等爲由，而侵害各項平等的最基本自由權。教育的正義即是教育機會均等、教育公平的落實，每一個體應享受相同年限的基本義務教育，這種教育是共同性、強迫性的，不因個人家庭背景、性別或地區之差異而有不同，這就是教育公平；而教育機會均等是每一個體應享有符合其能力發展的教育，這種教育雖非強迫性，但含有適性發展的意義（周新富，2022）。聯合國於 2015 年提出「2030 永續發展目標」（Sustainable Development Goals, SDGs），其中第四個目標即是「確保有教無類、公平以及高品質的教育，及提倡終身學習。」各國在制定教育政策亦有與此目標相符應，強調藉由「積極性差別待遇」（positive discrimination），縮短教育機會不均等之情事（陳曉，2022）。教育機會均等之理念受到普遍的重視，是源自於美國學者柯爾曼（Coleman et al., 1966）發表的《柯爾曼報告書》（The Coleman Report），他認爲教育機會均等應包含教育基本條件、教育歷程、教育結果三層面的均等。臺灣城鄉發展長期不均衡，是由來已久且越趨嚴重的問題，改善偏鄉教育是促進社會正義與公平的重要議題（王慧蘭，2017）。本章即在探討爲弭平城鄉教育上的差距，而制定的教育機會均等的政策，其中以《偏遠地區學校教育發展條例》（2017）爲主要探討內容。

第一節　偏鄉地區的教育問題

　　近幾年來教育部所實施的促進教育機會均等的政策，卻無法有效縮減臺灣城鄉學生的教育成就差距，國內及國際學生學習成就評量結果都顯示我國城鄉學生學習落差隨年級增加逐漸持續擴大，且低成就學生大都來自

低社經背景家庭。義務教育階段的學習表現不平等未曾停止累積，逐漸在高等教育階段，出現越高所得家庭子女就讀公立大專院校比例越高，私立科大的學生多是低所得家庭子女的教育資源反向重分配現象。我國的教育不平等現象，隨著學習階段逐漸擴增（葉珍玲、許添明，2021）。偏鄉教育困境的真正改善，仍必須透過深入分析偏鄉教育問題、瞭解社區發展脈絡和需求、家庭經濟影響因素、鬆綁教育法規、發展教育創新策略、善用數位科技、增加城鄉校際互動交流以提升學習資源和動機等多方面，才能回應多層次的需求（王慧蘭，2017）。以下僅針對教育上的問題概述如下（王慧蘭，2017；吳雅萍，2020；盧延根，2021）：

壹 教育資源分配不均

　　偏遠地區小型學校教學資源與教學人力匱乏，衍生缺乏競爭力、教師流動率高，課程教學創新不易，影響學生學習表現。但學校的部分經費（譬如學生活動費、電腦設備維護費等）是依照學生人數計算，偏遠地區學校學生人數較少，經費分配也相對比較少。小型學校因位處偏遠，弱勢學生比率較高，學生學業成就較低，政府如果沒有提供適足經費，學生更難從不利情境跳脫。

貳 學校人力資源不足，教師流動率高

　　偏遠地區小型學校的教師配置員額數較少，除校長及必要之行政人力外，偏遠學校無法聘用「專聘教師」，只能聘用一年一聘的代理教師，法規雖然規定偏遠地區學校可以聘任合聘教師及巡迴教師，但是實際上仍是以約聘「鐘點教師」為主，依授課課程節數支付酬勞，因無長期工作保障，又位處偏遠，故常面臨師資招聘不易的困境，造成學校人力不足的窘境。偏遠地區小型學校地處偏遠、交通不便、生活機能不佳，導致專任教師的調動頻繁，進而直接影響教學品質。偏遠地區教師配置人數較少、授課科目多，小校教師又須兼辦行政工作，教學工作負擔沉重，也是教師流

動率高的原因之一。當學校時常處在教師異動的更迭中，不僅教學經驗難以傳承，學生也必須不斷適應新任教師，影響學生學習的連貫性。再者，甚至於進用未具教師證的比例也高，除影響偏遠地區學生學習品質之外，也影響教師任教的動機，因為未具合格教師身分，薪資中的學術研究費要打八折。代理教師又無法以在職進修方式取得教師資格，故其教師的專業認同與專業承諾容易偏低，造成教師流動性偏高，也較難建立師生深厚的關係與親師合作。

 ### 參　班級學生數少，不利學生互動

　　班級人數少有助於實施個別化教學，並提高學生的學習成就表現，但如果班級人數過少且教師仍採取傳統的講述式教學，或未適切地規劃可促進學生間互動、合作與競爭的教學活動，則班級學習氣氛便容易因人數過少而顯得沉靜，或因互動少而減低學習動機。對於偏遠地區小型學校的學生學習，因班級人數過少，缺乏人際互動、合作與競爭機會，教育部認為藉由混齡編班或混齡教學，確實可以增加學生互動發展機會，但實務上卻也衍生國中小的教材分屬不同年級，教師須重新選編教材，混齡編班之教學模式，對於國、英、數等學科的教學實非易事，但對於體育、藝能等學科的活動尚屬可行。

 ### 肆　家庭經濟文化資源不足，缺乏多元刺激

　　偏遠地區教育的另一問題為：「相關教育、文化、社會服務資源不足，基本需求條件匱乏」，由於偏遠地區學童的家庭社經地位普遍低於一般地區或都市地區，大多數偏鄉孩子的家庭情境，涉及隔代教養和單親撫養，而家庭的問題又與地區經濟產業發展連結、產業狀況、就業機會、醫療資源、人口外流等多重面向密切相關。家庭可提供給學童的文化資本與課業輔助機會相對較低，加上學校所在社區的交通與生活機能較不便利，文化活動與資源較少。偏遠地區學生處於文化不利及經濟資源不足的困境

裡，嚴重缺乏多元刺激，而不利於學業成就的提升。家庭、社區的因素也連帶影響偏鄉學校招聘教師不易、代理代課教師比例偏高、教師流動率大、孩童的受教權和身心輔導等。透過教育體系提供學校內的專案資源補助，例如：弱勢學生補助款、減免學雜費等，或是民間慈善力量的課輔陪伴人力支持，對於偏鄉發展有部分扶助效果，但其實仍未能解決偏鄉發展的根本問題。

第二節　從教育優先區到學習扶助

　　為達成教育機會的均等，我國很早就開始關注偏遠地區學校的資源。1996 年採納英國《卜勞頓報告書》中「積極性差別待遇」的理念，開始推動「教育優先區」（educational priority area）計畫，針對弱勢族群學生有相當比率、教師流動率偏高地區、偏遠地區缺乏教學設備的學校，給予諸如課後學習輔導、親職教育、修繕偏遠地區師生宿舍、免費營養午餐，以及擴充學校基本設備設施等資源上的補助。2006 年推出「攜手計畫課後扶助方案」，2013 年將「教育優先區計畫—學習輔導」及「攜手計畫—課後扶助」兩大計畫，整合為「國民小學及國民中學補救教學實施方案」，期能改善國內部分資源不足地區及學習弱勢族群學生的學習環境，提高學生基本學力（彭錦鵬等，2016）。這項計畫於 2017 年改成《教育部國民及學前教育署補助辦理國民小學及國民中學學生學習扶助作業要點》（2024）（簡稱《學習扶助要點》）持續辦理至今。先前辦理的「教育優先區計畫」，往往僅止於針對硬體面給予補助，仍未能化解偏鄉地區中小學生源不足、瀕臨廢校數目增加、高中職招生困難等困境。

 ### 壹　補助國民中小學弱勢學生

　　「推動教育優先區計畫」目前還保留著，但是規模縮小，其依據的辦法是《教育部國民及學前教育署補助國民中小學弱勢學生實施要點》（2024），以提升偏遠地區學校學生學習興趣，降低城鄉差距造成之學習

落差。本要點補助項目如下：

一、推動教育優先區計畫

　　符合下列優先區指標之直轄市、縣（市）政府主管之國民中小學：1. 原住民學生比率偏高。2. 低收入戶、隔代教養、單（寄）親家庭、親子年齡差距過大及新住民子女之學生比率偏高。3. 國民中學學習弱勢學生比率偏高。4. 中途輟學率偏高。5. 離島或偏遠交通不便。依各申請補助學校符合之優先區指標分別補助，補助項目如下：1. 推展親職教育活動。2. 補助學校發展教育特色。3. 充實學校基本教學設備。4. 發展原住民教育文化特色及充實設備器材。5. 補助交通不便地區學校租車費、學生交通費或交通車。6. 整修學校社區化之活動場所。

二、國民小學兒童課後照顧服務、夜光天使點燈專案計畫

　　前者針對低收入戶、身心障礙及原住民學生；夜光天使點燈專案計畫的對象為低收入、單親、失親、隔代教養等之經濟弱勢家庭國小學童，且下課後確實無人予以照顧，以致有影響其身心健康與發展之虞者。

三、國民中小學學生無力繳交代收代辦費計畫及推動夏日樂學計畫

　　國民中小學學生因家庭經濟突發困境或社會福利機制無法照顧，無力繳交代收代辦費者由該計畫支付經費。夏日樂學計畫是針對偏遠地區及弱勢地區國民小學及國民中學，以「暑期增能、做中學習」為宗旨，規劃二至四週，總計不超過八十節之課程。

貳　學習扶助計畫

　　在促進結果均等方面，目前我國的做法是針對國民中小學低成就學生提供學習扶助，以提升學生學習效能，縮減學力落差。在《學習扶助要點》公布之後，教育部又公告《教育部國民及學前教育署補助辦理國民小學及國民中學學生學習扶助作業注意事項》（2022）（簡稱《注意事

項》），以下依據兩項法規，摘述學習扶助的做法如下：

一、補救學科

《學習扶助要點》是依據《國民小學及國民中學學生成績評量準則》（現稱《國民小學及國民中學學生學習評量辦法》）第 11 條規定而訂定，篩選國語文、數學、英語文三科目（領域）學習低成就學生進行學習扶助。其中國語文、數學一至九年級均得實施，英語文三年級以上始得實施。

二、實施原則

學校應透過篩選測驗找出有學習需求之學生，依測驗結果報告設計課程及教學策略，並運用成長測驗追蹤學生學習成效。對於需要進行學習扶助的學生，學校校長須召集相關處室成立「學習輔導小組」，規劃與執行本要點相關事項。

三、設置資源中心

地方政府達 100 校者得設置一所資源中心，可聘請一名專責人員負責中心業務的運作，達 200-300 校以上者，依前述方式比照辦理。《偏遠地區學校教育發展條例》第 19 條第 2 項亦規定：「中央主管機關為提升偏遠地區之教育水準，應鼓勵並補助地方主管機關設立任務編組性質之區域教育資源中心，對偏遠地區學校提供課程與教學之研究及行政支援。」

四、受輔對象

地方政府轄內公立國民小學及國民中學學生未通過國語文、數學或英語文篩選測驗之學生，依未通過科目（領域）參加學習扶助。學校依應提報比率，提報參加篩選測驗之學生名單及其測驗科目（領域）。應提報比率依學校前一年度，該年級各該科目（領域）之「年級未通過率」加 5% 計算。身心障礙學生經學習輔導小組認定受輔可提升學業成就者及其他經學習輔導小組評估認定有學習需求之學生，依國語文、數學或英語文之需

求科目（領域）參加學習扶助，該類學生不超過全校各科目（領域）總受輔人數之 35%，且不得單獨成班。

五、開班原則

㈠開班人數

每班以 10 人爲原則，最多不得超過 12 人，最少不得低於 6 人。但偏遠地區或具特殊原因有開班困難而人數未滿 6 人之學校，於報請地方政府同意後，依實際情形開班。教學人員爲大學生者，每人以輔導 3 人至 6 人爲原則。不支領鐘點費之授課人員，得視需要採一對一、一對二等方式進行輔導。

㈡編班方式

以抽離原班並依學生篩選測驗未通過科目（領域）之學力現況分科目（領域）開班，並得採小班、協同、跨年級等方式實施。

㈢開班節數

學期中的學習扶助可分爲課餘及課中兩種。課餘學習扶助每班各期各科目（領域）上課總節數以七十二節爲原則，課後實施至多二節爲限，國小週間未排課之下午至多四節爲限。課中學習扶助以課中抽離方式開班者，每週上課節數不得超過該科目（領域）之授課節數，且不受每班各期各科目（領域）上課總節數以七十二節爲原則之限制。寒暑假每班上課總節數以寒假二十節、暑假八十節爲原則，每班每日至多實施四節爲限。

六、教學人員資格

具有高級中等以下學校合格教師證書者，應接受八小時學習扶助師資研習課程。未取得高級中等以下學校合格教師證書者，應接受十八小時學習扶助師資研習課程，例如：大學二年級以上（包括研究所）在學學生及大專以上相關科系畢業之社會人士。

第三節 《偏遠地區學校教育發展條例》

　　《偏遠地區學校教育發展條例》（2017）（以下簡稱本條例）是保障偏遠地區學校的特別法，全條文共計 24 條，除了對於降低教師流動率及提升學生學習品質訂有積極措施外，並從行政減量、寬列經費、彈性運用人事、教職員專業發展、住宿設施、教師激勵措施等面向多管齊下，協助偏鄉學校發展，落實教育機會均等與社會公平正義，協助解決其辦學困境，保障偏遠地區學校學生受教權益。本條例第 19 條還規定：「中央主管機關應編列預算，辦理偏遠地區學校教育狀況調查、研究；其結果得作為調整偏遠地區學校教育政策之參考。」並且「應每三年辦理全國偏遠地區教育會議。」透過集思廣益的方式，盼能落實偏遠地區教育問題的解決。以下為本條例重要之內容摘述。

 ## 壹　偏遠地區學校定義

　　本條例第 4 條界定偏遠地區學校的定義：「1 本條例所稱偏遠地區學校，指因交通、文化、生活機能、數位環境、社會經濟條件或其他因素，致有教育資源不足情形之公立高級中等以下學校。2 前項偏遠地區學校應予分級；其分級及認定標準，由中央主管機關會商原住民族委員會、地方主管機關訂定，並每三年檢討之。」依照《偏遠地區學校分級及認定標準》（2021）第 2 條規定：「偏遠地區學校分為離島地區學校及臺灣本島偏遠地區學校，……，各分為下列三級：一、極度偏遠。二、特殊偏遠。三、偏遠。」根據教育部統計處 108 學年度的資料，三種類別之偏遠地區國中及國小校數計 1,151 所，占全臺灣地區校數之比率已逾三成（盧延根，2021）。

貳　穩定教師的措施

偏遠地區學校的問題之一是教師調動或離職頻繁，導致師資流動性太高，爲改善此現象本法有以下的規定。第 5 條第 1 項規定：「偏遠地區學校編制內合格專任教師，得以下列方式之一聘任：一、聯合甄選。二、介聘。三、接受公費生分發。四、專爲偏遠地區學校辦理之甄選。」

一、在同一學校服務六年

第 5 條第 2 項規定：「前項第 3 款及第 4 款情形，教師係接受偏遠地區學校聘任者，應實際服務六年以上，始得提出申請介聘至非偏遠地區學校服務。但有下列情形之一者，不在此限⋯⋯。」第 3 項規定：「前項所稱實際服務六年，指實際服務現職學校期間扣除各項留職停薪期間所計算之實際年資。但育嬰或應徵服兵役而留職停薪期間之年資，得採計至多二年。」而「應實際服務六年以上」是指在同一學校實際服務至少六年。以公費生分發及專爲偏遠地區學校辦理之甄選而進入偏遠地區學校任教者，必須服務滿六年才能申請介聘。

二、提供公費生名額

本條例第 6 條規定：「爲保障偏遠地區學校師資之來源，各師資培育之大學應保留修習師資職前教育課程一定名額予偏遠地區學生，並得依偏遠地區學校師資需求，由中央主管機關會商地方主管機關，提供公費名額或設師資培育專班。」

三、招考專聘教師

確保偏遠地區學校師資的另一項做法是招考專聘教師，第 7 條規定：「1 偏遠地區學校⋯⋯甄選合格專任教師，確有困難者，主管機關得控留所轄偏遠地區學校教師編制員額三分之一以下之人事經費，由主管機關採公開甄選方式，進用代理教師或以契約專案聘任具教師資格之教師（以下簡稱專聘教師），聘期一次最長二年；其表現優良，經教師評審委員會審

核且報主管機關同意者，由學校校長再聘之；⋯⋯。2 中央主管機關應全額補助師資培育之大學開設第二專長學分班，提供現職之專聘教師第二專長訓練。3 專聘教師連續任滿六年，且依前項取得第二專長，表現優良者，得一次再聘六年或依其意願參加專任教師甄選，並予以加分優待。」第 8 條則針對：「1 前條第 1 項代理教師表現優良，經教師評審委員會審查通過後，得再聘之；⋯⋯。2 前條未具教師資格之現職代理教師，最近三年內於偏遠地區學校實際服務滿四學期，且表現優良者，得參加由中央主管機關全額補助師資培育之大學辦理之高級中等以下學校及特殊教育學校（班）師資類科師資職前教育課程。」依據《聯合報》（2023.9.21）報導，條例中特別設計「專聘教師」制度，提供比一般代理教師更優渥的待遇，希望把老師留在偏鄉，但是如今臺灣的專聘老師數是零。本條例第 7、8 條明定，由「主管機關」招考的偏鄉代理教師，若表現優良得一再續聘、獲補助進修師培課程，曾辦過代理教師甄選的「主管機關」（即縣市政府）屈指可數，多數都是「由學校自行招考」，因而無法享有條例中的進修、公假等權益。

四、教師的福利措施

其他的福利措施為提供宿舍及久任獎金。第 18 條第 1 項規定：「主管機關於偏遠地區學校提供住宿設施，供教職員工生住宿者，得減、免收宿舍管理費、使用費、租金；⋯⋯。」第 20 條第 1 項鼓勵非偏遠地區教師至偏遠地區任教：「校長及教師在非偏遠地區學校服務成績優良且自願赴偏遠地區學校服務，應給予特別獎勵；其辦法，由中央主管機關定之。」第 21 條規定：「1 偏遠地區學校校長、教師，依教師待遇條例給與鼓勵久任之獎金及其他激勵措施；⋯⋯。2 偏遠地區學校專聘教師、代理教師、專業輔導人員及社會工作人員，準用前項規定給與鼓勵久任之獎金及其他激勵措施。」依據《公立學校教師獎金發給辦法》（2020）第 3 條規定，偏遠地區學校教師久任獎金如下：「一、偏遠地區學校教師：服務屆滿八年，每人一次發給獎金新臺幣 7 萬元；服務屆滿十一年，每人一次發給獎金 11 萬元。二、特殊偏遠地區學校教師：服務屆滿八年，每人

一次發給獎金新臺幣 10 萬元；服務屆滿十一年，每人一次發給獎金 15 萬元。三、極度偏遠地區學校教師：服務屆滿八年，每人一次發給獎金新臺幣 15 萬元；服務屆滿十一年，每人一次發給獎金 22 萬元。」

 ## 參　中央補助學校經費

為讓偏遠地區學校有比較充足的辦學經費，第 9 條規定中央給予學校的經費補助：「1 主管機關為協助偏遠地區學校，應考量實際需要優先採取下列措施：一、建設學校數位、藝文、體育、圖書及其他基礎設施。二、補強學校教育、技能訓練所需之教學設備、教材及教具。三、協助學生解決就學及通學困難。四、提供學生學習輔導及課後照顧。五、加強教職員工生衛生保健服務。六、合理配置教師、行政人員、護理人員、專業輔導人員及社會工作人員，並協助其專業發展。七、提供教職員工生住宿設施或安排適當人力等措施。2 前項所需經費，中央主管機關應依地方政府財力級次及偏遠地區學校級別優予補助，並應專款專用。」

肆　不受相關法規限制

為讓偏遠地區學校辦學具有彈性，本條例部分條文賦予彈性措施，不受既有法規限制。第 10 條規定：「1 主管機關就偏遠地區學校之組織、人事及運作，得依下列規定為特別之處理，不受國民教育法及高級中等教育法之限制：一、行政組織依需要彈性設置。二、校長任期一任為四年，其遴選及聘任程序，……得連任二次。三、高級中等以下學校，就特定專長領域，跨同級或不同級學校，聘任合聘教師或巡迴教師。四、混齡編班或混齡教學；其課程節數，不受課程綱要有關階段別規定之限制。五、高級中等學校得辦理國中部學生校內直升入學，或辦理優先免試入學。」

第 10 條第 2 項規定：「前項第 3 款之合聘或巡迴方式及其聘任辦法，由中央主管機關定之。」教育部訂定《偏遠地區學校合聘教師及巡迴教師聘任辦法》（2018）第 2 條規定：「……特定專長領域，指學習節數不

足聘任專任教師一人之領域（或科目、學科、群科）。」第 3 條規定：
「合聘教師專任之學校為主聘學校，其他合聘學校為從聘學校；巡迴教師
專任之學校為中心學校，其他巡迴服務學校為從屬學校；合聘教師及巡迴
教師服務之學校，以不超過三校為原則。」第 7 條第 1 項規定：「合聘教
師及巡迴教師實際服務三年以上，……，始得申請轉任為主聘學校或中心
學校之一般專任教師，免擔任合聘教師或巡迴教師。」

　　本條例第 22 條第 1 項規定：「地方主管機關應協助偏遠地區國民小
學附設幼兒園；附設幼兒園招收幼兒仍有餘額者，得招收當學年度滿二歲
之幼兒，不受幼兒教育及照顧法有關幼兒與教保服務人員比例及教保服務
人員配置規定之限制；……。」

伍　行政減量及寬列教師人力

　　由於偏遠地區學校教師人數少，每人要負擔行政工作，因此影響到教
師的教學，第 14 條規定簡化行政：「主管機關應簡化學校之行政流程、
監督管理及評鑑作業，降低學校行政負擔；必要時，行政業務得指定學校
集中辦理，並合理調配人力。」行政減量的做法可透過小學校之間的「結
盟、協作」，以分擔行政工作，舉凡營養午餐採購、教師研習，結盟的小
校可商議輪流辦理。

　　第 11 條則規定教師基本員額：「1 偏遠地區國民中學及國民小學，
除置校長及必要之行政人力外，其教師員額編制，應依教師授課節數滿足
學生學習節數定之。2 偏遠地區國民小學全校學生人數未滿 50 人且採混
齡編班者，除置校長及必要之行政人力外，其教師員額編制，得以生師
比五比一計算。但教師員額最低不得少於 3 人。3 依前項規定採混齡編班
者，其屬以班級數計算預算編列或補助基準者，仍應依混齡編班前之班級
數核算。4 第 1 項增加員額編制衍生之地方主管機關所屬偏遠地區學校教
師人事費用，由中央主管機關補助其超過基本編制員額部分之薪給。5 地
方主管機關應以國民中學學區為範圍，於偏遠地區學校置專業輔導人員或
社會工作人員；其進用人數、工作內容、資格順序、補助及其他相關事項

之辦法，由中央主管機關定之。」

鼓勵尋求社會資源

　　許多民間團體如博幼基金會、永齡希望小學、為臺灣而教（Teach for Taiwan, TFT）、願景希望工程等，會提供偏遠地區學校的課後輔導，因此在第 16 條鼓勵學校多尋求這些資源的協助：「1 偏遠地區學校應結合家長、非營利組織及大專校院，對學習需協助之學生，落實預警及輔導，並提供符合學生學習進度之多元補救教學方式與內容及訂定學習輔導相關措施。2 前項措施為國語（文）、英語（文）及數學之補救教學者，……。3 ……提供學生學習活動及兒童課後照顧服務；學校所需經費，中央主管機關得予以補助。」

自我評量

一、選擇題

(　) 1. 《偏遠地區學校教育發展條例》對於保障偏遠地區學校師資穩定有
多項規定，以下敘述何者有誤？ 　(A) 專任教師應實際服務滿六年
以上，始能申請介聘至非偏遠地區 　(B) 偏遠地區若甄選專任教師
確有困難，得甄選具教師資格者為「專聘教師」，聘期最長二年
(C) 專聘教師連續任滿六年者，得無條件直接再聘六年 　(D) 未具
教師資格的代理教師三年內在偏鄉服務滿四學期，可參加師資職前
教育課程，取得教師資格

(　) 2. 依《偏遠地區學校教育發展條例》規定，偏遠地區國民小學全校
學生人數未滿 50 人且採混齡編班者，除置校長及必要之行政人力
外，其教師員額編制，得以生師比多少比例來計算呢？ 　(A) 二比
一 　(B) 三比一 　(C) 四比一 　(D) 五比一

(　) 3. 某偏鄉國中全校只有三班計 18 名學生，依據現行《偏遠地區學校
教育發展條例》，下列敘述何者正確？ 　(A) 學校可以實施混齡編
班或教學，課程節數不受課程綱要規定之限制 　(B) 學校如實施混
齡編班或混齡教學，學校依規定要改名為「實驗學校」 　(C) 學校
的混齡班屬學校編制內合格教師缺額，不可以用聯合甄選方式聘用
(D) 學校如採混齡編班，學校預算或補助基準依班級數計算，經費
會被核減，對學校發展不利

(　) 4. 有關《偏遠地區學校教育發展條例》的規定，下列哪一項敘述錯
誤？ 　(A) 中央主管機關應每三年辦理全國偏遠地區教育會議 　(B)
偏遠地區學校應予分級；其分級及認定標準，由中央主管機關會商
原住民族委員會、地方主管機關訂定，並每三年檢討之 　(C) 接受
公費生分發與專為偏遠地區學校辦理之甄選合格專任教師，應實際
服務六年以上，始得提出申請介聘至非偏遠地區學校服務 　(D) 偏
遠地區國民小學全校學生人數未滿 50 人且採混齡編班者，除置校
長及必要之行政人力外，其教師員額編制，得以生師比六比一計算

(　) 5. 有關《偏遠地區學校教育發展條例》的規定，下列哪一項敘述是錯的？　(A) 地方主管機關應協助偏遠地區國民小學附設幼兒園　(B) 校長及教師在非偏遠地區學校服務成績優良且自願赴偏遠地區學校服務，應給予特別獎勵　(C) 中央主管機關應每三年辦理全國偏遠地區教育會議　(D) 偏遠地區學校應予分級；其分級及認定標準，由地方主管機關訂定

(　) 6. 王老師係在《偏遠地區學校教育發展條例》施行前取得公費生身分，分發至離島學校任教。今年他想轉任至非偏遠地區學校服務，申請轉任時所需符合服務年限資格條件之敘述，下列何者正確？　(A) 應實際服務六年以上　(B) 參加聯合甄選不受條件限制　(C) 不受離島建設條例規定之限制　(D) 服務年限依公費生行政契約辦理

(　) 7. 依《偏遠地區學校教育發展條例》規定，中央主管機關應鼓勵並補助偏遠地區學校辦理下列事項，下列何項並非鼓勵事項？　(A) 實施分組合作學習，確保學生學習成效　(B) 實施混齡編班、混齡教學或學校型態實驗教育　(C) 提供戶外教育，增進學生見聞　(D) 提供自主多元學習資源，增進學生自信

(　) 8. 依據《教育部國民及學前教育署補助辦理國民小學及國民中學學生學習扶助作業要點》之規定，主要篩選哪些科目（領域）？　(A) 國語文、數學、社會　(B) 國語文、數學、自然　(C) 國語文、數學、英語文　(D) 國語文、數學、自然、社會、英語文

(　) 9. 曉華今年 5 月參加學校學習扶助篩選測驗，符合參加學習扶助方案之條件。她是屬於哪一種性質之學生？　(A) 具特殊才能的學習者　(B) 需要充實教育的學習者　(C) 具所指定科目（領域）學習低成就者　(D) 具有平均程度以上但學習動機低落者

(　) 10. 教育部積極辦理教育優先區與補救教學計畫，以照顧弱勢族群學生，此概念呼應羅爾斯（John Rawls）正義理論中的哪一個原則？　(A) 積極原則　(B) 接近原則　(C) 自由原則　(D) 差異原則

參考答案

| 1.C | 2.D | 3.A | 4.D | 5.D | 6.D | 7.A | 8.C | 9.C | 10.D |

二、問答題

1. 重視偏鄉教育與縮短城鄉教育落差，為當前重要教育政策之一，請分析偏鄉教育遭遇的困境，以及改善偏鄉教育品質的重要做法。

2. 立法院於 2017 年通過《偏遠地區學校教育發展條例》，立法目的乃在協助偏遠地區學校解決辦學困境，以保障學生受教權益。試就該條例中之強化偏遠地區學校教育措施、彈性運用人士，及提高教師福利措施等規定加以說明，並分析其對偏遠地區學校未來發展經營之影響。

3. 媒體報導（王韻齡，2017）根據調查研究發現：偏鄉正式老師平均年資不到五年，代課老師更是一年一換，從正式老師到代理教師都缺人。主科之外，音樂、美術、體育最缺老師，因此多數的偏鄉老師只能被迫非專長授課，相對的教學負擔加重，教學品質也就低落；在少子化之下，各地方政府做員額控管，都保留至少 5% 的比例，不聘用正式老師，最多的缺額永遠留在偏鄉，惡性循環下造成行政負擔也重，更加速了教師外流的速度。經由《偏遠地區學校教育發展條例》的立法通過，未來偏鄉的孩子不用年年問：「老師，你會不會回來？」
問題：你認為偏遠地區學校是否能夠因此條例而招聘到教師並且留住教師？請說明理由。

第十一章

中小學教學正常化

　　監察院（2021）調查教育部實施國民中學教學正常化措施現況，經查教育部與各地方政府辦理相關視導工作，22 縣市未完全合格率平均達 58.78%，僅有 8 縣市低於 50%，且私立國中更高達 73.53%。教育部因長期政策督導不力，故「借課嚴重」、「暑假及課後輔導上新進度」、「強制學生參加課後輔導與暑期輔導」、「公開學生排名」、「未依規定常態編班」等牴觸教育理念之問題持續存在，致教學不正常成常態，損及學生多元學習、身心健全發展與公民能力養成等基本權益，涉有嚴重怠失。監察院通過葉大華委員提案，糾正教育部。教育部力推教學正常化已有四十多年，並在 2013 年通過《國民中小學教學正常化實施要點》（2022），明確訂定編班、課程規劃、教學活動、評量的相關法規，希望各級學校教育能擺脫以升學爲唯一導向的思維，回歸著重學生的發展權、休息權、隱私權，培養多元學習、獨立思考的能力。但是監察院的調查報告，揭露出校園仍以升學主義領導教學、違法借課、強迫上第八節、早自習被用來考試等《朱慧雯，2022》。在高級中等學校教學正常化方面，教育部亦發函各校，依據《十二年國民基本教育課程綱要》（2014）及《教育部主管高級中等學校學生在校作息時間規劃注意事項》（2022）實施課程教學、學生課業輔導及在校作息活動，例如：取消早自修、朝會升旗每週一次、第一節課之前不能實施評量等。另依《高級中等學校課業輔導實施要點》（2024）規定，學校實施課業輔導，應由學生自由參加、檢附家長同意書、不得提前講授課程進度等。2024 年教育部依《國民教育法》第 39 條第 3 項的規定：「直轄市、縣（市）主管機關爲落實學校正常教學，應建立督導機制，指派督導人員實地視導；其督導方式、範圍、獎懲及其他相關事項之辦法，由中央主管機關定之。」訂定《國民小學及國民中學正常教學督導辦法》（2024）。爲了督導中小學教學正常化，教育部國教署還訂有相關獎懲規定，頗有雷厲風行之勢。反對者認爲文憑主義是升學幽靈不死的關鍵，校務經營未能完全落實教學正常化的案例，除了升學壓力與家長期待，更有學校師資與課程能否相應協作的原因，作爲主管機關不能提出對策，卻只能不斷的要求學校，甚至不惜訂定匪夷所思的各種規範（羅德水，2022）。

第一節　課程、教學與評量法規

　　學校設立之後，就要開始運作，學校的設施設備要符合《國民教育法》第 42 條的規定，其規定為：「學校設施設備基準，由中央主管機關定之。直轄市、縣（市）主管機關亦得視實際需要，另定適用於該地方之基準，報中央主管機關備查。」教育部訂有《國民小學及國民中學設施設備基準》（2019），該辦法規定校地面積、校舍建築空間、校舍數量、學校設備等內容。教育部亦訂有《各級學校學生學年學期假期辦法》（2014），規範學校的上課日數，該辦法第 2 條規定：「各級學校以每年八月一日為學年之始，翌年七月三十一日為學年之終。……。」第 3 條規定：「一學年分為二學期，分別以八月一日至翌年一月三十一日、二月一日至七月三十一日各為一學期。」但是學生又有寒暑假，因此第 4 條規定：「各級學校暑假、寒假日數及起訖日期，依下列之規定：一、暑假：以六十日為限（起七月一日，訖八月二十九日）。二、寒假：以二十一日為限（起一月二十一日，訖二月十日）。」依此法規八月三十日學生就要準備開學。學校的運作主要以「課程教學與評量」為主，因此《國民教育法》（以下簡稱本法）第七章是有關國中小學的「課程、教學及學習評量」，從中延伸出幾項子法及相關法規，構成高級國中小學的運作輪廓。

 ## 壹　課程與教科書

　　本法第 34 條第 1 項規定：「中央主管機關應訂定國民中小學課程綱要及其實施之有關規定，作為學校規劃及實施課程之依據；學校規劃課程並得結合社會資源充實教學活動。」條文中的有關規定是指《十二年國民基本教育課程綱要總綱》（2014）（簡稱《總綱》）所規定的各教育階段領域課程上課節數、學分數來排定課表。至於各領域或科目的課程綱要，則依第 2 項規定進行審議：「國民中小學課程綱要之研究發展及審議，準用高級中等教育法之相關規定。」《總綱》在國小及國中教育階段的課程規劃，將課程類型區分為兩大類：部定課程與校訂課程。部定課程即領域

學習課程，校訂課程即彈性學習課程，其中領域學習課程第 2 點規定：「在符合教育部教學正常化之相關規定及領域學習節數之原則下，學校得彈性調整或重組部定課程之領域學習節數，實施各種學習型式的跨領域統整課程。跨領域統整課程最多占領域學習課程總節數五分之一，其學習節數得分開計入相關學習領域，並可進行協同教學。」教育部據此訂定《國民中學及國民小學實施跨領域或跨科目協同教學參考原則》（2017）。校訂課程由學校自行規劃辦理全校性、全年級或班群學習活動，以強化學生適性發展，內容包含跨領域統整性主題 / 專題 / 議題探究課程、社團活動與技藝課程、特殊需求領域課程、其他類課程如本土語文 / 新住民語文、服務學習等。《總綱》實施要點中訂有課程評鑑的規定：「1. 各該主管機關應建立並實施十二年國民基本教育課程評鑑機制，以評估課程實施與相關推動措施成效，運用所屬學校及各該主管機關課程評鑑過程與成果資訊，回饋課程綱要之研修，並且作爲課程改進之參考；……。」教育部據此訂有《國民中學及國民小學實施課程評鑑參考原則》及《高級中等學校課程評鑑實施要點》供學校進行課程自我評鑑之依據。

　　本法第 38 條則是規定國中階段開設選修性質的技藝教育學程：「1 爲適應學生個別差異、學習興趣及需要，學校應提供技藝課程選習，加強技藝教育。2 國民中學三年級學生，應在自由參加之原則下，由學校提供技藝課程選習，並得採專案編班方式辦理；其實施辦法，由中央主管機關定之。」第 41 條爲有關彈性課程的規定：「直轄市、縣（市）主管機關及學校，應爲復學之中途輟學學生，規劃彈性課程及多元輔導措施，協助其適應學校教育課程。」

　　民間的教科書商再依據課程綱要編輯教科書，再送教育部國家教育研究院審查。本法第 35 條規定：「1 學校教科用書，以由民間編輯爲原則，必要時，得由中央主管機關編定之。2 學校教科用書之編輯、審定，皆應符合現行法令與於我國具有效力之國際公約，國家教育研究院並應辦理相關研習或培訓予學校教科用書之編輯人員及申請教科用書審定者。3 學校教科用書由國家教育研究院審定；……。」而各校教科書的選用則

依第 4 項規定辦理：「學校教科用書應由各校公開選用；其選用規定，由學校訂定，經校務會議通過後實施。」為減輕學生的負擔，第 36 條第 2 項規定：「前項學校藝能及活動科目之教科用書，應免費借用予需要之學生。」

貳　教學

　　本法與教學有關的條文為第 37 條辦理戶外教學及職業試探活動，以及第 39 條的編班方式。第 37 條規定：「1 為豐富學生經驗及強化與真實情境連結，學校應推動走出課室，提供學生探究、實作與體驗課程；其推動之經費來源、收費基準、單位人員分工與權責、風險管理及其他相關事項之自治法規，由直轄市、縣（市）主管機關定之。2 學校應規劃辦理學生自我認識及職業試探生涯發展教育活動，依其能力、性向、興趣及其他需要，提供適性輔導，協助其進路選擇。」第 39 條規定：「1 學校各年級應實施常態編班；為兼顧學生適性發展之需要，得實施分組學習；其編班與分組學習、違反規定之處理及其他相關事項之準則，由中央主管機關定之；直轄市、縣（市）主管機關得依準則，訂定補充規定。2 規模較小之學校，為增進學生學習成效，得實施混齡教學或混齡編班；其實施方式及其他相關事項之辦法，由中央主管機關定之。」教育部分別訂定《國民小學及國民中學常態編班及分組學習準則》（2023）（簡稱《編班準則》）、《國民小學與國民中學混齡教學及混齡編班實施辦法》（2023）（簡稱《混齡編班辦法》）。

　　《編班準則》第 2 條規定：「公私立國民小學及國民中學之編班及分組學習，除特殊教育法、藝術教育法或其他法律另有規定外，依本準則之規定。」第 5 條第 1 項規定：「直轄市、縣（市）主管機關應成立國中小常態編班推動委員會，負責推動國中小之常態編班。」第 6 條規定常態編班的方式：「1 國中小學生之編班，由直轄市、縣（市）主管機關辦理或由其指定學校或核定各校自行辦理；其編班方式如下：一、國民中學（以下簡稱國中）新生之編班得採測驗再依成績高低順序以 S 型排列，或採

公開抽籤方式，或採電腦亂數方式為依據，分配就讀班級。二、國小新生之編班得採公開抽籤方式，或採電腦亂數方式為依據，分配就讀班級。三、國小二年級、四年級、六年級與國中二年級、三年級因增減班需重新編班，或國小三年級、五年級需重新編班者，得採測驗再依成績高低順序以 S 型排列，或採公開抽籤方式，或採電腦亂數方式為依據，分配就讀班級。四、編班後補報到之新生或轉學生，優先編入學生人數較少之班級；班級人數相同時，採公開抽籤方式分配就讀班級。因身心障礙學生就讀普通班減少之班級人數，應併入該班人數計算。……。3 學校於各班學生編班作業完成後，應立即將學生編班名冊（包括就讀班級及姓名）於校內公告至少十五日，並自公告日起七日內以公開抽籤方式編配導師（級任教師），抽籤時應邀請學校教師會代表（無教師會者，由年級教師代表）及學生家長會代表出席。」第 8 條規定分組學習的方式：「1 國中小之分組學習，以班級內實施為原則。但國中二年級、三年級得就下列領域，以二班或三班為一組群，依學生學習特性，實施年級內之分組學習：一、國中二年級得就英語、數學領域，分別實施分組學習。二、國中三年級得就英語、數學、自然科學領域，分別實施分組學習；其中數學及自然科學領域，得合併為同一組。……。」第 9 條規定：「國中小辦理社團活動時，得不受本準則之限制，不同年級、班級之學生得自由參加，……。」第 12 條規定：「公立國中小實施常態編班及分組學習情形應列為校務評鑑、校長成績考核及校長遴選之重要參據，學校違反本準則規定者，校長及學校相關人員應依法令規定議處。」

　　《混齡編班辦法》適用於規模較小學校，例如：國民小學全校學生人數未滿 50 人，國民中學全校學生人數未滿 25 人。第 4 條規定：「實施混齡教學或混齡編班之合班人數，以不超過 16 人為原則。」第 7 條規定：「教師實施混齡教學者，其授課節數計算方式如下：一、由教師 1 人實施者，每節混齡教學節數至少以 1.5 倍計算實際授課節數；其合計不足一節者，以一節計算。……。」

學習評量

　　本法有關學習評量的規定為第 40 條：「1 學生之學習應予評量，其評量內容、方式、原則、違反規定之處理及其他相關事項之辦法，由中央主管機關定之；直轄市、縣（市）主管機關應依該辦法，訂定學生學習評量相關補充規定。2 學校學生修業期滿，符合前項辦法規定且成績及格者，由學校發給畢業證書。3 國民中學學生除經直轄市、縣（市）主管機關核准者外，應參加中央主管機關會同直轄市、縣（市）主管機關辦理之國中教育會考；其辦理方式於第 1 項辦法定之。4 中央主管機關為辦理國中教育會考，……。」教育部依第 1 項規定訂定《國民小學及國民中學學生學習評量辦法》（2024）（以下簡稱《評量辦法》），有關評量的重要規定摘述如下。

　　《評量辦法》第 3 條規定：「國民中小學學生學習評量，應依領域學習課程、彈性學習課程及日常生活表現，分別評量之；其評量範圍及內涵如下：一、領域學習課程、彈性學習課程：……。二、日常生活表現：評量範圍及內涵，包括學生出缺席情形、獎懲紀錄、團體活動表現、品德言行表現、公共服務及校內外特殊表現等。」第 7 條規定：「1 國民中小學學生學習評量時機，分為平時評量及定期評量兩種。2 領域學習課程評量，應兼顧平時評量及定期評量；彈性學習課程評量，應以平時評量為原則，並得視需要實施定期評量。3 前項平時評量中紙筆測驗之次數，於各領域學習課程及彈性學習課程，均應符合第 4 條第 4 款最小化原則；定期評量中紙筆測驗之次數，國民小學一年級及二年級，每學期至多二次，國民小學三年級至國民中學三年級，每學期至多三次。4 學生因故不能參加定期評量，經學校核准給假者，得補行評量；其成績以實得分數計算。5 日常生活表現以平時評量為原則，評量次數得視需要彈性為之。」

　　第 10 條規定評量結果的記錄方式：「1 國民中小學學生領域學習課程及彈性學習課程之平時及定期學習評量結果，應依評量方法之性質以等第、數量或質性文字描述記錄之。2 前項各領域學習課程及彈性學習課程之學習評量，至學期末，應綜合全學期各種評量結果紀錄，參酌學生人格

特質、特殊才能、學習情形與態度等，評量及描述學生學習表現，並得視需要提出未來學習之具體建議。3 領域學習課程之評量結果，應以優、甲、乙、丙、丁之等第，呈現各領域學習課程學生之全學期學習表現；其等第與分數之轉換如下：一、優等：九十分以上。二、甲等：八十分以上未滿九十分。三、乙等：七十分以上未滿八十分。四、丙等：六十分以上未滿七十分。五、丁等：未滿六十分。前項等第，以丙等為表現及格之基準……。」

　　第 11 條規定評量結果的通知：「1 學校就國民中小學學生領域學習課程、彈性學習課程及日常生活表現之學習評量紀錄及具體建議，每學期至少應以書面通知學生及其法定代理人一次。2 學校得公告說明學生分數之分布情形。但不得公開呈現個別學生在班級及學校排名。……。」此條文規定不能公布學生在班級內及全校的排名。第 17 條規定國中舉辦的模擬考次數：「國民中學及其主管機關為輔導學生升學或協助學生適應教育會考之程序、題型及答題方式，得辦理模擬考，其辦理次數，全學期不得超過二次。模擬考成績不得納入學生評量成績計算；相關處理原則，依中央主管機關之規定……。」

　　第 13 條有關學生是否發給畢業證書的規定：「1 國民中小學學生修業期滿，符合下列規定者，為成績及格，由學校發給畢業證書；未符合者，發給修業證明書：一、出席率及獎懲：學習期間授課總日數扣除學校核可之公、喪、病假及直轄市、縣（市）主管機關規範之假別，上課總出席率至少達三分之二以上，且經獎懲抵銷後，未滿三大過。二、領域學習課程成績：㈠國民小學階段：……七領域有四大領域以上，其各領域之畢業總平均成績，均達丙等以上。㈡國民中學階段：……八領域有四大領域以上，其各領域之畢業總平均成績，均達丙等以上。」

第二節　落實教學正常化法規

教育部為落實教育正常發展，特訂定《國民中小學教學正常化實施要點》（2022）（以下簡稱《實施要點》），接著又公布《國民小學及國民中學正常教學督導辦法》（2024）（以下簡稱《督導辦法》），要求「直轄市、縣（市）主管機關應訂定正常教學視導計畫，並依計畫組成視導小組，至其轄區內國民中小學實地視導。」督導國中小學貫徹教學正常化的規定。至於高中的教學正常化，目前的依據是「教育部主管高級中等學校教學正常化自我檢核表」所列出的相關法規，但教育部並未訂定教學正常化實施要點，這方面尚缺法律的授權。以下僅就國中小部分做詳細地探討。

 ## 壹　教學正常化的範圍

依《實施要點》第 3 點的規定，教學正常化的範圍包含以下項目：

一、編班正常化

學校學生之編班及導師編派，除《特殊教育法》、《藝術教育法》或其他法律另有規定外，應依《國民小學及國民中學常態編班及分組學習準則》之規定辦理。高中則是依據《高級中等學校學生編班及轉班作業原則》辦理。

二、課程規劃及實施正常化

學校各學習領域之課程實施及學習節數等，應依課綱之規定辦理。如辦理正式課程外之課後輔導、寒暑假學藝活動及留校自習、社團活動等，應依《實施要點》辦理。高中階段則是依據課綱及《高級中等學校課程規劃及實施要點》辦理。

三、教學活動正常化

　　學校教師應以專長授課爲原則，依課綱規定及課表授課，教學內容並能落實課綱之精神與內涵。高中階段需依《教育部主管高級中等學校學生在校作息時間規劃注意事項》訂定學生在校作息時間相關規定，並經校務會議通過。

四、評量正常化

　　應依《國民小學及國民中學學生成績評量準則》（現稱《國民小學及國民中學學生學習評量辦法》）、《國民中學及其主管機關辦理升學或國中教育會考模擬考試處理原則》及《高級中等學校學生學習評量辦法》之規定辦理。

 ## 教學正常化的重要規定

　　依《實施要點》第4點實施策略的規定，教育部要求學校爲達成正常教學目標，應針對教學正常化研擬具體措施、訂定計畫，並於學校網站首頁適度公布相關資料，以落實校本督導與查核機制。教育部對國中小教學正常化做了下列的規定：

一、編班正常化

　　依《國民小學及國民中學常態編班及分組學習準則》規定落實常態編班。

二、課程規劃與實施正常化

　　㈠依課綱規定安排課程，並督導教師依課程計畫及課表等規定授課，教學內容並能落實課綱之精神與內涵。
　　㈡定期召開學校課程發展委員會與領域教學研究會，落實課程規劃及研討等功能，並應要求配課教師參加配課領域（科目）之教學研究會。

㈢課後輔導及寒暑假學藝活動應以自由參加為原則，課程內容以復習為主，不得為新進度之教授。課後輔導每日不超過下午五時三十分，且不得於週末或節日辦理；寒暑假學藝活動應於週一至週五上午辦理。

㈣留校自習應以自由參加為原則，不得收費，且不得用於上課或考試，並需有學校行政人員、教師或家長在場督導，負責安全、秩序之維護。

㈤應積極開辦各類自由參加之社團活動，以提供學生多元之學習經驗，並擬訂相關辦法，其社團活動之經費管理及支用應遵守會計相關規定，並不得以營利方式辦理各類才藝班。

三、教學活動正常化

㈠應訂定各領域（科目）之教師員額編制表，依教師持有之領域（科目）專長教師證書安排課程教學及活動，並優先聘用配課節數較多的領域（科目）之專業師資。

㈡排課與配課應考量教師專業、意願與備課負擔，如有配課需要，同一位教師應長期配同一領域或科目，且每位教師之配課以不超過二門為原則，且應避免同班考科任課教師配課藝術、綜合活動、科技及健康與體育領域之課程。

㈢建立學校本位進修機制，鼓勵教師在職進修，對於未具專長之教師，並應依其專業成長需求提供優先進修之機會，透過教學研究會、自辦研習或應用國民教育輔導團等校外資源協助其增能。

㈣督導教師不得於校內從事不當補習，或於校外補習班兼課或不當補習。

㈤學校及教師不得要求學生購買參考書或測驗卷，並不得以參考書為教學內容，指定之家庭作業亦不得為參考書或測驗卷之內容。

四、評量正常化

㈠學校應訂定實施學生成績評量之規範，並依國民小學及國民中學學生成績評量準則及國民中學及其主管機關辦理升學或國中教育會考模擬

考試處理原則等規定辦理學生之成績評量。

㈡督導教師依據課程計畫之教學目標與進度命題，不得採用出版商之試卷實施學生成績評量，若參考其他資料命題，應進行轉化，不宜原文照錄。

㈢督導教師實施多元評量、定期評量等應落實審題機制與迴避原則，確實掌握評量之品質。

㈣學生成績評量不得於上午第一節課前、課間、中午休息或課後輔導時間辦理。

 參　督導方式

　為積極落實十二年國民基本教育之國中教學正常化、適性輔導及品質提升方案，教育部國教署訂定《國民中學教學正常化視導實施計畫》，規範直轄市、縣（市）主管機關於每學年度結束前，對行政轄區內公私立國民中學至少完成一次督導，並將視導結果於該學年度結束前報教育部國教署備查，但由於對督導形式並未規範，以致直轄市、縣（市）主管機關督導方式及程序不一，教育部於 2024 年訂定《國民小學及國民中學正常教學督導辦法》建立督導機制。其做法如下：

一、學校自主檢核

　《督導辦法》第 3 條規定：「國民中小學應訂定正常教學自主檢核方式，並定期進行自主檢核。……；國民中學應於每學年開學前，將檢核結果公告於學校網站。」學校平日應落實要求學生每日詳實填寫教室日誌、建立巡堂機制，巡堂時並應詳實記錄教師授課情況、學生學習及違規事件等。

二、組成視導小組

　第 4 條規定：「直轄市、縣（市）主管機關應訂定正常教學視導計畫，並依計畫組成視導小組，至其轄區內國民中小學實地視導。……。」

三、進行教學視導

第 5 條規定：「1 前條正常教學視導，應依下列方式辦理：一、國民小學：每學年抽查一定比率校數，對學校進行實地視導；必要時，並得加強視導。二、國民中學：每學年完成對學校實施一次實地視導；必要時，並得增加視導次數。2 前項實地視導，應以無預警方式辦理。但因學校距離、行事曆安排考量，得於視導人員到校前一小時三十分鐘內通知學校。」

四、實地視導之程序

第 6 條規定視導程序：「1 直轄市、縣（市）主管機關實地視導之程序如下：一、資料審閱。二、課堂巡查。三、向學生、教師代表問卷調查或與之晤談。四、與學校行政人員座談。2 視導人員為前項第 1 款至第 3 款所定視導程序時，發現學校未符合第 2 條規定者，應於前項第 4 款座談時確認之。3 視導人員，應對第 1 項第 3 款問卷調查及晤談內容，予以保密。」

第 11 條規定：「中央主管機關得就直轄市、縣（市）主管機關轄區內之國民中小學，抽查一定比率校數，進行實地訪視。」

五、督導改善

第 7 條規定：「直轄市、縣（市）主管機關於實地視導結束後，應將未符合第 2 條規定之事項，通知學校限期改善，並督導其改善。」

 獎懲措施

《實施要點》的第 5 點列出兩項獎懲措施，各主管機關所訂定的計畫當中，列有明確的獎懲方式，以下分別說明之。

一、教育部對主管機關的獎懲

㈠地方政府及學校之辦理情形，列入本署對地方政府教育統合視導項目，及本署增減國民中學及國民小學人事、課程及教學等相關補助計畫經費之重要依據。

㈡地方政府應針對公私立國民中學及國民小學訂定相關獎懲規定，對督導教學正常有具體表現或對教學有特殊優良事實之教育人員，應從優敘獎；違反相關規定或未據以落實教學正常之校長、學校行政人員及教師，經限期改善而屆期仍未改善者，應依規定議處，私立學校得依私立學校法規定處分。

二、主管機關對學校的獎懲

以《112 學年度臺中市國民中學教學正常化視導實施計畫》為例，第 5 點為：……依視導結果予以獎勵或依規定議處：

㈠視導結果評為完全落實及絕大部分落實之學校，將從優敘獎，建議獎勵額度如下：校長小功一次、其他相關人員嘉獎二次（至多三名）。

㈡違反相關規定或未據以落實教學正常化之校長、學校行政人員及教師，經限期改善而屆期仍未改善者，國教署規定將依《公立高級中等以下學校校長成績考核辦法》及《公立高級中等以下學校教師成績考核辦法》落實考核，私立學校並應落實依《私立學校法》第 55 條，視情節輕重予以處分。

自我評量 ....

一、選擇題

(　) 1. 教育部為期能貫徹國中常態編班政策，保障學生受教權益，公布《國民小學及國民中學常態編班及分組學習準則》，其依據之法源為何？　(A) 教育基本法　(B) 國民教育法　(C) 中學教育法　(D) 教育人權法

(　) 2. 依據《國民中小學教學正常化實施要點》規定，下列哪項不是辦理評量正常化的作為？　(A) 學校應訂定實施學生成績評量之規範　(B) 督導教師實施紙筆多元評量　(C) 學生成績評量不得於課間或中午休息時間辦理　(D) 督導教師依據課程計畫之教學目標與進度命題

(　) 3. 下列哪項不是《國民中小學教學正常化實施要點》提到的教學活動正常化作為？　(A) 訂定各領域（科目）之教師員額編制表　(B) 排課與配課應考量教師專業、意願與備課負擔　(C) 學校及教師得要求學生購買參考書或測驗卷　(D) 督導教師不得於校內從事不當補習

(　) 4. 學校依《國民中小學教學正常化實施要點》辦理社團活動，是屬於該要點中的哪一個實施要項？　(A) 編班正常化　(B) 課程規劃及實施正常化　(C) 教學活動正常化　(D) 評量正常化

(　) 5. 依據《國民小學及國民中學常態編班及分組學習準則》規定，下列哪一項敘述是錯的？　(A) 公立國中小實施常態編班及分組學習情形應列為校務評鑑、校長成績考核及校長遴選之重要參據　(B) 常態編班係指於同一年級內，以隨機原則將學生安排於班級就讀之編班方式　(C) 國中小各年級應實施常態編班　(D) 國中小常態編班推動委員會委員，地方教師會代表、學生家長會代表各不得少於委員總人數之二分之一

(　) 6. 依《國民小學及國民中學常態編班及分組學習準則》規定，下列對於國中小新生編班方式的敘述何者正確？　(A) 國中小新生之編班由各校自行辦理者，不必通知全體新生家長參觀編班作業　(B) 國

中新生之編班得採測驗再依成績高低順序以 L 型排列　(C) 國小新生之編班不必採公開抽籤方式，或不必採電腦亂數方式為依據　(D) 編班後補報到之新生或轉學生，由原辦理單位採公開抽籤方式分配就讀班級

(　) 7. 依據現行《國民小學及國民中學學生成績評量準則》的規定，下列選項何者正確？甲、定期評量紙筆測驗之次數，每學期至多三次；乙、彈性學習課程評量應包括平時評量及定期評量；丙、學生在某領域學習課程之成績評量，若學期末的分數為七十分以上未滿八十分，則轉換成乙等；丁、評量應依領域學習課程、彈性學習課程評量，不包括日常生活表現　(A) 甲丙　(B) 乙丁　(C) 甲乙　(D) 丙丁

(　) 8. 有關《國民小學及國民中學學生成績評量準則》之規定，下列何者錯誤？　(A) 成績評量依學習領域及日常生活表現分別評量　(B) 成績評量紀錄，每學期至少應以書面通知家長及學生一次　(C) 成績評量視學生身心發展及個別差異採取紙筆、檔案及實作評量　(D) 以優、甲、乙、丙、丁呈現學習領域表現，並以乙等為表現及格基準

(　) 9. 國民中小學學生修業期滿，成績及格，由學校發給畢業證書。出席率及獎懲部分，須達到學習期間授課總日數扣除學校核可之公、喪、病假，上課總出席率至少達到多少比率，且經獎懲抵銷後，未滿三大過，才符合現行《國民小學及國民中學學生成績評量準則》之規定？　(A) 二分之一以上　(B) 三分之二以上　(C) 四分之三以上　(D) 五分之三以上

(　) 10. 在符合教育部教學正常化之相關規定及領域學習節數之原則下，學校得彈性調整或重組部定課程之領域學習節數，實施各種學習型式的跨領域統整課程。跨領域統整課程最多占領域學習課程總節數的比例為何？　(A) 二分之一　(B) 三分之一　(C) 四分之一　(D) 五分之一

參考答案

1.B　　2.B　　3.C　　4.B　　5.D　　6.D　　7.C　　8.D　　9.B　　10.D

二、問答題

1. 請依據《國民小學及國民中學常態編班及分組學習準則》說明常態編班及分組學習的定義，並指出國民中小學分組學習的原則、例外情況，以及學校實施分組學習必經的行政程序。

2. 教育部國民及學前教育署為督導各直轄市、縣（市）國民中學落實教學正常化，依國民中小學教學正常化實施要點視導學校，特訂「國民中學教學正常化視導實施計畫」。請問：

   (1) 在國民中小學教學正常化訪視實施計畫中，學校應於訪視前做好哪些準備供委員訪視？

   (2) 教學正常化訪視需準備的資料繁雜而大量，請問平時應如何規劃與應對？

3. 中央社（2023.11.8）報導臺南市某國中將學生成績的校排名，公然印在獎狀上。全國教育產業總工會（全教產）今天指出「校排名」是教育單位一直以來非常忌諱的事，像某國中這樣直接寫在獎狀上，已經明顯踩紅線。校方強調，學生只知道個人成績，沒有公布全部排名。教育局表示，經瞭解校方並未提供所有學生排名，會請學校檢討修正相關做法。教育部已請教育局立即查明情形，如有違規，應依相關規定考核，並督導學校立即改善。

   (1) 請問學校的做法違反哪項法規第幾條的規定？

   (2) 為何學校不可公開呈現學生考試的排名？請說出其理由。

第十二章

學生的輔導與管教

　　本章所要探討的是學校訓育制度的相關法規，學校教育不是只有知識的傳遞，如何讓學生身心得到健全發展亦是重要的教育目標。學校的行政業務，主要由學生事務處及輔導室承辦，而全體教師皆負有輔導與管教學生的責任。隨著兒童人權日益受到重視，聯合國於 1989 年通過《兒童權利公約》（Convention on the Rights of the Child，簡稱 CRC），我國於 2014 年《兒童權利公約施行法》，亦將公約之精神及內容納入《兒童及少年福利與權益保障法》（2021）。教育部亦著手修改與公約精神相牴觸之教育法規，以符合禁止歧視、兒童最佳利益優先考量、兒童的生存及發展權、兒童有表達意見的權利等四大原則（國家人權委員會，2024）。有關訓育制度的法規相當多，本章僅就《學生輔導法》（2014）、《學校訂定教師輔導與管教學生辦法注意事項》（2024）（以下簡稱《注意事項》）、《校園霸凌防制準則》（2024）詳加探討。

第一節 《學生輔導法》

　　教育部為了促使學校輔導工作法制化，2014 年公布《學生輔導法》，成為推動學校輔導工作之依據。2012 年組織再造後的教育部將訓育委員會改成「學生事務與特殊教育司」，國教署下也設學生事務及校園安全組，均為負責學校輔導的行政業務單位。而法規也明定各學校建置專任輔導教師、各縣市應設學生輔導諮商中心，並配備專任專業輔導人員。增加學校輔導專業人員的設置，可以因應各種不同學生問題及新興議題的輔導，例如：性別平等、性騷擾、性侵害、各類霸凌、中輟及轉銜輔導等（田秀蘭、盧鴻文，2018）。該法實施了近十年首次檢討修正，行政院院會通過教育部提出的「《學生輔導法》部分條文」修正草案，立法院已於 2024 年 11 月 29 日三讀通過。以下針對該法的重點作一探討。

壹　輔導組織

為推動學校輔導工作，主管機關及學校要設立以下的組織：

一、學生輔導諮商中心

本法第 4 條規定：「1 各級主管機關為執行學生輔導行政工作，應指定學生輔導專責單位或專責人員，辦理各項學生輔導工作之規劃及執行事項。2 高級中等以下學校主管機關應設學生輔導諮商中心，其任務如下：一、提供學生心理評估、輔導諮商及資源轉介服務。二、支援學校輔導嚴重適應困難及行為偏差之學生……。」

二、學生輔導諮詢會

第 5 條規定學生輔導諮詢會之召開及其任務與組成：「1 各級主管機關為促進學生輔導工作發展，應召開學生輔導諮詢會，其任務如下：一、提供有關學生輔導政策及法規興革之意見。二、協調所主管學校、有關機關（構）推展學生輔導相關工作之事項……。」「2 前項諮詢會置召集人 1 人，由各級主管機關首長擔任，其餘委員由各級主管機關首長就學者專家（應包括精神科醫師）、教育行政人員、學校行政人員（應包括輔導主任）、教師代表（應包括輔導教師）、家長代表、相關專業輔導人員、相關機關（構）或專業團體代表聘兼之；教育行政人員及學校行政人員代表人數合計不得超過委員總額之二分之一，任一性別委員人數不得少於委員總額三分之一……。」

三、學生輔導工作委員會

第 8 條規定學校內部設置學生輔導工作委員會：「1 高級中等以下學校應設學生輔導工作委員會，其任務如下：一、統整學校各單位相關資源，訂定學生輔導工作計畫，落實並檢視其實施成果。二、規劃或辦理學生、教職員工及家長學生輔導工作相關活動……。」「2 前項學生輔導工作委員會置主任委員 1 人，由校長兼任之，其餘委員由校長就學校行政主

管、輔導教師或專業輔導人員、教師代表、職員工代表、學生代表及家長代表聘兼之；任一性別委員人數不得少於委員總額三分之一。但國民中、小學得視實際情況免聘學生代表……。」

 ## 貳　輔導人力編置

　　學校設置專任輔導教師，其員額編制如第 10 條規定：「1 高級中等以下學校專任輔導教師員額編制如下：一、國民小學二十四班以下者，置 1 人，二十五班以上者，每二十四班增置 1 人。二、國民中學十五班以下者，置 1 人，十六班以上者，每十五班增置 1 人。三、高級中等學校十二班以下者，置 1 人，十三班以上者，每十二班增置 1 人。2 學校屬跨學制者，……應依各學制規定分別設置。」依據修法後第 10 條規定：「……一、國民小學二十班以下者，置 1 人，二十一班以上者，每二十班增置 1 人。二、國民中學十二班以下者，置 1 人，十三班以上者，每十二班增置 1 人。」高級中等學校編制沒變。

　　另依第 11 條規定設置專任專業輔導人員：「1 高級中等以下學校得視實際需要置專任專業輔導人員及義務輔導人員若干人，其班級數達五十五班以上者，應至少置專任專業輔導人員 1 人。2 高級中等以下學校主管機關應置專任專業輔導人員，其所轄高級中等以下學校數合計二十校以下者，置 1 人，二十一校至四十校者，置 2 人，四十一校以上者以此類推。3 依前二項規定所置專任專業輔導人員，應由高級中等以下學校主管機關視實際需要統籌調派之。」

 ## 參　學校輔導工作做法

　　法規中，對學校輔導工作的做法有以下的規定：

一、建置學生輔導三級體制

　　第 6 條規定：「1 學校應視學生身心狀況及需求，提供發展性輔

導、介入性輔導或處遇性輔導之三級輔導。2前項所定三級輔導之內容如下：……。」第7條規定：「1學校校長、教師及專業輔導人員，均負學生輔導之責任。……4學校執行學生輔導工作，必要時，得結合學生輔導諮商中心、特殊教育資源中心、家庭教育中心等資源，並得請求其他相關機關（構）協助，被請求之機關（構）應予配合。」全體教師的合作，以及善用社會資源，才能落實三級輔導。

　　為強化教師與專業輔導專責人員之輔導知能，第14條規定教師在職進修的時數，其中第3、4項規定：「3學校應定期辦理校長、教師及專業輔導人員輔導知能研習，並納入年度輔導工作計畫實施。4高級中等以下學校之教師，每年應接受輔導知能在職進修課程至少三小時；……。」

二、專責單位（人員）辦理學生輔導工作

　　第9條規定：「1學校應由專責單位或專責人員推動學生輔導工作，掌理學生資料蒐集、處理及利用，學生智力、性向、人格等測驗之實施，學生興趣成就及志願之調查、輔導及諮商之進行等事項。2前項學生輔導資料，學校應指定場所妥善保存，其保存方式、保存時限及銷毀，由中央主管機關定之。」依《學生輔導法施行細則》（2023）第10條規定：「1……學生輔導資料，學校應指定適當場所及人員保管，其保存方式得以書面或電子儲存媒體為之。2前項學生輔導資料之保存年限，應自學生畢業或離校後保存十年；已逾保存年限者，應定期銷毀，並以每年一次為原則；其銷毀方式，得準用機關檔案保存年限及銷毀辦法第13條規定辦理。」對於上述資料，輔導人員負保密義務，因此本法第17條規定：「1學生輔導工作相關人員，對於因業務而知悉或持有他人之秘密，負保密義務，不得洩漏。但法律另有規定或為避免緊急危難之處置，不在此限。2前項人員並應謹守專業倫理，維護學生接受輔導專業服務之權益。」

三、轉銜輔導及親職教育

　　第19條規定：「1為使各教育階段學生輔導需求得以銜接，學校應提供整體性與持續性轉銜輔導及服務；……2中央主管機關得建置學生

通報系統，供學校辦理前項通報及轉銜輔導工作。」教育部訂定《學生轉銜輔導及服務辦法》（2015）辦理這項業務。第21條規定：「1 高級中等學校以下學生家長、監護人或法定代理人應發揮親職之教育功能，相對承擔輔導責任，配合學校參與學生輔導相關活動，提供學校必要之協助。2 為促進家長參與學生輔導工作，各級學校應主動通知輔導資源或輔導活動相關訊息。」

第二節 《學校訂定教師輔導與管教學生辦法注意事項》

　　教育部自 2003 年訂定此《學校訂定教師輔導與管教學生辦法注意事項》（簡稱《注意事項》），共經八次修正，其目的是在落實《教育基本法》維護學生權益的規定，並且維護校園安全與教學秩序；對於基層教師則在輔導與管教學生時，有一明確可循之處理原則。最近的修法是為因應新北市某國中所發生的校園割頸案，學生竟可攜帶彈簧刀至校，教師未能搜查學生書包，主要是因法規對教師搜查書包設下重重束縛，因此修法放寬此項限制。有人批評教育部越改越嚴，教師束手束腳，該如何管教學生？尊重學生的權益是時代的潮流，身為一位老師要跟上正向管教的潮流，面對學生的輔導管教問題，自然要熟知《注意事項》的規定，只要是不當管教成立，教師將受到申誡以上懲處；若造成學生身心嚴重侵害，甚至有終身解聘、解聘之懲處（李明儒，2022）。

 壹　學校訂定之程序

　　依《注意事項》第 2 點的規定：「1 學校訂定教師輔導與管教學生辦法，宜依循民主參與之程序，經有合理比例之學生代表、教師代表、家長代表及行政人員代表參與之會議討論後，將草案內容以適當之方法公告，廣泛聽取各方建議，必要時並得舉辦公聽會或說明會。2 前項學生代表人數於高級中等以上學校，宜占全體會議人數之五分之一以上；於國民中小

學，宜占全體會議人數之十分之一以上。3 教師輔導與管教學生辦法應經校務會議通過後，由校長發布實施。」

 貳　輔導與管教之目的及原則

一、輔導與管教學生之目的

第 10 點說明教師輔導與管教學生之目的，包括：「㈠ 增進學生良好行為及習慣，減少學生不良行為及習慣，以促進學生身心發展及身體自主，激發個人潛能，培養健全人格並導引適性發展。㈡ 培養學生自尊尊人、自治自律之處世態度。㈢ 維護校園安全，避免學生受到霸凌及其他危害。㈣ 維護教學秩序，確保班級教學及學校教育活動之正常進行。」

二、輔導與管教學生之原則

輔導與管教學生之原則有二（見第 11、12 點）：平等原則及比例原則。前者指教師輔導與管教學生，非有正當理由，不得為差別待遇。後者指教師採行之輔導與管教措施，應與學生違規行為之情節輕重相當，並依下列原則為之：㈠ 採取之措施應有助於目的之達成。㈡ 有多種同樣能達成目的之措施時，應選擇對學生權益損害較少者。㈢ 採取之措施所造成之損害不得與欲達成目的之利益顯失均衡。

第 14 點則是規定輔導與管教學生之基本考量：「教師輔導與管教學生，應先瞭解學生行為之原因，針對其原因選擇解決問題之方法，採取輔導及正向管教措施，並視狀況調整或變更。」

 參　輔導與管教之方式

第 21 點規定：「學生有下列行為之一者，學校及教師應施以適當輔導或管教：㈠ 違反法律、法規命令或地方自治法規。㈡ 違反依合法程序制定之校規。㈢ 危害校園安全。㈣ 妨害班級教學及學校教育活動之正常進行。」

一、教師之一般管教措施

　　第 23 點規定為一般管教措施，當學生行為干擾教師上課，教師僅能採取以下方式，不得自創管教方式：1. 適當之正向管教措施。2. 口頭糾正。3. 在教室內適當調整座位。4. 要求口頭道歉或書面自省。5. 列入日常生活表現紀錄。6. 通知法定代理人或實際照顧者，協請處理。7. 要求完成未完成之作業或工作。8 適當增加作業或工作。9. 要求課餘從事可達成管教目的之措施（如學生破壞環境清潔，要求其打掃環境）。10. 限制參加正式課程以外之學校活動。11. 經法定代理人或實際照顧者同意後，留置學生於課後輔導或參加輔導課程。12. 要求靜坐反省。13. 要求站立反省。但每次不得超過一堂課，每日累計不得超過兩小時。14. 在教學場所一隅，暫時讓學生與其他同學保持適當距離，並以兩堂課為限。15. 經其他教師同意，於行為當日，暫時轉送其他班級學習。16. 其他符合第二章規定之管教目的及原則，且未使學生身心受到侵害之行為。教師得視情況，若於學生下課時間實施前項管教措施，並應給予學生合理之休息時間。學生反映經教師判斷，或教師主動發現，有下列之情形者，應調整管教方式或停止管教：1. 學生身體確有不適。2. 學生確有上廁所或生理日等生理需求。3. 管教措施有違反第 1 項規定之虞。

　　第 20 點為有關低學業成就學生之處理，規定教師：「應瞭解其學業成就偏低之原因，並針對成因採取有效之輔導與管教方式，如各種鼓勵、口頭說理、口頭勸戒、通知法定代理人或實際照顧者、補救教學等，但不得採取處罰措施。」

二、教師之強制措施及阻卻違法事由

　　第 24 點規定教師之強制措施及阻卻違法事由：「1 學生有下列行為，非立即對學生身體施加強制力，不能制止、排除或預防危害者，教師得採取必要之強制措施，不予處罰：㈠攻擊教師或他人，毀損公物或他人物品，或有攻擊、毀損行為之虞時。㈡自殺、自傷，或有自殺、自傷之虞。㈢無正當理由攜帶或不當使用第 31 點第 2 項第 1 款所列違禁物品，有侵

害他人生命或身體之虞。㈣其他現在不法侵害他人生命、身體、自由、名譽或財產之行為。2 教師依法令之行為，不予處罰。3 教師業務上之正當行為，以及為維持教學秩序和教育活動正常進行之必要管教行為，不予處罰。4 教師對於現在不法之侵害，而出於防衛自己或他人權利之行為，不予處罰。但防衛行為過當者，得減輕或免除其處罰。5 教師因避免自己或他人生命、身體、自由、名譽或財產之緊急危難而出於不得已之行為，不予處罰。但避難行為過當者，得減輕或免除其處罰。6 教師有第 1 項至前項不予處罰之情形時，亦不得予以不利之成績考核。」

三、特殊管教措施

特殊管教措施有兩種方式，一是第 25 點學務處（訓導處）及輔導處（室）之特殊管教措施，一是第 27 點學校之特殊管教措施。第 25 點規定：「1 依第 23 點所為之管教無效或學生明顯不服管教，顯已妨害現場活動，教師得要求學務處或輔導處（室）派員協助，將學生帶離現場；情況急迫時，學務處或輔導處（室）應派員協助處理，非有正當理由不得拒絕；有危害他人生命、身體之虞時，得強制帶離現場，並尋求校外相關機構協助處理。……3 各處室人員將學生帶離現場後，得安排學生前往圖書館、輔導處（室）或其他適當場所，參與適當之活動，或依規定予以輔導與管教。4 學務處或輔導處（室）於必要時，得基於協助學生轉換情境、宣洩壓力之輔導目的，衡量學生身心狀況，在學務處或輔導處（室）人員指導下，請學生進行適合適量之活動或運動項目，但不應基於處罰之目的為之；若發現學生身體確有不適，應即調整或停止。」

第 27 點為學校之特殊管教措施：「1 學務處認為學生違規情節重大，擬採取下列各款措施時，應依該校學生獎懲相關規定，簽會導師及輔導處（室）提供意見，經學生獎懲委員會或相關委員會討論議決後，始得為之。但情況急迫，應立即移送警察機關處置者，不在此限：㈠交由其法定代理人或實際照顧者帶回管教。㈡規劃參加高關懷課程。㈢聯繫社政及相關單位協助提供心理治療、社會工作、家庭諮商及其他專業服

務。㈣送請少年輔導單位輔導。㈤移送警察機關處置。㈥移送司法機關處置。……4 學生交由法定代理人或實際照顧者帶回管教，每次以五日為限，並應於事前進行家訪，或與法定代理人或實際照顧者面談，以評估其效果。帶回管教期間，學校應與學生保持聯繫，繼續予以適當之輔導；必要時，學校得終止帶回管教之處置；帶回管教結束後，學校得視需要予以補課。」

四、校園安全檢查

第 29 點為對校園安全檢查之限制：「1 為維護校園安全，學校發現或接獲檢舉、通報有下列各款情形之一者，得對學生身體、其隨身攜帶之私人物品（如書包、手提包等）或專屬學生私人管領之空間（如抽屜、上鎖之置物櫃等），進行必要之校園安全檢查：㈠特定身分學生有危害他人生命、身體之虞。㈡前款以外學生涉嫌犯罪或攜帶第 31 點第 1 項各款及第 2 項第 1 款所列違法或違禁物品時，學務處應與校長、接獲通報之教職員工、導師或家長代表，以電子通訊或當面討論等方式進行緊急會商，認該生有危害他人生命、身體之虞者，應對該生進行檢查。㈢其他法規明文規定之情形。2 前項第 1 款所稱特定身分學生，指下列各款之學生：㈠少年法院審理中或裁定交付保護管束執行期間，並經學校校園安全檢查會議決議，有危害他人生命、身體之虞者。㈡有少年偏差行為預防及輔導辦法第 2 條第 1 項所稱偏差行為，並經學校校園安全檢查會議決議，有危害他人生命、身體之虞者。3 前項各款特定身分學生，應由學校校園安全檢查會議審議認定或變更認定；其參與人員，應以有權知悉該款特定身分學生名單之學校人員、有關之司法人員或社工人員為限。……。」

第 30 點為規定校園安全檢查之進行方式：「1……，學校應參考教育部校園安全檢查操作手冊，……，由學務處依規定進行下列各款之安全檢查：㈠必要之校園安全檢查：學校應指定 2 位以上人員進行檢查，並依被檢查學生意願，得由 1 至 2 位當時在校之學校教職員或學生陪同；他人生命、身體有遭受緊急危害之虞時，免除陪同人員。㈡對學生

宿舍之定期或不定期檢查：……；高級中等學校進行檢查時，應有 2 位以上之住宿學生代表或學生家長代表陪同；國民中小學進行檢查時，則應有 2 位以上之學生家長代表陪同。……3 學校進行第 1 項之檢查時，應全程錄影，……。4 前項之影像資料及檢查結果紀錄，學校應保存至少三年；……。」

五、違法或違禁物品之處理

第 31 點為有關違法或違禁物品之處理：「1 教師發現學生攜帶或使用下列違法物品時，應儘速通知學校，由學校立即通知警察機關處理。但情況急迫時，得視情況採取必要之處置：㈠ 槍砲彈藥刀械管制條例所稱之槍砲、彈藥、刀械。㈡ 毒品危害防制條例所稱之毒品、麻醉藥品及相關之施用器材。2 教師發現學生攜帶或使用下列違禁物品時，應交由學校予以暫時保管，並由學校視其情節，通知法定代理人或實際照顧者領回。……：㈠ 前項以外有危害他人生命、身體之虞之刀械、化學製劑或其他危險物品。㈡ 猥褻或暴力之書刊、圖片、影片或其他物品。㈢ 菸、酒、檳榔或其他有礙學生健康之物品。㈣ 其他法令規定之違禁物品。3 教師或學校發現學生攜帶前二項各款以外之物品，有妨害學習、教學或校園安全之虞者，得予暫時保管，於無妨害學習、教學或校園安全之虞時，返還學生或通知法定代理人或實際照顧者領回。4 教師或學校為暫時保管時，應負妥善管理之責，不得損壞。但法定代理人或實際照顧者接到學校通知後，未於通知書所定期限內領回者，學校不負保管責任，並得移由警察機關或其他相關機關處理。」

六、服裝儀容之規定

教育部訂有高中、國中、國小學生服裝儀容規定之原則，法規之內容大致相同，以《高級中等學校訂定學生服裝儀容規定之原則》（2020）為例，第 2 點規定：「服裝儀容委員會置委員 7 人至 15 人，其委員如下：㈠ 經學生自行選舉產生或學生自治組織推派之學生代表；學生代表應占

全體委員總額三分之一以上，……。㈡校務會議選出之行政人員代表、教師代表。㈢家長會代表。㈣得邀請服裝相關專家學者擔任委員。」委員會討論學生服裝儀容規定：「規定實施後，學校應視該規定實施狀況，每三年至少檢討一次。」第6點規定：「1學校對於違反服裝儀容規定之學生，得視其情節，採取適當且合乎比例原則之輔導或管教措施，並不得加以處罰。2前項管教措施，僅限於正向管教措施、口頭糾正、列入日常生活表現紀錄、通知監護人協請處理、書面自省及靜坐反省。」

第三節　霸凌防制準則

　　校園霸凌（school bullying）事件層出不窮，受到全世界關注，霸凌行為普遍存在於校園中，影響學生身心甚鉅。「霸凌」是指孩子們之間權力不平等的欺凌與壓迫，廣義的霸凌可以被定義為：反覆的攻擊行為並意圖傷害他人或讓他人感到不舒服。而隨著網路時代來臨，校園霸凌的形式更由身體的霸凌衍生出網路霸凌，包含口語的和非口語的。校園霸凌的防治及矯正，必須持續追蹤輔導，不是上網通報就以為問題解決了，絕不能輕忽霸凌者的輔導工作，找出霸凌者的行為成因，對症下藥方為上策。預防重於治療，將防治校園霸凌工作視為防範犯罪的工作，是所有教育工作者、學校及社會必須共同努力的目標（游淑靜、范熾文，2020）。本節以教育部所訂的《校園霸凌防制準則》這項法規為主要探討內容，新修訂的準則新增生對生霸凌事件的調和機制、師對生霸凌案被害學生的陳情制度等。準則大部分的內容是有關生對生霸凌事件的調和、調查及處理；有關師對生的霸凌，則依《高級中等以下學校教師解聘不續聘停聘或資遣辦法》之規定調查及處理。

 壹　組織設置

　　第6條規定：「1主管機關應組成校園霸凌防制諮詢委員會，其任務如下：一、訂定所屬學校校園霸凌防制整體計畫。二、協調及整合霸凌防

制資源。三、規劃辦理人員培訓。……。2 前項諮詢委員會，由機關首長或副首長爲召集人，其成員應包括具校園霸凌防制意識之校長代表、輔導人員、教師代表、學務人員、家長代表、學生代表、學者專家及民間團體代表。」第 63 條規定：「主管機關爲審議下列事項，應設校園霸凌事件審議委員會：一、……檢舉人之陳情事件。二、……被行爲人、其法定代理人或實際照顧者之陳情事件。三、主管機關就前條所定學校報請備查事件，進行事後監督，認學校之終局實體處理有違法之虞。」

　　第 7 條規定：「1 學校應組成校園霸凌防制委員會，其任務如下：一、負責校園霸凌防制計畫之研擬及推動。二、校園霸凌事件之調和、調查、審議、輔導及其他相關事項。但高級中等以下學校師對生霸凌事件之調查、處理及審議，由學校校園事件處理會議負責。2 高級中等以下學校防制委員會，應置具校園霸凌防制意識之委員 5 人至 11 人，任期一年爲原則，期滿得續聘；委員之任期，得以學年爲單位。3 前項防制委員會委員，應包括下列人員：一、校長或副校長……。二、未兼行政職務之教師代表、學務人員或輔導人員至少 2 人。三、家長代表。四、外聘學者專家。……。五、高級中等學校，並應包括學生代表……。」第 9 條規定：「1 中央主管機關應建立下列二類霸凌事件專業調和及調查人才庫：一、各級學校生對生霸凌事件專業調和及調查人才庫。二、專科以上學校師對生霸凌事件專業調查人才庫。……。5 人才庫之專業人員，均得以學者專家身分，擔任諮詢委員會、防制委員會及審議委員會之委員。」

貳　處理流程

　　校園霸凌防制工作包含預防、受理、調和、調查等程序，學校應以預防及輔導爲原則，建構友善校園環境。以下分別就「第三章霸凌事件之檢舉、通報及受理；第四章生對生霸凌事件之調和、調查及處理」的條文加以闡述：

一、通報

第 17 條規定：「1 校長及教職員工知悉疑似校園霸凌事件時，均應立即向學校所定權責人員通報，並由學校權責人員向學校所屬主管機關通報。2 前項通報至遲不得超過二十四小時，……。」

二、檢舉

第 18 條規定：「1 疑似校園霸凌事件之被行為人、其法定代理人或實際照顧者，得向行為人於行為發生時所屬之學校（以下簡稱調查學校）檢舉；行為人現任或曾任校長時，應向行為發生時之學校所屬主管機關檢舉。」第 20 條規定：「1 行為人分屬不同學校者，以先接獲檢舉之學校負責調查，相關學校應配合調查，並以列席方式參與防制委員會會議。」

三、受理

第 24 條規定：「1 學校校長應於防制委員會委員中指派 3 人組成審查小組；審查小組委員之任期，與防制委員會委員相同，……。2 審查小組審查事件認有必要時，得依職權通知當事人、檢舉人或其他相關人員，出席說明或陳述意見。」第 25 條第 4 項：「調查學校應於接獲檢舉之日起二十個工作日內，以書面通知檢舉人是否受理；……；不受理之書面通知，應敘明理由。」第 26 條規定：「檢舉人不服不受理決定者，於收受不受理決定之次日起三十日內，得填具陳情書向學校所屬主管機關陳情；陳情，同一事件以一次為限。」

四、調和或調查

第 27 條規定：「1 生對生霸凌事件，學校應於審查小組決議受理之日起五個工作日內，組成處理小組，進行調和或調查。2 處理小組應置委員若干人，其人數以 3 人或 5 人為原則，至少過半數委員應自生對生人才庫外聘，……。」第 31 條第 1 項規定：「調和成立，雙方達成協議時，應作成調和協議，且雙方應受調和協議之拘束。……。」第 33 條第 1 項

規定：「處理小組停止調和後，應進行調查，並召開調查會議。」第43條規定：「1 處理小組應於召開第一次調和或調查會議之日起二個月內，完成調和或調查報告；必要時，得延長之，延長以二次為限，每次不得逾一個月，學校並應通知當事人。2 處理小組完成調查報告後，應提防制委員會審議；審議時，處理小組應依防制委員會通知，推派代表列席說明。」第45條規定：「1 防制委員會審議調查報告，確認生對生霸凌事件成立者，必要時，得對行為人為下列一款或數款之決議：一、依第38條第1項規定予以處置（彈性處理當事人之出缺席紀錄或成績評量、對當事人施予抽離或個別教學等）。二、提供心理諮商與輔導或其他協助。三、採取適當管教措施。四、移送權責單位依法定程序予以懲處。五、霸凌情節重大者，依第61條規定處理（請求警政、社政機關或司法機關協助）。2 權責單位非有正當理由，不得違反防制委員會前項之決議。」

自我評量 ....

一、選擇題

( ) 1. 《學生輔導法》將學生輔導分為發展性、介入性與處遇性等三級，下列敘述何者正確？ (A) 發現高關懷群，進行介入性輔導和個案管理，是導師的工作 (B) 學校專任輔導教師可對有重大創傷經驗的學生，以個別諮商進行介入性輔導 (C) 發展性輔導包含結合心理和精神醫療等專業服務 (D) 學生出現嚴重適應困難，可直接送學生輔導諮商中心進行介入性輔導

( ) 2. 學校請王老師負責執行適應欠佳與嚴重問題學生的輔導，並提供諮詢、個別諮商、小團體輔導以及個案管理，請問根據《學生輔導法》的三級輔導概念，王老師所做的工作，最符合下列何種輔導？ (A) 發展性輔導 (B) 諮詢性輔導 (C) 介入性輔導 (D) 處遇性輔導

( ) 3. 有關《學生輔導法》中對學生輔導工作的敘述，下列何者不正確？ (A) 校長負有輔導學生之責任 (B) 學校應設學生輔導工作委員會 (C) 學校輔導人員指的是專任輔導教師 (D) 一般教師主要負責執行發展性的輔導措施

( ) 4. 依《學校訂定教師輔導與管教學生辦法注意事項》，學校訂定教師輔導與管教學生辦法的程序，下列何者不符合規定？ (A) 合理比例之學生、教師、家長、行政人員代表參與會議討論形成草案 (B) 草案內容以適當方法公告，聽取各方建議 (C) 必要時得舉辦公聽會或說明會 (D) 本辦法應經行政會議通過後，由校長發布實施

( ) 5. 依據《學校訂定教師輔導與管教學生辦法注意事項》規定，學生交由監護權人帶回管教屬於哪一種管教措施？ (A) 學務處及輔導室之特殊管教措施 (B) 教師輔導之強制措施 (C) 學生獎懲委員會之特殊管教措施 (D) 監護權人及家長會之協助輔導管教措施

( ) 6. 有關教師輔導與管教「比例原則」的敘述，下列何者最不適切？ (A) 採取之措施應有助於目的之達成 (B) 違規行為之處罰應強調

能否達到以儆效尤的效果 (C) 採行措施所造成之損害不得與欲達成目的之利益明顯失去均衡 (D) 有多種同樣能達成目的之措施時，應選擇對學生權益損害較少者

( ) 7. 依據《學校訂定教師輔導與管教學生辦法注意事項》規定，下列哪一項措施是錯的？ (A) 教師輔導與管教學生之目的在培養學生自尊尊人、自治自律之處世態度 (B) 教師輔導與管教學生，非有正當理由，不得為差別待遇 (C) 學校或教師處罰學生，應視情況適度給予學生陳述意見之機會 (D) 學生交由監護權人帶回管教，每次以六日為限

( ) 8. 下列有關《校園霸凌防制準則》，何者正確？ (A) 該準則依國民教育法規定訂定 (B) 校園霸凌指相同或不同學校學生與學生間，僅包含校園內所發生之霸凌行為，不包含校園外發生之霸凌行為 (C) 各級主管機關及學校對於校園霸凌應以事後妥善處理為原則 (D) 學校得善用優秀退休教師及家長會人力，辦理志工招募研習，協助學校預防校園霸凌及強化校園安全巡查

( ) 9. 依《校園霸凌防制準則》規定，2 人以上行為人分屬不同學校者，學校之權責劃分為何？ (A) 兩所學校自行協商一方出來負責調查即可 (B) 霸凌者所就讀學校應負責調查 (C) 應交由中立之第三方調查 (D) 以先受理申請調查或檢舉之學校負責調查，另所學校應派代表參與調查

( ) 10. 下列有關《學生輔導法》的描述何者正確？ (A) 學校應設置學生輔導諮詢會 (B) 學校校長、教師及專業輔導人員，均負學生輔導之責任 (C) 學校教師只需負責執行發展性輔導措施 (D) 遇有中途輟學、長期缺課學生，需視學生意願再提供輔導資源

參考答案

| 1.B | 2.C | 3.C | 4.D | 5.C | 6.B | 7.D | 8.D | 9.D | 10.B |

二、問答題

1.依據現行《學校訂定教師輔導與管教學生辦法注意事項》，教師基於導引學生發展之考量，衡酌學生身心狀況後，得採取哪些一般管教措施？除正向管

教措施外，試列舉五項。

2. 新北市某國小女老師，明知學生小華有注意力不足過動症等問題，卻因學生未量體溫，命罰抄課文三遍，且被禁止下課，但小華因無法在規定時間內完成抄寫，該師竟要他罰走一至五樓樓梯來回十趟，且命同學在一旁監督。小華父母已告知導師小孩的身體健康狀況，但老師還是以細故來處罰小華，於是依《國家賠償法》第 10 條第 1 項規定，向學校提起訴訟（引自李明儒，2022）。

(1) 請問這位女老師的管教是否涉及不當管教？為什麼？

(2) 請問這位女老師可能會受到學校怎樣的處分？

第十三章

學校性別平等教育與
性別事件的處理

　　《性別平等教育法》（2023）（以下簡稱《性平法》）自 2004 年公布實施，已經歷四次修法，因應近期社會性騷擾案件頻傳，掀起一連串「Me Too」運動。2023 年立法院三讀通過《性騷擾防治法》、《性別工作平等法》（法案名稱改為《性別平等工作法》）及《性別平等教育法》等「性平三法」修正草案。從教育部的統計資料發現：自 2006 年開始實施「疑似校園性侵害性騷擾及性霸凌事件通報」案件不斷升高，尤其校園性騷擾逐年攀升最為顯著，顯示兒少人身安全保護仍存有相當風險。於是《性平法》的修法越來越嚴厲，例如：嚴謹化事件處理流程、增列學校人員未遵循程序之罰鍰、對教育人員終身不得聘用等懲處，以及納入教師違反專業倫理事件（汪子錫、呂豐足，2021）。在嚴厲的立法舉措之下，「狼師橫行校園」的事件是否減少？依教育部統計處（2024）的統計資料可知在 2022 年校園性侵害屬實的案件中，生對生高達 340 件，占比 90.43%；其次是師對生有 32 件，占 8.51%，其他是職員工對生、生對職員工的案件。在性騷擾案件方面，生對生有 1,526 件，占 80.27%；師對生有 279，占 14.68%；生對師有 45 件，占 2.37%。可知，校園性侵害、性騷擾事件多發生在學生之間，以及一些教職員對學生以權力不對等關係所做的行為。《性平法》實施以來，歷經將近二十年的教育、推廣、研習、宣導努力後，教師對學生性侵害事件仍然不斷發生，在教育主管機關飽受批評之後，只能尋求立法嚴懲來防治。但想要靠著一部《性平法》來囊括公私立學校、從附設幼兒園的三歲幼童到大學生、研究生，甚至是定期或有契約出入校園的人員，諸如代課老師、實習老師、社團教練、畢業旅行的導遊、營養午餐的廚師、學校保全、約聘員工等，全部都要納入《性平法》的法律關係下，當然不易面面俱到，也很難優質立法。而參與調查處理的教師被要求行使法律的「行政調查」及「行政處分建議」等工作，可預見其中充滿困難，也增加教師教學之外的負擔。落實性別平等教育課程是預防性別事件發生的措施，應該更強化「性別敏感教育」，教導師生之間與生生之間的人際關係、情感發展、人際界線，如此可避免校園性別事件發生的機會（汪子錫、呂豐足，2021）。本章所要探討的法規包含《性別平等教育法》、《性別平等教育法施行細則》（2023）（以下簡稱《性

平細則》）及《校園性別事件防治準則》（2024）（以下簡稱《防治準則》）。

第一節　性別平等教育的實施

《性平法》第 1 條說明立法的目的有二：「1 為促進性別地位之實質平等，消除性別歧視，維護人格尊嚴，厚植並建立性別平等之教育資源與環境，特制定本法。2 校園性騷擾事件之適用範圍依本法規定處理，因當事人身分關係不在本法規定之適用範圍者，視其情形分別適用性別平等工作法或性騷擾防治法。」第 1 項是有關校園內的性別平等教育，第 2 項是有關校園性騷擾事件的處理，但隨著法令的修改，目前已擴大至「校園性別事件」，依第 3 條的用詞定義：「校園性別事件：指事件之一方為學校校長、教師、職員、工友或學生，他方為學生，並有下列情形之一者：㈠ 性侵害：指性侵害犯罪防治法所稱性侵害犯罪之行為。㈡ 性騷擾：指符合下列情形之一，且未達性侵害之程度者：1. 以明示或暗示之方式，從事不受歡迎且與性或性別有關之言詞或行為，致影響他人之人格尊嚴、學習、或工作之機會或表現者。2. 以性或性別有關之行為，作為自己或他人獲得、喪失或減損其學習或工作有關權益之條件者。㈢ 性霸凌：指透過語言、肢體或其他暴力，對於他人之性別特徵、性別特質、性傾向或性別認同進行貶抑、攻擊或威脅之行為且非屬性騷擾者。㈣ 校長或教職員工違反與性或性別有關之專業倫理行為：指校長或教職員工與未成年學生發展親密關係，或利用不對等之權勢關係，於執行教學、指導、訓練、評鑑、管理、輔導學生或提供學生工作機會時，在與性或性別有關之人際互動上，發展有違專業倫理之關係。」所以校園性別事件包含性侵害、性騷擾、性霸凌、師生戀。以下針對性別平等教育的條文加以說明。

成立性別平等教育委員會

　　《性平法》第 4 條、第 5 條、第 6 條分別規定中央、地方及學校須成立性別平等教育委員會（簡稱性平會），並說明其任務；第 7 條、第 8 條、第 9 條則是分別規定中央、地方、學校性平會委員的組成人數。中央主管機關的任務主要是：1. 研擬全國性之性別平等教育相關法規、政策、實施計畫。2. 協調及整合相關資源、督導考核、協助並補助地方主管機關及所主管學校、社教機構落實性別平等教育之實施與發展。3. 推動性別平等教育之課程、教學、評量與相關問題之研究與發展。直轄市、縣（市）主管機關的任務主要是協調及整合相關資源，並協助及督導考核所主管學校、社教機構落實性別平等教育相關工作之實施與發展。

　　第 6 條規定學校性平會的任務，主要有以下幾項：「一、統整學校各單位相關資源，擬訂性別平等教育實施計畫，落實並檢視其實施成果。二、規劃或辦理學生、教職員工及家長性別平等教育相關活動。三、研發並推廣性別平等教育之課程、教學及評量。四、研擬性別平等教育實施與校園性別事件之防治規定，建立機制，並協調及整合相關資源。五、調查及處理與本法有關之案件。六、規劃及建立性別平等之安全校園空間。七、推動社區有關性別平等之家庭教育與社會教育。八、其他關於學校或社區之性別平等教育事務。」

　　在委員會的組成方面，第 7 條規定中央主管機關之性別平等教育委員會，置委員 17 人至 23 人，……每三個月應至少開會一次。第 8 條規定直轄市、縣（市）主管機關之性平會，置委員 9 人至 23 人，也是每三個月應至少開會一次。第 9 條規定：「1 學校之性別平等教育委員會，置委員 5 人至 21 人，採任期制，以校長為主任委員，委員應具性別平等意識，且不得有違反性別平等之行為，其中女性委員應占委員總數二分之一以上，並得聘教師代表、職工代表、家長代表、學生代表及性別平等教育相關領域之專家學者為委員。2 前項性別平等教育委員會每學期應至少開會一次，並應由專人處理有關業務；其組織、會議、委員資格、任期、解聘事由、解聘程序及其他相關事項之準則，由中央主管機關定之；學校應依

準則，訂定所設性別平等教育委員會相關規定。」教育部訂有《各級學校性別平等教育委員會設置準則》（2024）規範學校性平會的運作。

 ## 學習環境及資源

《性平法》第 12 條規定：「1 學校應提供性別平等之學習環境，尊重及考量學生與教職員工之不同性別、性別特質、性別認同或性傾向，並建立安全之校園空間。2 學校應訂定性別平等教育實施規定，並公告周知。」《性平細則》第 9 條補充說明建立安全校園空間的規定：「學校……建立安全之校園空間時，應就下列事項，考量其無性別偏見、安全、友善及公平分配等原則：一、空間配置。二、管理及保全。三、標示系統、求救系統及安全路線。四、盥洗設施及運動設施。五、照明及空間視覺穿透性。六、其他相關事項。」第 10 條則說明公告方式：「……除應張貼於學校公告欄外，並得以書面、口頭、網際網路或其他適當方式為之。」例如：教育部補助高中以下學校翻新老舊廁所，甚至增設性別友善廁所。

《性平法》第 13 條規定：「學校之招生及就學許可不得有性別、性別特質、性別認同或性傾向之差別待遇。但基於歷史傳統、特定教育目標或其他非因性別因素之正當理由，經該管主管機關核准而設置之學校、班級、課程者，不在此限。」依據此條文，各級學校的科系不能限制某一性別學生的就讀；目前部分高中還維持男女分校，即是基於歷史傳統之因素。

第 14 條規：「1 學校不得因學生之性別、性別特質、性別認同或性傾向而給予教學、活動、評量、獎懲、福利及服務上之差別待遇。但性質僅適合特定性別、性別特質、性別認同或性傾向者，不在此限。2 學校應對因性別、性別特質、性別認同或性傾向而處於不利處境之學生積極提供協助，以改善其處境。」這項規定是「積極性差別待遇」理念的落實，對於性別不利處境之學生除維護受教權之外，學校要提供一個免於受到歧視、霸凌的環境，以確保其人身安全；更積極的做法是提供性別友善的環境，如廁所、宿舍或同儕的接納。

　　第 15 條規定：「學校應積極維護懷孕學生之受教權，並提供必要之協助。」《性平細則》第 11 條規定：「本法第 15 條所定必要之協助，應包括善用校內外資源，提供懷孕或生產學生之適性教育，並採彈性措施，協助其完成學業及提供相關輔導。」教育部訂定《學生懷孕受教權維護及輔導協助要點》（2024），指導學校積極維護懷孕學生之受教權，並提供必要之協助。

　　第 16 條為有關性別平等教育的研習進修規定：「教職員工之職前教育、新進人員培訓、在職進修及教育行政主管人員之儲訓課程，應納入性別平等教育之內容；其中師資培育之大學之教育專業課程，應有性別平等教育相關課程。」這項規定主要在強化校內教職員工生對性平法之認識，並協助其瞭解相關權益及保障。

　　第 17 條規定：「學校之考績委員會、申訴評議委員會、教師評審委員會及主管機關之教師申訴評議委員會之組成，任一性別委員應占委員總數三分之一以上。但學校之考績委員會及教師評審委員會因該校任一性別教師人數少於委員總數三分之一者，不在此限。」

參　課程、教材及教學

　　在有關學校的課程、教材及教學方面，實施性別平等教育的目的之一是提升學生的性別平等意識，所謂性別平等意識是指個人認同性別平等之價值，瞭解性別不平等之現象及其成因，並具有協助改善現況之意願。《性平法》第 18 條規定：「1 學校之課程設置及活動設計，應鼓勵學生發揮潛能，不得因性別而有差別待遇。2 國民中小學除應將性別平等教育融入課程外，每學期應實施性別平等教育相關課程或活動至少四小時。3 高級中等學校及專科學校五年制前三年應將性別平等教育融入課程。4 大專校院應廣開性別研究相關課程。5 學校應發展符合性別平等之課程規劃與評量方式。」《性平細則》第 13 條對「性別平等教育相關課程」的解釋如下：「……應涵蓋情感教育、性教育、認識及尊重不同性別、性別特徵、性別特質、性別認同、性傾向教育，及性侵害、性騷擾、性霸凌防

治教育等課程，以提升學生之性別平等意識。」

《性平法》第 19 條有關教科書的規定：「學校教材之編寫、審查及選用，應符合性別平等教育原則；教材內容應平衡反映不同性別之歷史貢獻及生活經驗，並呈現多元之性別觀點。」第 20 條是有關教師的部分：「1 教師使用教材及從事教育活動時，應具備性別平等意識，破除性別刻板印象，避免性別偏見及性別歧視。2 教師應鼓勵學生修習非傳統性別之學科領域。」目前學校教科書都有審查機制把關，涉及性別歧視、性別刻板印象的內容，都會要求書商重新改寫。但是教師在教學時，有可能會傳遞錯誤或過時的性別觀點，因此教師要經常省思自己的性別平等意識，勿讓學生有受到歧視的感受。

第二節　校園性別事件的處理

過去性平機制大多聚焦在學生的性侵害及性騷擾事件的處理，對於性別平等教育的實施幾乎都落在綜合領域——輔導活動課程上，性別平等融入教學做得不夠多。依據教育部統計，2022 年全國疑似校園性侵害、性騷擾及性霸凌通報件數分別是 2,410、11,941、320 件，共有 14,671 件，而且有逐年增加趨勢（教育部統計處，2024），其中也包括了違反教師專業倫理的性別事件。校園內的性別事件，依據《性別平等教育法》之定義，一方為學校校長、教師、職員、工友或學生，他方為學生。在校園性別事件，疑似被害人為「權力不對等」的學生，是占極大比例的。新修法之後納入教師違反專業倫理的事件，教師對教師專業倫理「有所為」、「有所不為」的分際該如何拿捏（鄭世忠，2023）？這項課題值得讓教師好好深思。教育部依《性平法》的規定訂定《校園性別事件防治準則》，用來指導各級學校進行校園性別事件的防治、調查及處理。

壹　預防

　　《性平法》第 21 條規定：「1 為預防與處理校園性別事件，中央主管機關應訂定校園性別事件之防治準則：……。2 學校應依前項準則訂定防治規定，並公告周知；高級中等以上學校應依前項訂定相關規定或專業倫理規範，並公告周知。3 學校應積極推動校園性別事件之防治教育，以提升學校校長、教師、職員、工友及學生尊重他人與自己性或身體自主之知能，每年定期舉辦校園性別事件防治之教育宣導活動，並評鑑其實施成效。」其中第 2 項規定高中以下要訂定「校園性別事件防治規定」，教育部則訂定《學校校長及教職員工違反與性或性別有關之專業倫理防治指引》（2024）以協助高級中等以上學校訂定相關規定，並且要公告周知。《防治準則》所列出的預防做法如下：

一、校園安全規劃

　　依《防治準則》第 4 條規定：「1 學校為防治校園性別事件，應採取下列措施改善校園危險空間：一、依空間配置、管理與保全、標示系統、求救系統與安全路線、照明與空間穿透性及其他空間安全要素等，定期檢討校園空間與設施之規劃與使用情形及檢視校園整體安全。二、記錄校園內曾經發生校園性別事件之空間，並依實際需要繪製校園安全地圖。」並且要定期舉行校園空間安全檢視說明會。

二、宣導校內外教學與活動及人際互動注意事項

　　依《防治準則》第 6 條規定：「學校校長及教職員工生於進行校內外教學與活動、執行職務及人際互動時，應尊重多元性別差異，消除性別歧視。」第 8 條規定：「1 校長或教職員工與未成年學生，在與性或性別有關之人際互動上，不得發展以性行為或情感為基礎等有違專業倫理之關係。2 校長或教職員工於執行教學、指導、訓練、評鑑、管理、輔導學生或提供學生工作機會而有地位、知識、年齡、體力、身分、族群、或資源之不對等權勢關係時，與成年學生在與性或性別有關之人際互動上，不得

發展以性行為或情感為基礎等有違專業倫理之關係。3 校長或教職員工發現其與學生之關係有違反前二項專業倫理之虞，應主動迴避及陳報學校或學校主管機關處理。」第 9 條規定：「校長或教職員工生應尊重他人與自己之性或身體之自主，避免不受歡迎之追求行為，並不得以強制或暴力手段處理與性或性別有關之衝突。」第 38 條第 1 項規定：「學校應依本準則內容，訂定校園性別事件防治規定，並將第 8 條及第 9 條規定納入校長及教職員工聘約及學生手冊。」

 ## 貳　申請調查或檢舉

《性平法》第 31 條規定：「1 校園性別事件之被害人、其法定代理人或實際照顧者得以書面向行為人所屬學校申請調查。但行為人現為或曾為學校之校長時，應向學校主管機關申請調查。2 任何人知悉前項之事件時，得依其規定程序向學校或主管機關檢舉之。3 學校及主管機關不得因被害人或任何人申請調查、檢舉或協助他人申請調查、檢舉，而予以不利之處分或措施。」

《防治準則》第 12 條第 1 項規定：「事件管轄學校與行為人現所屬學校不同者，應以書面通知行為人現所屬學校派代表參與調查，被通知之學校不得拒絕。」第 16 條第 1 項規定：「接獲申請調查或檢舉之學校或主管機關無管轄權者，應將該案件於七個工作日內移送其他有管轄權者，並通知當事人。」第 18 條第 1 項規定：「校園性別事件之申請人或檢舉人得以書面、言詞或電子郵件申請調查或檢舉；其以言詞或電子郵件為之者，受理申請調查或檢舉之事件管轄學校或機關應作成紀錄，經向申請人或檢舉人朗讀或使閱覽，確認其內容無誤後，由其簽名或蓋章。」

 ## 參　通報

《性平法》第 22 條第 1 項規定：「學校校長、教師、職員或工友知悉服務學校發生疑似校園性別事件，應立即通報學校防治規定所定學校權

責人員，並由學校權責人員依下列規定辦理，至遲不得超過二十四小時：
一、向學校主管機關通報。二、依性侵害犯罪防治法、兒童及少年福利與
權益保障法、身心障礙者權益保障法及其他相關法律規定向當地直轄市、
縣（市）社政主管機關通報。」《防治準則》第 17 條第 1 項規定：「依本
法第 22 條第 1 項規定為通報時，除有調查必要、基於公共安全考量或法
規另有特別規定者外，對於當事人及檢舉人之姓名或其他足以辨識其身分
之資料，應予以保密。」

 肆　是否受理

　　《性平法》第 32 條規定：「1 學校或主管機關於接獲調查申請或檢
舉時，應於二十日內以書面通知申請人、被害人或檢舉人是否受理。2 學
校或主管機關於接獲調查申請或檢舉時，有下列情形之一者，應不予受
理：一、非屬本法所規定之事項者。二、申請人或檢舉人未具真實姓名。
三、同一事件已處理完畢者。……。」第 33 條第 1 項規定：「學校或主
管機關接獲前條第 1 項之申請或檢舉後，除有前條第 2 項所定事由外，應
於三日內交由所設之性別平等教育委員會調查處理。」依《防治準則》第
19 條第 3 項規定，必要時得由性平會指派委員 3 人以上組成小組認定之。

 伍　展開調查

　　《性平法》第 33 條第 2 項規定：「學校或主管機關之性別平等教育
委員會處理前項事件時，得成立調查小組調查之；必要時，調查小組成員
得一部或全部外聘，但行為人為校長、教師、職員或工友者，應成立調查
小組，且其成員應全部外聘。……。」第 3 項規定：「調查小組成員應具
性別平等意識，女性成員不得少於成員總數二分之一，且其成員中具校園
性別事件調查專業素養之專家學者人數，於學校應占成員總數三分之一以
上，於主管機關應占成員總數二分之一以上，成員資格由中央主管機關
另定之。」《防治準則》第 22 條規定：「……調查小組以 3 人或 5 人為原

則，……。」教育部成立調查專業人才庫，提供各級學校或主管機關爲延聘之參考。《性平法》第 36 條第 1 項規定調查時間如下：「學校或主管機關性別平等教育委員會應於受理申請或檢舉後二個月內完成調查。必要時，得延長之，延長以二次爲限，每次不得逾一個月，並應通知申請人、被害人、檢舉人及行爲人。」依第 3 項規定：「學校或主管機關應於接獲前項調查報告後二個月內，自行或移送相關權責機關依本法或相關法律或法規規定議處，並將處理之結果，以書面載明事實及理由通知申請人、被害人、檢舉人及行爲人。」

在調查期間，須遵守一些重要原則。《性平法》第 22 條規定：「2 學校校長、教師、職員或工友不得僞造、變造、湮滅或隱匿他人所犯校園性別事件之證據。3 學校或主管機關處理校園性別事件，應將該事件交由所設之性別平等教育委員會調查處理，任何人不得另設調查機制，違反者其調查無效。」第 23 條規定：「1 學校或主管機關調查處理校園性別事件時，應秉持客觀、公正、專業之原則，給予雙方當事人充分陳述意見及答辯之機會。但應避免重複詢問。2 當事人及檢舉人之姓名或其他足以辨識身分之資料，除有調查之必要或基於公共安全之考量者外，應予保密。」第 24 條規定：「學校或主管機關於調查處理校園性別事件期間，應採取必要之處置，以保障當事人之受教權或工作權，且不得運用不對等之權力與地位，對被害人有足以影響其受教權、工作權或申請調查之行爲。」第 25 條第 1 項規定：「學校或主管機關處理校園性別事件，應告知當事人及其法定代理人或實際照顧者其得主張之權益及各種救濟途徑，或轉介至相關機構處理，並依其需求，提供心理諮商與輔導等各類專業服務，必要時，應提供保護措施、法律協助、社會福利資源轉介服務或其他協助；對檢舉人有受侵害之虞者，並應提供必要之保護措施或其他協助。」

《性平法》第 34 條規定：「1 性別平等教育委員會之調查處理，不受該事件司法程序進行之影響。2 性別平等教育委員會爲調查處理時，應衡酌雙方當事人之權力差距。……。」《防治準則》第 24 條對於調查的注意事項做了詳細規定：「……調查處理校園性別事件時，應依下列方式辦理：一、行爲人應親自出席接受調查；當事人爲未成年者，接受調查時得

由法定代理人或實際照顧者陪同。二、當事人持有各級主管機關核發之身心障礙證明或有效特殊教育學生鑑定證明者，調查小組成員應有具備特殊教育專業者。三、行為人與被害人、檢舉人或受邀協助調查之人有權力不對等之情形者，應避免其對質。四、就行為人、被害人、檢舉人或受邀協助調查之人之姓名及其他足以辨識身分之資料，應予保密。但有調查之必要或基於公共安全考量者，不在此限。」

陸　申復與救濟

《性平法》第 37 條規定：「1 申請人、被害人及行為人對於前條第 3 項處理之結果有不服者，得於收到書面通知次日起三十日內，以書面具明理由向學校或主管機關申復。但行為人為校長、教師、職員或工友者，申請人或被害人得逕向主管機關申復。……3 學校或主管機關經申復審議結果發現調查程序有重大瑕疵或有足以影響原調查認定之新事實、新證據時，得要求性別平等教育委員會重新調查；屬依第 1 項但書向主管機關申復者，應限期於四十日內完成調查。……。」第 38 條規定：「性別平等教育委員會於接獲前條學校或主管機關重新調查之要求時，應另組調查小組；其調查處理程序，依本法之相關規定。」《防治準則》第 32 條第 4 項規定：「學校或主管機關接獲申復後，依下列程序處理：一、由學校或主管機關指定之專責單位收件後，應即組成審議小組，並於三十日內作成附理由之決定，以書面通知申復人申復結果。二、前款審議小組應包括性別平等教育相關專家學者、法律專業人員 3 人或 5 人，其小組成員中，女性人數比例應占成員總數二分之一以上，具校園性別事件調查專業素養之專家學者人數比例於學校應占成員總數三分之一以上，於主管機關應占成員總數二分之一以上。」

《性平法》第 39 條規定：「1 申請人、被害人或行為人對學校或主管機關之申復結果不服，得於接獲書面通知之次日起三十日內，依下列規定提起救濟。但法律別有規定者，從其規定：一、學校校長、教師：依教師法或相關法規之規定。……。三、學校學生：依規定向所屬學校提起申

訴。2 前項救濟，應俟申復決定作成後，始得提起。」

柒　懲處

　　《性平法》第 26 條規定：「1 校園性別事件經學校或主管機關調查屬實後，應依相關法律或法規規定自行或將行為人移送其他權責機關，予以申誡、記過、解聘、停聘、不續聘、免職、終止契約關係、終止運用關係或其他適當之懲處。2 學校、主管機關或其他權責機關為校園性別事件之懲處時，應命行為人接受心理諮商與輔導之處置，並得命其為下列一款或數款之處置。但終身不得聘任、任用、進用或運用之人員，不在此限：一、經被害人、其法定代理人或實際照顧者之同意，向被害人道歉。……。二、接受八小時之性別平等教育相關課程。三、其他符合教育目的之措施。……4 校園性騷擾、性霸凌、校長或教職員工違反與性或性別有關之專業倫理行為情節輕微者，學校、主管機關或其他權責機關得僅依第 2 項規定為必要之處置。……6 第 2 項之處置，應由該懲處之學校或主管機關執行，執行時並應採取必要之措施，以確保行為人之配合遵守。7 第 2 項第 1 款之處置，當事人均為學生時，學校得善用修復式正義或其他輔導策略，促進修復關係。」《防治準則》第 31 條第 1 項規定：「……；其經證實有誣告之事實者，並應依法對申請人或檢舉人為適當之懲處。」

　　《性平法》第六章訂有罰則，第 43 條規定：「1 學校校長、教師、職員或工友有下列情形之一者，處新臺幣 3 萬元以上 15 萬元以下罰鍰：一、無正當理由，……，未於二十四小時內，向學校權責人員或學校主管機關通報。二、違反第 22 條第 2 項規定，偽造、變造、湮滅或隱匿他人所犯校園性騷擾、性霸凌、校長或教職員工違反與性或性別有關之專業倫理事件之證據。……4 行為人違反第 26 條第 6 項不配合執行第 2 項序文、第 2 款、第 3 款之處置，或第 33 條第 5 項不配合調查，而無正當理由者，由學校報請主管機關處新臺幣 1 萬元以上 5 萬元以下罰鍰，並得按次處罰至其配合或提供相關資料為止。……。」第 44 條規定學校校長、教師、

職員或工友違反法規通報規定，致再度發生校園性侵害事件，或偽造、變造、湮滅或隱匿他人所犯校園性侵害事件之證據，或教職員工違反與性或性別有關之專業倫理，均依教師法所規定之條文辦理。教育部訂有《教育部處理違反性別平等教育法事件處理程序及裁罰基準》（2020）處罰違反規定之教育人員，例如：延誤通報，未滿四十八小時者處罰 3 萬元。

 捌　其他

　　《性平法》第 29 條規定：「1 學校聘任、任用之教育人員或進用、運用之其他人員，經學校性別平等教育委員會或依法組成之相關委員會調查確認有下列各款情形之一者，學校應予解聘、免職、終止契約關係或終止運用關係：一、有性侵害行為，或有終身不得聘任、任用、進用或運用必要之性騷擾、性霸凌、校長或教職員工違反與性或性別有關之專業倫理行為。二、有性騷擾、性霸凌、校長或教職員工違反與性或性別有關之專業倫理行為，而有必要予以解聘、免職、終止契約關係或終止運用關係，並經審酌案件情節，議決一年至四年不得聘任、任用、進用或運用。2 有前項第 1 款情事者，各級學校均不得聘任、任用、進用或運用，已聘任、任用、進用或運用者，學校應予解聘、免職、終止契約關係或終止運用關係；有前項第 2 款情事者，於該議決一年至四年不得聘任、任用、進用或運用期間，亦同。……。」第 30 條規定：「1 有前條各項情事者，主管機關及學校應辦理通報、資訊之蒐集及查詢。2 學校聘任、任用教育人員或進用、運用其他人員前，應依性侵害犯罪防治法之規定，查詢其有無性侵害之犯罪紀錄，及依第 4 項所定辦法查詢是否曾有性侵害、性騷擾、性霸凌、校長或教職員工違反與性或性別有關之專業倫理、違反兒童及少年性交易防制條例、兒童及少年性剝削防制條例之行為；已聘任、任用、進用或運用者，應定期查詢。……。」教育部訂定《涉性別事件之學校不適任人員通報資訊蒐集及查詢處理利用辦法》（2019）供學校查詢不適任教育人員。

自我評量 ....

一、選擇題

(　　) 1. 《性別平等教育法》第 14 條提及「學校應對因性別、性別特質、性別認同或性傾向而處於不利處境之學生積極提供協助，以改善其處境。」此種做法最能反映了下列何種理念？　(A) 有教無類　(B) 人文關懷　(C) 平等主義　(D) 積極性差別待遇

(　　) 2. 下列關於《性別平等教育法》相關敘述何者錯誤？　(A) 學校性別平等委員會人數 5 至 21 人，校長為主任委員，採任期制，其中女性委員應占委員總數二分之一以上　(B) 性別平等教育指以教育方式教導尊重多元性別差異，消除性別歧視，促進性別地位之實質平等　(C) 中央性別平等委員會人數 9 至 21 人，採任期制　(D) 性霸凌是指透過語言、肢體或其他暴力，對於他人之性別特徵、性別特質、性傾向或性別認同進行貶抑、攻擊或威脅之行為且非屬性騷擾者

(　　) 3. 學校應設置「性別平等教育委員會」，處理學校性別相關業務。以下何者非屬「學校層級」性別平等教育委員會法定的工作？　(A) 規劃及辦理性別平等教育人員之培訓　(B) 推廣性別平等教育之課程、教學及評量　(C) 調查及處理與性別平等教育法有關之案件　(D) 推動社區有關性別平等之家庭教育與社會教育

(　　) 4. 有關《性別平等教育法》之規定，下列何者錯誤？　(A) 調查小組成員得一部分或全部外聘　(B) 學校發生性別事件應於三日內由調查小組調查處理　(C) 調查小組的女性成員不得少於成員總數二分之一　(D) 調查小組成員中具性侵害、性騷擾或性霸凌事件調查專業之專家學者人數，於學校應占成員總數三分之一以上

(　　) 5. 有關《性別平等教育法》之敘述，下列何者不正確？　(A) 學校應發展符合性別平等之課程規劃與評量方式　(B) 師資培育之大學之教育專業課程，應有性別平等教育相關課程　(C) 學校在處理性騷擾事件期間，在調查未完成前，不得為任何處置　(D) 學校應設立性別平等教育委員會，以實行性別教育事務

( ) 6. 依據現行《性別平等教育法》規定，學校應於受理申請或檢舉後完成調查，必要時，得延長之，調查時間最晚應於幾個月之內完成？ (A) 二個月 (B) 三個月 (C) 四個月 (D) 五個月

( ) 7. 依據《性別平等教育法》第 21 條之規定，有關學校校長、教師、職員或工友知悉服務學校發生疑似校園性侵害、性騷擾或性霸凌事件時之處理方式，下列何者正確？ (A) 應立即依學校防治規定所定權責，僅需依性侵害犯罪防治法規定通報 (B) 應向學校及當地直轄市、縣（市）主管機關通報，至遲不得超過四十八小時 (C) 學校校長、教師、職員或工友得偽造、變造、湮滅或隱匿他人所犯校園性侵害、性騷擾或性霸凌事件之證據 (D) 學校或主管機關處理校園性侵害、性騷擾或性霸凌事件，應將該事件交由所設之性別平等教育委員會調查處理

( ) 8. 依據《性別平等教育法》規定，學校、主管機關或其他權責機關為性騷擾或性霸凌事件之懲處時，應命加害人接受心理輔導之處置，並得命加害人須接受幾小時之性別平等教育相關課程？ (A) 四小時 (B) 八小時 (C) 十六小時 (D) 二十四小時

( ) 9. 學生小芬檢舉她的導師對她性騷擾，但她的導師表示絕無此事，導師為求清白，要求與小芬當面對質。根據《校園性別事件防治準則》規定，學校應做下列何種處置？ (A) 拒絕讓導師與小芬當面對質 (B) 容許導師與小芬當面對質，但輔導老師需在場 (C) 容許導師與小芬當面對質，但需有小芬的家長及學校主管同時在場 (D) 容許導師與小芬當面對質，但需有小芬的家長、學校主管及教育主管當局人員同時在場

( ) 10. 學校的性別平等教育委員會共有 15 位委員，根據《性別平等教育法》，此委員會至少應有幾位女性委員才符合規定？ (A)5 位 (B)6 位 (C)8 位 (D)10 位

參考答案

| 1.D | 2.C | 3.A | 4.B | 5.C | 6.C | 7.D | 8.B | 9.A | 10.C |

二、問答題

1. 校園性別事件要如何界定？其樣態包含哪些類型？

2. 張生是早熟的國中女學生（十三歲），功課好，愛看小說、文才也好。進入國中後，對性別關係充滿好奇與想像，因為數學資優，常參加校際競賽，也因此認識了帶隊的林姓男數學老師（三十歲）。張生崇拜林師，常藉故去辦公室找他，幫忙行政也當小助教。林師以張生朋友自居，一起玩手遊，也會一起出遊為張生拍照。林師常利用通訊軟體和張生對談，無所不聊，也會用髒話顯示很前衛；張生潛移默化，也就開始對母親說出髒話。張生母親察覺女兒的變化，發現通訊軟體中的張生與林師的對話，認為超越一般師生關係，因而對林師提出申請調查（教育部，2024）。

   (1) 學校接獲申請調查之後，請簡述學校的處理流程為何？

   (2) 你認為林老師的行為是否違反《性平法》？林老師可能會受到怎樣的懲處？

第十四章

學生權益及家長參與

　　所謂學生權益，即是學生所應得而為法律所保障的權利。學生在《憲法》上之權利主要內涵為平等權、自由權、受益權。就平等權而言，學生有權利要求避免教師施予不平等的待遇，例如：因性別、社經地位、生理狀況等差異，而受到不平等之待遇。在自由權方面，與學生關係較密切的有身體自由、隱私權及財務權等。在受益權方面，學生之生存權、受教權及訴願權較受重視，生存權即將外在環境中可能威脅身體或安全的事物減至最低。學生基本權利的實體部分則包括：學習自由與受教權，學生自治與學生參與，表現自由與宗教信仰自由，性別、種族及身障平等保護，校園搜索與隱私權保護，學生消費者保護權益，性騷擾及性侵害防治，其他相關權利（例如：財務上獲益與補助、學生健康權、學生參政權）。而在程序部分，則為校園學生司法事務的權利保障，包括懲戒處分、申訴制度與救濟（柯志堂，2006）。由於高中以下的學生皆是未成年人，其權益需要家長來維護，因此家長參與學校教育的法定權利確有立法保障的必要性。經由學校行政、教師及家長三方面的努力、監督，才能相互協調，共同為保障學生之學習權及受教權而努力（張宗義，2007）。家長參與學校事務的立法方面，參與家長組織、參與學校日常運作及參與學校決策是法規所要保障的家長教育參與權，如此方能達到有效的親師夥伴關係（parent-teacher partnership），才能真正保障學生受教權益。本章共包含三節，分別探討學生的權益、兒童的保護及家長的參與。

第一節　學生的權益

　　學生的權益涉及的範圍很廣，在探討《憲法》與《教育基本法》等法規時，已對部分權益有所提及，本節以《國民教育法》（以下簡稱《國教法》）及《高級中等教育法》（以下簡稱《高中法》）為主要內容，探討有關學生權益的規定。

學生自治與學生參與

在學生自治方面，《高中法》第 53 條規定：「1 高級中等學校應輔導學生成立由全校學生選舉產生之學生會及其他相關自治組織，並提供其必要協助，以增進學生在校學習效果及自治能力。2 學生為前項學生會當然會員。」教育部訂有《高級中等學校輔導學生會及其他相關自治組織運作注意事項》（2018）供各校成立自治組織之依據，但目前學生自治組織在校園中的定位不明確，很多學校將自治組織視為學務處辦理活動的執行單位。

《高中法》第 55 條規定：「高級中等學校為維護學生權益，對學生學業、生活輔導、獎懲有關規章研訂或影響其畢業條件之會議，應由經選舉產生之學生代表或學生會代表出席；其人數由各校校務會議定之。」除與學生權益有關的各項會議須有學生代表參與外，校務會議、學生輔導工作委員會、課程發展委員會等，亦需要有一定比例的學生代表參與。國中小學也有學生代表參與校務會議的規定，但多僅能旁聽、沒有發言及提案權利。高中生除出席會議外，應該賦予發言、提案及表決的權利，讓學生能實質參與校務。

 修訂各校學生獎懲準則

《國教法》第 44 條規定：「學生獎懲原則、處理及其他相關事項之準則，由中央主管機關定之；直轄市、縣（市）主管機關應依準則，訂定學生獎懲自治法規。」各直轄市、縣（市）主管機關以自治法規訂定獎懲規定，再由國中小學訂定各校的學生獎懲規定。但因各地方政府規範內容、執行情形有差異，為維護國中小學學生基本權益，提供學校一致性、合宜遵循原則，於是中央主管機關訂定《國民小學及國民中學學生獎懲準則》（2024）（以下簡稱《獎懲準則》）供各學校參酌訂定。高級中學的部分，依《高級中等教育法》第 51 條規定：「高級中等學校應訂定學生獎懲規定，經校務會議通過後實施，並報各該主管機關備查。」第 52 條

規定：「1 高級中等學校設學生獎懲委員會，評議學生獎懲事件。2 前項委員會之組成應包括經選舉產生之學生代表或學生會代表；其⋯⋯相關事項之辦法，由各該主管機關定之。」教育部訂定《高級中等學校訂定學生獎懲規定注意事項》（2014）、《高級中等學校學生獎懲委員會組織及運作辦法》（2016）兩項法規供學校訂定法規參考。

　　《獎懲準則》較重要的條文有第 10 條及第 11 條。第 10 條規定：「1 學校對於違反服裝儀容規定之學生，得視其情節，採取適當且符合比例原則之輔導或管教措施，並不得加以懲處。2 前項管教措施，僅限於正向管教措施、口頭糾正、列入日常生活表現紀錄、通知法定代理人協請處理、書面自省及靜坐反省。」第 11 條規定：「學校訂定學生獎懲規定時，應考量保護學生身心安全之規範目的，明確規定懲處要件，不得僅以情感交往、情感關係曖昧、情感行為不檢或其他空泛籠統之概念作為懲處要件。」這兩項規定引起教師團體的質疑，是不是學生服裝儀容及男女學生的情感交往都可以不用管？

　　《獎懲準則》第 16 條規定：「國民小學應設獎管會，置委員 5 人至 15 人，委員任期一年，由校長就下列人員聘（派）兼之：一、行政人員代表，其中學務處主任為當然委員。二、學校教師代表。三、學校家長代表。校長得聘學生代表擔任獎管會委員。⋯⋯。」第 26 條規定：「國民中學應設獎懲會，置委員 5 人至 15 人，委員任期一年，⋯⋯。校長得聘學生代表擔任獎懲會委員。」

 ## 參　學生權益救濟

　　《國教法》第 45 條規定：「1 學生權益之救濟，依本法所定申訴、再申訴程序行之。2 學生對學校有關其個人之懲處、其他措施或決議，認為違法或不當致損害其權益者，得由其法定代理人或實際照顧者代為向學校提出申訴；不服學校申訴決定，得向學校所在地之直轄市、縣（市）主管機關提出再申訴；其提起訴願者，受理訴願機關應於十日內，將該事件

移送應受理之學生申訴評議委員會或學生再申訴評議委員會，並通知學生及其法定代理人或實際照顧者。3 申訴之提起，應於收受或知悉懲處、其他措施或決議之次日起四十日內以書面為之；再申訴應於申訴評議書達到之次日起四十日內以書面為之；其期間，以學校收受申訴書或直轄市、縣（市）主管機關收受再申訴書之日期為準。」

　　《國教法》第 46 條規定：「1 學校應設學生申訴評議委員會，其中家長代表不得少於五分之一，並應包括法律、教育、兒童及少年權利、心理或輔導專家學者至少 1 人；直轄市、縣（市）主管機關應設學生再申訴評議委員會，其中法律、教育、兒童及少年權利、心理或輔導專家學者人數應逾委員總數二分之一；學生申訴評議委員會及學生再申訴評議委員會，任一性別委員人數不得少於委員總數三分之一；其申訴、再申訴……相關事項之辦法，由中央主管機關定之。2 學校受理懲處或申訴事件，直轄市、縣（市）主管機關受理再申訴事件時，應秉持客觀、公正、專業之原則，給予受懲處人或申訴人、再申訴人充分陳述意見及答辯之機會。3 學校應以書面或其他適當方式告知受懲處人；學校及直轄市、縣（市）主管機關應以書面告知申訴人或再申訴人，各該評議決定及不服該決定之相關救濟程序。4 原懲處、措施或決議性質屬行政處分者，其再申訴決定視同訴願決定；不服再申訴決定者，得依法提起行政訴訟。」

　　教育部訂定《高級中等以下學校學生申訴及再申訴評議委員會組織及運作辦法》（2023）辦理學生權益的救濟，第 2 條規定：「1 高級中等學校為處理學生或學生自治組織申訴案件，應設學生申訴評議委員會（以下簡稱申評會）。2 申評會置委員 7 人至 15 人，由校長就下列人員聘（派）兼之：一、學校行政人員代表、教師代表及家長會代表。二、學生代表至少 1 人，應具下列資格之一：㈠ 經選舉產生之學生代表。㈡ 學生會代表。三、校外法律、教育、兒童及少年權利、心理或輔導專家學者至少 1 人。……。6 學校學生獎懲委員會委員，不得兼任同校申評會委員。」第 5 條規定：「學生或學生自治組織提起申訴者，應於收受或知悉原措施之次日起三十日內，以書面向學校為之。」第 53 條規定國中小學申評會的委員人數，除家長代表、學校行政人員代表、教師代表、專家學者外，校

長得聘學生代表擔任國中小學申評會委員。《高中法》第 54 條規定的學生權益之救濟，其流程與國中小學一致。

 ### 肆　保險及財務上的獲益

　　學生在財務方面的獲益包含辦理學生團體保險及學費的補助。《國教法》第 43 條規定：「1 學校應辦理學生團體保險；其團體保險，另以法律定之。2 學生申請理賠時，學校應主動協助辦理。3 各級主管機關應為所轄之學校場所投保公共意外責任保險。4 前項保險所需經費，由中央主管機關按年度編列預算支應之。」《高中法》第 59 條也有同樣的規定：「高級中等學校應辦理學生團體保險；……。」

　　在財務上的獲益方面，國中小學因屬義務教育，學生免繳學雜費，《國教法》第 32 條規定：「1 學校學生免納學費；……。2 公立學校學生免納雜費；各項代收代辦費之自治法規，由直轄市、縣（市）主管機關定之。……。」第 33 條規定：「各該主管機關、學校應設獎、助學金，獎助優秀、清寒學生。」

　　《高中法》第 56 條規定：「1 高級中等學校學生，符合一定條件者，免納學費。……。4 除第 1 項免納學費規定外，高級中等學校得向學生收取學費、雜費、代收代付費、代辦費等必要費用；……。」第 57 條規定：「政府對就讀高級中等學校之經濟弱勢學生，應視其就讀公私立學校之實際需要及政府財政狀況給予學費外之補助；……。」第 58 條更進一步協助經濟弱勢學生辦理就學貸款：「政府為協助學生就讀高級中等學校，應辦理學生就學貸款；……。」

 ### 伍　保障學生學習權益

　　學生學習權的保障具體落實在教學正常化的規定，避免學校為了拼升學，而將某些課程挪作他用。有關教學正常化的規定已於前文有所討論，《高中法》第 50 條則積極規定：「高級中等學校應就學生能力、性向及

興趣，考量社會職場動態，輔導其適性發展；其輔導工作、項目、程序、實施方式及其他相關事項之辦法，由中央主管機關定之。」教育部訂定《高級中等學校學生輔導辦法》（2014）即是依此規定訂定。對於特殊教育的學生，則依特殊教育相關規定辦理，使他們受到更妥善的照顧。《高中法》第 60 條為懲罰的規定：「1 公立高級中等學校有下列情形之一者，由各該主管機關核予相關人員行政懲處、扣減補助款或減招班級數，並命其限期改善；屆期未改善者，並得按次處罰至改善為止：一、實施教學，違反中央主管機關依第 50 條所定輔導學生五育均衡或適性發展辦法之規定。二、合格教師比率，……。三、向學生收取費用，違反各該主管機關依第 56 條第 4 項所定辦法之規定。2 私立高級中等學校有前項各款情形之一者，依私立學校法第 55 條規定處理。」此罰則要求學校在辦學的各方面要符合中央的法令規定，以免影響到學生的受益權。

第二節　兒童的保護

　　1989 年聯合國通過《兒童權利公約》，主要宗旨在保護全球十八歲以下兒童皆可享有姓名權、國籍權、思想自由與宗教自由，並且受到應有的保護、照顧與教育。我國為了因應國際潮流，於是 2010 年制定《兒童及少年福利與權益保障法》（2021）（以下簡稱《兒少權益法》），而將十八歲以下規範在同一法制中（葉肅科，2012）。本節所要探討的另一法規為有關少年犯罪者保護的《少年事件處理法》（2023）（以下簡稱《少事法》），此法所稱的「少年」是十二至十八歲，十二歲以下兒童的犯罪，回歸教育、社政體系，將不再送進少年法院。2023 年 12 月新北市發生國中生割頸案，引發各界對於此法對未成年犯罪者「前科紀錄全塗銷」、安置輔導、保護管束是否確實能達到遏止犯罪的爭議，於是著手修法（王宏舜，2024）。

《兒少權益法》

依《兒少權益法》第 2 條規定：「本法所稱兒童及少年，指未滿十八歲之人；所稱兒童，指未滿十二歲之人；所稱少年，指十二歲以上未滿十八歲之人。」本法所稱的主管機關在中央為衛生福利部，在直轄市為直轄市政府；在縣（市）為縣（市）政府。

一、就業年齡

第 34 條規定：「1 少年年滿十五歲或國民中學畢業，有進修或就業意願者，教育、勞工主管機關應視其性向及志願，輔導其進修、接受職業訓練或就業。2 教育主管機關應依前項規定辦理並督導高級中等以下學校辦理職涯教育、勞動權益及職業安全教育。3 勞工主管機關應依第 1 項規定提供職業訓練、就業準備、職場體驗、就業媒合、支持性就業安置及其他就業服務措施。」《勞動基準法》第 44 條第 1 項規定：「十五歲以上未滿十六歲之受僱從事工作者，為童工。」第 45 條第 1 項規定：「雇主不得僱用未滿十五歲之人從事工作……。」

二、確保特殊兒少的受教權

第 42 條規定：「為確保兒童及少年之受教權，對於因特殊狀況無法到校就學者，家長得依國民教育法相關規定向直轄市、縣（市）政府申請非學校型態實驗教育。」

三、兒少保護措施

第 43 條規定：「1 兒童及少年不得為下列行為：一、吸菸、飲酒、嚼檳榔。二、施用毒品、非法施用管制藥品或其他有害身心健康之物質。三、觀看、閱覽、收聽或使用有害其身心健康之暴力、血腥、色情、猥褻、賭博之出版品、圖畫、錄影節目帶、影片、……、遊戲軟體、網際網路內容或其他物品。四、在道路上競駛、競技或以蛇行等危險方式駕車或參與其行為。五、超過合理時間持續使用電子類產品，致有害身心健康。

2 父母、監護人或其他實際照顧兒童及少年之人，應禁止兒童及少年爲前項各款行爲。3 任何人均不得販賣、交付或供應第 1 項第 1 款至第 3 款之物質、物品予兒童及少年。4 任何人均不得對兒童及少年散布或播送第 1 項第 3 款之內容或物品。」當兒童或少年要買菸、酒或檳榔時，販售者對是否已滿十八歲有懷疑時，應請其出示身分證明；無身分證明或不出示證明者，應拒絕提供。

第 47 條規定：「1 兒童及少年不得出入酒家、特種咖啡茶室、成人用品零售店、限制級電子遊戲場及其他涉及賭博、色情、暴力等經主管機關認定足以危害其身心健康之場所。2 父母、監護人或其他實際照顧兒童及少年之人，應禁止兒童及少年出入前項場所。3 第 1 項場所之負責人及從業人員應拒絕兒童及少年進入。4 第 1 項之場所應距離幼兒園、國民中小學、高中、職校二百公尺以上，並檢附證明文件，經商業登記主管機關登記後，始得營業。」這裡所指的二百公尺是指方圓二百公尺以內。

第 49 條第 1 項規定：「任何人對於兒童及少年不得有下列行爲：一、遺棄。二、身心虐待。三、利用兒童及少年從事有害健康等危害性活動或欺騙之行爲。四、利用身心障礙或特殊形體兒童及少年供人參觀。五、利用兒童及少年行乞。六、剝奪或妨礙兒童及少年接受國民教育之機會。七、強迫兒童及少年婚嫁。八、拐騙、綁架、買賣、質押兒童及少年。九、強迫、引誘、容留或媒介兒童及少年爲猥褻行爲或性交。十、供應兒童及少年刀械、槍砲、彈藥或其他危險物品。十一、利用兒童及少年拍攝或錄製暴力、血腥、色情、猥褻、性交或……之出版品、圖畫、錄影節目帶、影片……。十二、迫使或誘使兒童及少年處於對其生命、身體易發生立即危險或傷害之環境。十三、帶領或誘使兒童及少年進入有礙其身心健康之場所。十四、強迫、引誘、容留或媒介兒童及少年爲自殺行爲。十五、其他對兒童及少年或利用兒童及少年犯罪或爲不正當之行爲。」

第 51 條規定：「父母、監護人或其他實際照顧兒童及少年之人，不得使六歲以下兒童或需要特別看護之兒童及少年獨處或由不適當之人代爲照顧。」

　　第 56 條規定：「1 兒童及少年有下列各款情形之一者，直轄市、縣（市）主管機關應予保護、安置或爲其他處置；必要時得進行緊急安置：一、兒童及少年未受適當之養育或照顧。二、兒童及少年有立即接受醫療之必要，而未就醫。三、兒童及少年遭受遺棄、身心虐待、買賣、質押，被強迫或引誘從事不正當之行爲或工作。四、兒童及少年遭受其他迫害，非立即安置難以有效保護。……5 第 1 項兒童及少年之安置，直轄市、縣（市）主管機關得辦理家庭寄養，或交付適當之親屬、第三人、兒童及少年福利機構或其他安置機構教養之。」第 57 條第 2 項規定：「緊急安置不得超過七十二小時，非七十二小時以上之安置不足以保護兒童及少年者，得聲請法院裁定繼續安置。繼續安置以三個月爲限；必要時，得聲請法院裁定延長之，每次得聲請延長三個月。」

貳　《少年事件處理法》

　　《少事法》主要處理的事件有二：少年保護事件的處遇方式是保護處分，檢察官也不會出現在少年保護事件中；少年刑事案件在偵查及審理過程中，檢察官負責起訴，但也會給少年與一般刑事程序不同的保護，例如：犯罪定讞前，會以移送「少年觀護所」羈押取代「看守所」羈押，而且審理程序不公開，裁判書也不公開（趙宥寧，2024b）。位於高雄的明陽中學，是國內唯一收容受到刑事處罰少年的矯正學校，受到刑事處罰的少年，會被送至矯正學校中的明陽中學。《少事法》中另一項受爭議的是：處分執行結束後，資料必須塗銷，也形同少年沒有前科紀錄。民間團體認爲，這項規定不但成爲不法分子利用少年的工具，也不利後續追蹤輔導機制的建立（李婕綾，2024）。《少事法》成爲民間修法倡議的重點，修法後是否能建立更完善的保護機制？有待各界持續監督、追蹤。

一、適用對象及範圍

　　《少事法》稱少年者，謂十二歲以上十八歲未滿之人。而第 1-1 條第 1 項規定：「少年保護事件及少年刑事案件之處理，依本法之規定。」第

3條第1項再具體說明適用範圍：「下列事件，由少年法院依本法處理之：
一、少年有觸犯刑罰法律之行為者。二、少年有下列情形之一，而認有保
障其健全自我成長之必要者：㈠ 無正當理由經常攜帶危險器械。㈡ 有施
用毒品或迷幻物品之行為而尚未觸犯刑罰法律。㈢ 有預備犯罪或犯罪未
遂而為法所不罰之行為……。」

二、保護處分之執行

　　少年事件經檢警單位初步偵查後，案件會被移送到少年法院，收案後
先由「少年調查官」進行調查。第 29 條規定：「1 少年法院依少年調查
官調查之結果，認為情節輕微，以不付審理為適當者，得為不付審理之裁
定，並為下列處分：一、告誡。二、交付少年之法定代理人或現在保護少
年之人嚴加管教（責付）。三、轉介福利、教養機構、醫療機構、執行過
渡性教育措施或其他適當措施之處所為適當之輔導。2 前項處分，均交由
少年調查官執行之。3 少年法院為第 1 項裁定前，得斟酌情形，經少年、
少年之法定代理人及被害人之同意，轉介適當機關、機構、團體或個人進
行修復，或使少年為下列各款事項：一、向被害人道歉。二、立悔過書。
三、對被害人之損害負賠償責任。4 前項第 3 款之事項，少年之法定代理
人應負連帶賠償之責任，並得為民事強制執行之名義。」

　　少年法院法官將案件審理終結後會做出保護處分，第 42 條第 1 項規
定：「少年法院審理事件，除為前二條處置者外，應對少年以裁定諭知下
列之保護處分：一、訓誡，並得予以假日生活輔導。二、交付保護管束並
得命為勞動服務。三、交付安置於適當之福利、教養機構、醫療機構、執
行過渡性教育措施或其他適當措施之處所輔導（安置輔導）。四、令入感
化教育處所施以感化教育。」第 50 條規定：「1 對於少年之訓誡，應由
少年法院法官向少年指明其不良行為，曉諭以將來應遵守之事項，並得命
立悔過書。……。3 少年之假日生活輔導為三次至十次，由少年法院交付
少年保護官於假日為之，對少年施以個別或群體之品德教育，輔導其學業
或其他作業，並得命為勞動服務，使其養成勤勉習慣及守法精神；其次數
由少年保護官視其輔導成效而定。」第 53 條規定：「保護管束與感化教

育之執行，其期間均不得逾三年。」第 55 條規定保護管束及感化教育之執行至少六個月。

第三節　家長參與

長久以來，多數家長認為將孩子送入學校後，便是學校的責任，父母只負責上下學的接送；學校雖有家長會之設置，功能也似乎僅為捐款贊助，提供學校經費財物等資源。然而，家長與學校之間，若只維持這種關係，對孩子的學習並無助益，教育品質也很難獲得提升（駱美霞，2008）。《教育基本法》第 8 條第 3 項規定：「國民教育階段內，家長負有輔導子女之責任，並得為其子女之最佳福祉，依法律選擇受教育之方式、內容及參與學校教育事務之權利。」此條文賦予家長教育選擇權及參與學校事務權，因此有必要制定法規落實這兩項權利。

壹　家長參與立法源起

《國民教育法》第 48 條為有關家長參與的法規依據，其內容為：「1 國民教育階段內，家長為維護其子女之權益，應相對承擔輔導子女及參與家長會之責任，並為保障學生學習權及人格權，有參與教育事務之權利；其參與方式、內容、程序及其他相關事項之辦法，由中央主管機關定之。2 學校設學生家長會，應由在學學生之家長為會員組織之，並冠以該校之名稱；其組織章程……及其他相關事項之自治法規，由學校所在地之直轄市、縣（市）主管機關會商家長團體後定之。3 各級主管機關應定期協助家長團體辦理家長參與教育事務之增能研習。」教育部依此法令的授權訂定《國民教育階段家長參與學校教育事務辦法》（2023）（以下簡稱本辦法），各主管機關也依第 2 項規定訂定自治法規，例如：《高雄市高級中等以下學校學生家長會設置自治條例》（2016）（以下簡稱《自治條例》）。但是高級中學則缺法源依據，於是教育部依據《高級中等教育法》訂定《高級中等學校學生家長會設置辦法》（2014），讓高級中學家

長參與學校教育事務法制化。

家長的教育權

本辦法所稱家長是指國民教育階段學生之父母、養父母或監護人。依第 4 條規定，家長所擁有的教育權如下：「家長為維護子女之學習權益及協助其正常成長，負有下列責任：一、注重並維護子女之身心及人格發展。二、輔導及管教子女，發揮親職教育功能。三、配合學校教學活動，督導並協助子女學習。四、與教師及學校保持良好互動，增進親師合作。五、積極參與教育講習及活動。六、積極參與學校所設家長會。七、其他有關維護子女學習權益及親職教育之事項。」第 10 條規定：「家長考量其子女學習之最佳福祉，得依法為其子女選擇受教育方式及受教育內容。」此規定即是所謂的「家長教育選擇權」，究其內容，不是只有選擇學校而已，課程的選擇亦包含在裡面。

設置家長會

本辦法第 5 條規定：「1 學校應依法設家長會，每位家長應依相關法令參與家長會。2 前項學生家長會得分為班級家長會、家長代表大會及家長委員會，……。3 家長得依人民團體法組成不同層級之家長團體。4 直轄市、縣（市）主管教育行政機關、相關主管機關、學校及教師應協助家長成立及參與學校家長會。」第 6 條第 3 項規定：「每學年開學後二週內，班級教師應協助成立班級家長會，並提供其相關資訊。每學年開學一個月內，學校應協助成立全校家長代表大會，並提供相關資訊，以協助成立家長委員會。」《自治條例》詳細規定班級家長會、家長代表大會、家長委員會的產生流程，並且規定家長會得收取會費，以及規定不得有交換利益之條件；家長會委員對於學校辦理採購相關事項，也應行利益迴避。

依我國教育法規的規定，家長會可以推舉代表參與學校的校務會議、教師評審委員會、學生申訴評議委員會、獎懲委員會（獎管會、獎懲

會）、校園事件處理會議、性別平等教育委員會、課程發展委員會等。

肆　舉辦家長日活動

　　本辦法第 6 條第 1 項規定學校應主動公開下列資訊：「一、學校校務經營計畫。二、班級或學校年度課程規劃、教學計畫與教學評量方式及標準。三、學校年度行事曆。四、學校輔導與管教方式、重要章則及其相關事項。五、有關學生權益之法令規定、權利救濟途徑等相關資訊。六、其他有助學生學習之資訊。」這些資訊是有關學校或班級的，如果是其子女的個別資訊，第 2 項規定：「家長得請求前項以外與其子女教育有關之資訊，除法令另有規定外，教師或學校不得拒絕。」第 4 項規定：「前項學生家長資訊之提供，其涉及家長個人資料者，除依相關法令規定辦理外，並應徵得該家長書面同意。」

　　第 8 條規定：「1 學校應於每學期開學前一週至開學後三週內，舉辦家長日，介紹任課教師及學校相關行政人員，並說明有關班級經營計畫、教學計畫、學生學習計畫或其他相關事項。2 學校得舉辦學習成果檢討會或發表會，邀請家長參加。」依此規定學校在每學期開學之初要舉辦親師座談會，也就是召開班級家長會，導師應列席並說明班級經營理念。

　　高級中等學校則依據《高級中等學校學生家長會設置辦法》設置家長會，其內容與前述辦法大致相同，但並未規定需舉辦家長日，然而學校還是會辦理「班級家長會」，從中選出班級代表參與家長代表大會，以組成家長委員會。其中比較重要的條文為第 7 條：「1 會員代表大會，由各班班級代表組成。2 班級代表應於每學年第一學期開學後四星期內，由各班家長選（推）1 人至 3 人擔任之；其選（推）方式，得採會議或通訊為之。3 學校有身心障礙學生者，其家長應至少 1 人為會員代表大會之代表。4 會員代表任期一年，連選得連任⋯⋯。」

伍　辦理親職教育

依據《家庭教育法》（2019）之規定，直轄市、縣（市）主管機關應設家庭教育中心，並結合各相關機關或單位，共同推動轄區內家庭教育事宜。第 13 條第 1 項規定：「高級中等以下學校每學年應在正式課程外實施四小時以上家庭教育課程及活動；另應會同家長會對學生及其家長、監護人或實際照顧學生之人辦理親職教育。」

自我評量 ....

一、選擇題

(　) 1. 下列何者是《國民教育階段家長參與學校教育事務辦法》的法源？
(A) 教育基本法　　(B) 國民教育法　　(C) 國民教育法施行細則　　(D) 家庭教育法

(　) 2. 有關《國民教育階段家長參與學校教育事務辦法》的規定，下列哪一項敘述是錯的？　(A) 本辦法所稱家長，指國民教育階段學生之父母、養父母或監護人　　(B) 每學年開學一個月內，學校應協助成立全校家長代表大會　　(C) 學校應於每學期開學前一週至開學後三週內，舉辦家長日　　(D) 學校應於每學年開學後三週內，班級教師應協助成立班級家長會

(　) 3. 依據《國民教育階段家長參與學校教育事務辦法》之規定，學校應於每學期哪一期限內，舉辦家長日，介紹任課教師及相關行政人員，並說明有關班級經營、學生學習計畫等相關事項？　(A) 開學日至開學後三週內　　(B) 開學前一週至開學後三週內　　(C) 開學日至開學後二週內　　(D) 開學前一週至開學後一週內

(　) 4. 依現行教育法規，國中小學家長會代表可以參與學校中某些會議，以下何者不包括在內？　(A) 校務會議　　(B) 教師評審委員會　　(C) 學生申訴評議委員會　　(D) 教師成績考核委員會

(　) 5. 有關家長參與學校教育事務之敘述，下列何者錯誤？　(A) 學校應於每學期開學前一週至開學後三週內，舉辦家長日　　(B) 每學年開學後三週內，班級教師應協助成立班級家長會，並提供其相關資訊　(C) 每學年開學一個月內，學校應協助成立全校家長代表大會，並提供相關資訊，以協助成立家長委員會　　(D) 家長得依人民團體法組成不同層級之家長團體

(　) 6. 有關現行之《少年事件處理法》的敘述，何者有誤？　(A) 少年事件處理法所稱之少年，是指 12 歲以上 18 歲未滿　　(B)7 歲到 12 歲的兒童如有觸法事件，準用少年事件處理法　　(C) 少年有觸犯刑罰法律之行為者，由少年法院處理　　(D) 少年受刑之宣告，經執行完

畢或赦免者，適用關於公權資格之法令時，視為未曾犯罪

（　）　7.《少年事件處理法》規定少年保護事件之處理方式，下列敘述何者錯誤？　(A)訓誡，並得予以假日生活輔導　(B)交付保護管束並得命為勞動服務　(C)交付安置於適當之庇護機構　(D)令入感化教育處所施以感化教育

（　）　8.有關《高級中等學校學生申訴及再申訴評議委員會組織及運作辦法》，何者正確？（甲）申評會設置委員7人至15人，任期一年，無給職；（乙）申評會學生代表至少1人；（丙）學生或學生自治組織提起申訴者，應於收受或知悉原措施之次日起20日內，以書面方式向學校提起申訴；（丁）增訂申訴無理由者之處理機制　(A)甲乙丙　(B)乙丙丁　(C)甲乙丁　(D)甲乙丙丁

（　）　9.依據我國現行《兒童及少年福利與權益保障法》及聯合國《兒童權利公約》，其所稱的「兒童」係指未滿幾歲的人？　(A)兩者皆指未滿十二歲　(B)兩者皆指未滿十八歲　(C)前者指未滿十二歲，後者指未滿十八歲　(D)前者指未滿十八歲，後者指未滿十二歲

（　）　10.《國民教育法》規定學生認為學校有關其個人之懲處、其他措施或決議，認為違法或不當致損害其權益者，應如何提出申訴？　(A)由其法定代理人聘請律師代為向學校提出申訴　(B)由其法定代理人以書面代為向學校提出申訴　(C)由其法定代理人以書面代為向學校所在地之直轄市、縣（市）主管機關提出申訴　(D)由其自己以書面向學校提出申訴

參考答案

1.B　　2.D　　3.B　　4.D　　5.B　　6.B　　7.C　　8.C　　9.C　　10.B

二、問答題

1.依我國《國民教育法》及《教師法》之規定，家長會可以推舉代表參與學校的哪些組織或會議？並敘述其理由。

2.日前教育部對學生服裝儀容提出改革，要求不得因學生服裝儀容而處罰他們，部分學校透過其他名義，利用「繞道處罰」的方式管理服儀不符規定的學生。表面上要求不符規定的同學完成書面自省、靜坐反省等正向管教措

施，但如果累積幾次靜坐未到或累積幾次書面反省未交，就仍會被記過、記警告或愛校服務。

(1) 請問學校的做法違反哪項法規的規定？

(2) 小明是高二的學生，他因為染髮、違反服儀規範而被記過，甚至會被罰跑操場，他想要申訴，可是不知道怎麼做，請你將申訴、再申訴的程序告訴他。

第十五章

中小學的特殊教育

　　特殊教育是一種積極性的差別待遇，讓身心障礙及資賦優異的學生不因教育環境而阻礙或限制他們的學習與成長，也就是學校要提供「最少限制的環境」給他們。當然，其中的有些措施會涉及有關公平性的問題，因而引發社會上的爭議，尤其是有關資賦優異教育的集中式編班、提早入學、跳級等規定。但是特殊教育比較關注的對象是身心障礙學生，聯合國於 2006 年通過《身心障礙者權利公約》，臺灣雖無法正式成為締約國，但立法院在 2014 年通過《身心障礙者權利公約施行法》，以落實普世人權的具體規範與做法。該公約的核心精神在闡明障礙者作為權利主體，並且透過立法達成以下一般原則：1. 尊重固有尊嚴，包括自由作出自己選擇之個人自主及個人自立；2. 不歧視；3. 充分有效參與及融合社會；4. 尊重差異，接受身心障礙者是人之多元性之一部分與人類之一分子；5. 機會均等；6. 無障礙／可及性（accessibility）；7. 男女平等；8. 尊重身心障礙兒童逐漸發展之能力，並尊重身心障礙兒童保持其身分認同之權利。為落實人權公約精神、108 新課綱精神，以及營造友善融合教育環境，因此進行《特殊教育法》（2023）（以下簡稱本法）全面性的修法，重點包含：強調平等不歧視及通用設計、落實學生個人表意權、推廣融合教育理念、精進特殊教育師資及課程規劃、統整提供特殊教育學生就學及輔導資訊、強化特殊教育支持系統及成效檢核等（教育部，2023）。特殊教育的實施即在推動融合教育落實在校園及社會，廣義的無障礙環境，除了身體所及的物理環境外，心理無障礙其實更是所需要強調的，唯有以開放的態度來接納特殊學生，才能使其參與教育限制降低，達到融合的精神（林坤燦，2012）。本章分三節，分別探討：1. 特殊教育學生的類別、鑑定與安置；2. 特殊教育的師資及人員；3. 特殊教育的實施。

第一節　特殊教育學生的類別、鑑定與安置

　　本法共四章 57 條，架構如下：第一章總則、第二章特殊教育之實施，包括：第一節總則、第二節身心障礙教育、第三節資賦優異教育；第三章特殊教育支持系統、第四章附則。依母法所訂定的子法多達三十二部，子

法是實施特殊教育制度所規定的重要事項，因此不能僅偏重母法而忽略子法。

 立法目的

第 1 條規定：「為使身心障礙及資賦優異之國民，均有接受適性及融合教育之權利，充分發展身心潛能，培養健全人格，增進服務社會能力，特制定本法。」融合教育所倡導的精神，不僅是提供所有學生以公平與健全的機會參與教育，同時更是促使身心障礙學生進入普通教育現場並參與所有教育活動，進而從教育現場中得到支持、互動進而獲得進步（林坤燦，2012）。

 身心障礙類別

第 3 條規定：「本法所稱身心障礙，指因下列生理或心理之障礙，經專業評估及鑑定具學習特殊需求，須特殊教育及相關服務措施協助之情形：一、智能障礙。二、視覺障礙。三、聽覺障礙。四、語言障礙。五、肢體障礙。六、腦性麻痺。七、身體病弱。八、情緒行為障礙。九、學習障礙。十、自閉症。十一、多重障礙。十二、發展遲緩。十三、其他障礙。」

 資賦優異類別

第 4 條規定：「本法所稱資賦優異，指下列有卓越潛能或傑出表現，經專業評估及鑑定具學習特殊需求，須特殊教育及相關服務措施協助之情形：一、一般智能資賦優異。二、學術性向資賦優異。三、藝術才能資賦優異。四、創造能力資賦優異。五、領導能力資賦優異。六、其他特殊才能資賦優異。」

特殊教育學生的鑑定及安置

　　為篩選上述兩類學生接受特殊教育，第 19 條規定：「1 各級主管機關為實施特殊教育，應依鑑定基準辦理特殊教育學生及幼兒之鑑定。2 前項學生及幼兒之鑑定基準……，由中央主管機關定之。」教育部訂定《特殊教育學生及幼兒鑑定辦法》（2024）（以下簡稱《鑑定辦法》），用來鑑定身心障礙及資賦優異學生，分別列出其鑑定基準。

一、鑑輔會

　　本法第 6 條規定：「1 各級主管機關應設特殊教育學生鑑定及就學輔導會（以下簡稱鑑輔會），遴聘學者專家、教育行政人員、學校及幼兒園行政人員、……，辦理特殊教育學生及幼兒鑑定、就學安置、輔導及支持服務等事宜；……。2 中央主管機關鑑輔會辦理高級中等以上教育階段學校學生之鑑定、安置、輔導及支持服務事宜，……。3 鑑輔會委員中，教育行政人員、學校及幼兒園行政人員、相關機關（構）代表人數合計不得超過委員總數二分之一；任一性別委員人數不得少於委員總數三分之一。鑑輔會委員名單，應予公告；鑑輔會每六個月至少應開會一次。4 各級主管機關辦理身心障礙學生或幼兒鑑定及安置工作召開會議時，應通知學生本人、學生或幼兒法定代理人、實際照顧者，參與該生或幼兒相關事項討論，該法定代理人或實際照顧者並得邀請相關專業人員列席……。」

二、教育安置

　　《鑑定辦法》第 23 條規定：「1 特殊教育學生及幼兒之鑑定，應依轉介、申請或推薦，蒐集相關資料，實施初步類別研判、教育需求評估及綜合研判後，完成包括教育安置建議及所需相關服務之評估報告。2 ……各級主管機關鑑輔會應於每學年度上、下學期至少召開一次會議辦理，必要時得召開臨時會議。」鑑輔會依據上述資料再作成決議，將學生安置在適當的教育場所。本法第 12 條第 2 項規定：「……學前教育階段及

第 2 款國民教育階段，特殊教育學生及幼兒以就近入學爲原則，直轄市及縣（市）主管機關應統整提供學生及幼兒入學資訊，並提供所主管場所所需之人力、資源協助。但國民教育階段學區學校無適當場所提供特殊教育者，得經主管機關安置於其他適當特殊教育場所。」第 13 條規定：「1 高級中等以下學校及幼兒園應積極落實融合教育，加強普通教育教師與特殊教育教師交流與合作。2 高級中等以下學校及幼兒園，得設特殊教育班，其辦理方式如下：一、分散式資源班。二、巡迴輔導班。三、集中式特殊教育班。……。4 高級中等以下學校及幼兒園未依第 2 項規定辦理者，得擬具特殊教育方案向各級主管機關申請；……。」《特殊教育法施行細則》（2023）第 5 條及第 6 條補充說明上述的名詞定義。第 5 條：「1 ……特殊教育班，指專爲身心障礙學生及幼兒或資賦優異學生設置之特殊教育班。2 依本法第 28 條第 1 項規定設立之特殊教育學校，包括幼兒部、國民小學部、國民中學部、高級中學部及高級職業學校部專爲身心障礙學生設置之學校。」第 6 條規定：「1 ……分散式資源班，指學生及幼兒在普通班就讀，部分時間接受特殊教育及相關服務。2 ……巡迴輔導班，指學生及幼兒在家庭、機構、學校或幼兒園，由巡迴輔導教師提供部分時間之特殊教育及相關服務。3 ……集中式特殊教育班，指學生及幼兒全部時間於特殊教育班接受特殊教育及相關服務；爲促進融合教育，經課程設計，其部分課程得在普通班接受適性課程，或部分學科（領域）得實施跨年級、跨班教學。4 ……特殊教育方案，必要時，得採跨校方式辦理。」

 伍　推動特殊教育之組織

本法第 5 條規定：「1 各級主管機關爲促進特殊教育發展，應設立特殊教育諮詢會（以下簡稱特諮會），參與諮詢、規劃及推動特殊教育相關事宜。2 ……。3 ……特諮會每六個月至少應開會一次；特諮會委員名單及會議紀錄等相關資訊，應公開於網際網路。4 第 1 項特諮會組成、運作與其他相關事項之辦法及自治法規，由各級主管機關定之。」教育部訂有

《教育部特殊教育諮詢會設置辦法》（2023），委員 23 至 27 人。

　　學校則成立特殊教育推行委員會，依本法第 15 條第 1 項規定：「高級中等以下學校為促進特殊教育發展及處理校內特殊教育學生之學習輔導等事宜，應成立特殊教育推行委員會，並應有身心障礙及資賦優異學生與身心障礙及資賦優異學生家長代表；其任務、組成、會議召開程序與其他相關事項之辦法及自治法規，由各級主管機關定之。」第 3 項規定：「學校依前二項規定成立特殊教育推行委員會，校內無特殊教育學生者，得不予遴聘特殊教育學生或特殊教育學生家長代表。」中央及地方均需訂定學校特殊教育推行委員會設置辦法，以《教育部主管之高級中等以下學校特殊教育推行委員會設置辦法》（2023）為例，委員會置委員 13 人至 25 人，其中 1 人為召集人，由校長兼任之。委員之組成，任一性別委員人數不得少於委員總數三分之一。委員任期一年，期滿得續聘（派）兼之。本會置執行秘書 1 人，由校長指派具特殊教育專長之主管兼任。本會每學期應召開會議一次，必要時，得召開臨時會。

 ## 陸　寬列特殊教育預算

　　本法第 9 條規定：「1 各級政府應從寬編列特殊教育預算，在中央政府不得低於當年度教育主管預算 4.5%；在地方政府不得低於當年度教育主管預算 5%。2 地方政府編列預算時，應優先辦理身心障礙教育。3 中央政府為均衡地方身心障礙教育之發展，應補助地方辦理身心障礙教育之人事及業務經費；……。」

 ## 柒　保障特教生權益

　　本法第 10 條及第 11 條納入身心障礙者權利公約的不得歧視及自由表達意見。第 10 條規定：「1 特殊教育學生及幼兒之人格及權益，應受尊重及保障，對其學習相關權益、校內外實習及校內外教學活動參與，不得有歧視之對待。2 特殊教育與相關服務措施之提供及設施之設置，應符合

融合之目標，並納入適性化、個別化、通用設計、合理調整、社區化、無障礙及可及性之精神。3 特殊教育學生遭學校歧視對待，得依第 24 條之規定提出申訴、再申訴。……。」第 11 條規定：「身心障礙學生，就所有影響本人之事項有權自由表達意見，並獲得適合其身心障礙狀況及年齡之協助措施以實現此項權利。」

本法第 24 條規定：「1 對學生與幼兒鑑定、安置、輔導及支持服務如有爭議，得由學生或幼兒之法定代理人、實際照顧者代為或由高級中等以上教育階段特殊教育學生向主管機關提起申訴，主管機關應提供申訴服務。2 高級中等以下教育階段特殊教育學生對學校之懲處、其他措施或決議，認為違法或不當致損害其權益者，得由其法定代理人、實際照顧者代為或由高級中等教育階段特殊教育學生向學校提出申訴，不服學校申訴決定，得向各該主管機關提出再申訴；……。3 ……不服再申訴決定者，得依法提起行政訴訟。」教育部訂定《特殊教育學生及幼兒申訴服務辦法》（2023）處理特教生的申訴事件。

第二節　特殊教育師資及人員

目前特殊教育師資培育主要以特教系所為主，身心障礙類教師人數高於資優類教師，大多數特教教師服務於一般學校（教育部，2018）；而普通教師只需修習三學分的特殊教育導論，特教基本知能略顯不足，不利於融合教育之推動，目前普通班教師融合教育知能仍有提升空間。以下僅就特殊教育師資及相關人力方面的規定加以探討。

 壹　教師編制

本法第 17 條規定：「1 高級中等以下學校為辦理特殊教育，應設專責單位，依實際需要遴聘及進用特殊教育教師、特殊教育相關專業人員、教師助理員及特教學生助理人員；幼兒園設有特殊教育班班級數三班以上者，亦同。2 前項專責單位之設置與人員之遴聘、進用及其他相關事項之

辦法，由中央主管機關定之。3 特殊教育專任教師、兼任導師、行政或其他職務者，其每週基本教學節數、減授課時數與其他相關事項之標準及自治法規，由各級主管機關定之。」依此條文，教育部訂定《高級中等以下學校及幼兒園特殊教育班班級與專責單位設置及人員進用辦法》（2024）（以下簡稱《進用辦法》），其中第 3 條是有關身心障礙特殊教育班班級人數、教師及導師編制的規定。第 4 條是有關資賦優異特殊教育班班級人數、教師及導師編制規定。第 6 條規定：「1 ……所定編制教師人數，得準用高級中等學校合聘教師辦法、公立國民小學及國民中學合聘教師辦法及偏遠地區學校合聘教師及巡迴教師聘任辦法，採合聘方式辦理。2 學期中增加安置通過鑑定之學生或幼兒時，各該主管機關應依……規定增置教師、協調教師支援，或……設置巡迴輔導班之教師，協助提供學生或幼兒特殊教育服務。」

一、身心障礙特殊教育班

㈠分散式資源班及巡迴輔導班

國民小學班級人數不超過 20 人，有 2 位教師編制，可設導師 1 人；但班級人數 10 人以下時，得僅編制教師 1 人。國民中學班級人數不超過 24 人，有 3 位教師編制，可設導師 1 人；但班級人數在 9 人至 16 人時，得僅編制教師 2 人；8 人以下時，得僅編制教師 1 人。高級中等學校班級人數不超過 45 人，有 3 位教師編制，可設導師 1 人；班級人數 16 人至 30 人時，得僅編制教師 2 人；15 人以下時，得僅編制教師 1 人。

㈡集中式特教班

國民小學班級人數不超過 10 人，有 2 位教師編制，可設導師 2 人；國民中學班級人數不超過 12 人，有 3 位教師編制，可設導師 2 人；高級中等學校班級人數不超過 15 人，有 3 位教師編制，可設導師 1 人。不得因班級身心障礙學生人數減少，而減少各該班級之教師編制人數。

二、資賦優異特殊教育班

㈠分散式資源班及巡迴輔導班

國民小學班級人數不超過 24 人，有 2 位教師編制，可設導師 1 人；班級人數 12 人以下時，得僅編制教師 1 人。國民中學班級人數不超過 30 人，有 3 位教師編制，可設導師 1 人；班級人數 11 人至 20 人時，得僅編制教師 2 人；10 人以下時，得僅編制教師 1 人。高級中等學校班級人數不超過30人，有3位教師編制，可設導師1人；班級人數11人至20人時，得僅編制教師 2 人；10 人以下時，得僅編制教師 1 人。

㈡集中式特教班

資賦優異特殊教育班只有高級中等學校可以集中編班，班級人數不超過 25 人，有 3 位教師編制，可設導師 1 人。

貳　每週教學節數

特殊教育教師的每週教學節數依據《國立特殊教育學校及國立高級中等以下學校特殊教育教師每週教學節數標準》（2023）規定辦理，地方主管機關依此訂定自治法規。第 4 條第 2 項規定：「特殊教育學校國小部、國中部及高中部、高職部特殊教育教師之每週基本教學節數如下：

學部	職稱	基本教學節數
國小部	專任教師（均兼任導師）	十八
國中部	專任教師	十六
	導師	十四
高中部、高職部	專任教師	十六
	導師	十二

第 8 條規定：「1 高級中等學校特殊教育班，其特殊教育教師之每週基本教學節數如下：

類別	職稱	集中式特殊教育班	分散式資源班
身心障礙類	專任教師	十六	十六
	導師	十二	十二
資賦優異類	專任教師	依國立高級中等學校教師每週教學節數標準	十六
	導師	依國立高級中等學校教師每週教學節數標準減二節	十二

2 前項高級中等學校身心障礙類分散式資源班，其特殊教育教師之每週基本教學節數，包括直接教學及間接服務，由學校依學生需求擬訂，經特殊教育推行委員會審議通過；其間接服務節數，於每學期內，平均每週以八節為限。」依《進用辦法》第 2 條第 5 項規定：「……一、直接教學：依特殊教育學生……需求，採抽離或外加時間，並以個別或分組方式實施課程與教學。二、間接服務：以學生及幼兒為主體，提供需求評估與處理、個別晤談與指導、諮詢服務、入班觀察及其他特殊教育相關服務事項。……。」

 相關專業人員及助理員

本法第 27 條規定：「1 各級主管機關應提供學校、幼兒園輔導身心障礙學生及幼兒有關評量、教學及行政等支持服務，並適用於經主管機關許可實施非學校型態實驗教育之身心障礙學生。2 高級中等以下學校、幼兒園對於身心障礙學生及幼兒之評量、教學及輔導工作，應以專業團隊合作進行為原則，並得視需要結合衛生醫療、教育、社會工作、職業重建相關等專業人員，共同提供學習、生活、心理、復健訓練、職業輔導評量及轉銜輔導與服務等協助。……。4 第 1 項及第 2 項支持服務內容、專業團隊組成、人員資格、任務、運作方式及其他相關事項之辦法，由中央

主管機關定之。」教育部訂定《特殊教育支持服務及專業團隊運作辦法》
（2023），依第 4 條規定：「1 本法第 27 條所稱專業團隊，由普通教育
教師、教保服務人員、特殊教育教師、輔導教師、特殊教育相關專業人
員、學校行政人員及護理人員、職業重建、視覺功能障礙生活技能訓練及
輔具評估等人員組成，依學生或幼兒需求彈性調整，以合作提供統整性之
服務。2 前項所稱特殊教育相關專業人員，指醫師、物理治療師、職能治
療師、臨床心理師、諮商心理師、語言治療師、聽力師、社會工作師及職
業輔導、定向行動等專業人員。3 專業團隊人員應具備各該專業人員法規
所定之資格。」

　　此外，教師尚可申請教師助理員或學生助理員，依《進用辦法》第 8
條規定：「1 身心障礙集中式特殊教育班，……，具中度以上障礙程度或
學習生活上有特殊需求之身心障礙學生或幼兒人數，達第 3 條附表一所
定班級人數上限之二分之一時，置教師助理員 1 人。2 前項班級人數未達
第 3 條附表一所定班級人數上限之二分之一時，學校或幼兒園得進用時薪
制教師助理員。……。」第 9 條規定：「1 就讀普通班接受特殊教育之身
心障礙學生或幼兒，有下列情形之一者，得申請特教學生助理人員：一、
經鑑輔會鑑定，具重度以上障礙程度。二、無法自行進食、移動或呼吸，
需要人力協助。三、有嚴重情緒行為問題，或其他影響課堂進行或安全之
行為，確有人力支援需求。四、學習生活上有特殊需求，確需人力支援。
2 前項學生助理員之申請程序如下：一、由學生或幼兒之法定代理人、實
際照顧者代為，或高級中等學校學生自行向學校或幼兒園提出申請，由學
校或幼兒園送各該主管機關提報鑑輔會審議。二、學校或幼兒園收受前款
申請時，應列入個別化教育計畫或學校特殊教育推行委員會討論。」教師
助理員或學生助理員的進用資格依第 11 條規定：「1……一、進用資格：
㈠教師助理員：具高級中等以上學校畢業或具同等學力之資格。㈡學生
助理員：1. 時薪制：具高級中等以上學校畢業或同等學力資格，或符合身
心障礙者服務人員資格訓練及管理辦法所定身心障礙者服務人員之資格。
2. 月薪制：具高級中等以上學校畢業或同等學力資格，且具下列條件之
一：(1) 符合身心障礙者服務人員資格訓練及管理辦法所定身心障礙者服

務人員之資格。(2) 三年內曾受聘擔任學生助理員或教師助理員之服務時數，已累計達八百小時以上之人員。」

第三節 特殊教育的實施

特殊教育的實施所涉及的範圍很廣，除了上述的鑑定與安置、教師編制外，無障礙空間的設置、轉銜輔導及服務均屬之，以下列舉課程教學與評量、個別化教學計畫、調整普通班學生人數及特教評鑑四項說明之。

 壹　課程教學與評量

本法第 21 條第 1 項規定特殊教育的課程：「中央主管機關應訂定高級中等以下學校特殊教育相關課程綱要及其實施之有關規定，作為學校規劃及實施課程之依據；學校規劃課程得結合社會資源充實教學活動。」教育部訂定《十二年國民基本教育身心障礙相關之特殊需求領域課程綱要》（2019），依身心障礙學生之個別需求，實施其中所訂之支持性課程，包括：生活管理、社會技巧、學習策略、職業教育、溝通訓練、點字、定向行動、功能性動作訓練、輔助科技應用科目。

第 22 條規定：「1 特殊教育之課程、教材、教法及評量，應保持彈性，適合特殊教育學生、幼兒身心特性及需求。2 高級中等以下學校實施特殊教育課程之方式、內容、教材研發、教法、評量及其他相關事項之辦法及幼兒園相關之準則，由中央主管機關定之。」教育部據此訂定《高級中等以下學校特殊教育課程教材教法及評量實施辦法》（2023）（以下簡稱《實施辦法》），其中第 4 條規定：「1 學校實施特殊教育課程，於不減少學習總節數下，應依學生之個別能力、特質及需求，彈性調整學習內容、歷程、環境、評量、學習節數及學分數。2 前項課程之規劃，應經學校特殊教育推行委員會審議，送學校課程發展委員會通過後，報各該主管機關備查。」第 7 條第 1 項規定：「特殊教育之教法應依下列原則為之：一、運用各種輔助器材、無障礙設施、相關支持服務、環境布置及其他教

學資源，提供最少限制之學習環境。二、教學目標明確、活動設計多樣，提供學生學習策略及技巧，適時檢視教學效能及學習成果。三、透過各種教學及班級經營策略，提供學生充分參與機會及成功經驗。四、進行跨專業、跨專長、跨領域或科目之協同、合作教學或合作諮詢。」

《實施辦法》第 8 條為有關評量的規定：「1 學校實施學生學習評量，應考量領域或科目特性、學習目標與內容、學生學習優勢及特殊教育需求，採多元評量，並於平時及定期為之。2 前項多元評量，得採紙筆測驗、實作評量、檔案評量、電腦測驗、行為觀察、晤談、口述（手語、筆談）、報告、資料蒐集整理、創作與賞析、藝術展演、自我評量、同儕評量、校外學習、標準化測驗、作業評定或其他方式辦理。3 學校因應學生之個別能力、特質及需求，應提供適當之評量調整措施；……。」第 9 條規定：「1 ……，提供學生適當之評量調整措施後，得就其學習功能缺損之領域或科目，彈性調整其及格基準；實施定期評量應提供適當之試場、輔具、試題（卷）、作答方式調整與其他合理調整之服務。2 前項課程調整、評量調整措施、調整後之及格基準及定期評量……調整之服務，均應載明於個別化教育計畫。3 身心障礙學生，其各領域、科目定期評量及學期學業成績，以實得分數或等第登錄。但其全學期學習表現或學期學業成績，達第 1 項所定彈性調整後之及格基準者，依下列規定辦理：一、國民教育階段：僅以及格等第登錄。二、高級中等教育階段：授予學分。」

 ## 貳　個別化教育計畫

特殊教育的實施非常重視個別化教育計畫的撰寫，本法第 31 條規定：「1 高級中等以下學校應以團隊合作方式對身心障礙學生訂定個別化教育計畫，訂定時應邀請身心障礙學生本人，以及學生之法定代理人或實際照顧者參與；必要時，法定代理人或實際照顧者得邀請相關人員陪同參與。經學校評估學生有需求時，應邀請特殊教育相關專業人員參與個別化教育計畫討論，提供合作諮詢，協助教師掌握學生特質，發展合宜教學策略，提升教學效能。2 身心障礙學生個別化教育計畫，應於開學前訂定；

轉學生應於入學後一個月內訂定；新生應於開學前訂定初步個別化教育計畫，並於開學後一個月內檢討修正。3 前項個別化教育計畫，每學期至少應檢討一次。」

《特殊教育法施行細則》第 10 條進一步規定撰寫的內容：「1 ⋯⋯個別化教育計畫，指運用團隊合作方式，針對身心障礙學生個別特性所訂定之特殊教育及相關服務計畫；其內容包括下列事項：一、學生能力現況、家庭狀況及需求評估。二、學生所需特殊教育、相關服務及支持策略。三、學年與學期教育目標、達成學期教育目標之評量方式、日期及標準。四、具情緒與行為問題學生所需之行為功能介入方案及行政支援。五、學生之轉銜輔導及服務內容。2 學校應將身心障礙且資賦優異學生之個別輔導計畫內容，併入個別化教育計畫規劃。」這裡的「個別輔導計畫」是依本法第 42 條規定所需撰寫的，其內容為：「高級中等以下學校應以團隊合作方式，考量資賦優異學生身心特質、性向、優勢能力、學習特質及特殊教育需求，訂定資賦優異學生個別輔導計畫，並應邀請資賦優異學生本人、學生之法定代理人或實際照顧者參與。」

 ### 調整普通班學生人數

本法第 30 條第 2 項規定：「為保障身心障礙學生之受教權，並使普通班教師得以兼顧身心障礙學生及其他學生之教育需求，學校校長應協調校內各單位提供教師所需之人力資源及協助，並得經鑑輔會評估調整身心障礙學生就讀之普通班學生人數；學校提供教師所需之人力資源及協助、調整身心障礙學生就讀之普通班學生人數及其他相關事項之辦法，由中央主管機關定之。」教育部所訂定的子法為：《高級中等以下學校身心障礙學生就讀普通班調整班級人數或提供人力資源及協助辦法》（2023），其中第 4 條規定：「學校依前條規定提供人力資源及協助後，認有減少普通班班級學生人數必要者，得報各該主管機關提鑑輔會評估後，減少班級人數；每安置身心障礙學生 1 人，減少該班級人數 1 人至 3 人，但有特殊情形者，不在此限。」

肆　特教評鑑

　　本法第 53 條規定：「1 高級中等以下學校及幼兒園辦理特殊教育之成效，主管機關每四年至少應辦理一次評鑑，與學校校務評鑑、幼兒園評鑑或校長辦學績效考評併同辦理為原則。2 直轄市及縣（市）主管機關辦理特殊教育之績效，中央主管機關每四年至少應辦理一次評鑑。3 第 1 項及前項之評鑑項目應以法令規定者為限，並落實評鑑方式與指標簡化及行政減量；評鑑項目及結果應予公布，對評鑑成績優良者予以獎勵，未達標準者應予輔導及協助；評鑑之項目、評鑑會組成、評鑑程序及其他相關事項之辦法，由中央主管機關定之。」依此條法規教育部訂定《高級中等以下學校及幼兒園特殊教育評鑑辦法》（2024）、《直轄市及縣（市）主管機關辦理特殊教育績效評鑑辦法》（2023）。修法後將評鑑方式及指標簡化，以減輕學校端每年耗費大量時間經費在準備評鑑資料，使相關老師無法即時提供特殊教育學生必要之協助。

自我評量 ....

一、選擇題

(　　) 1.《特殊教育法》未規定下列哪一項措施？　(A)個別化教育計畫　(B)個別化家庭服務計畫　(C)個別輔導計畫　(D)家庭支持服務

(　　) 2. 高級中等以下學校為促進特殊教育發展及處理校內特殊教育學生之學習輔導等事宜應成立何種委員會？　(A)課程發展委員會　(B)學生申訴評議委員會　(C)特殊教育推行委員會　(D)學校發展運作委員會

(　　) 3. 根據現行《特殊教育法》規定，針對身心障礙新生、轉學生個別化教育計畫的訂定時間，下列何者正確？　(A)新生、轉學生應於開學前訂定初步個別化教育計畫，並於開學後一個月內檢討修正　(B)新生、轉學生應於入學後一個月內訂定　(C)新生應於入學後一個月內訂定；轉學生應於開學前訂定初步個別化教育計畫，並於開學後一個月內檢討修正　(D)新生應於開學前訂定初步個別化教育計畫，並於開學後一個月內檢討修正；轉學生應於入學後一個月內訂定

(　　) 4. 有關融合教育（inclusive education）的敘述，下列何者為正確？　(A)強調零拒絕，沒有學生會因其障礙類型或程度而被拒絕　(B)融合的成功取決於身心障礙學生的能力是否準備好在普通班學習　(C)身心障礙學生被安置於適合其心理年齡的普通班　(D)融合意謂身心障礙學生全部的時間都應在普通班接受教育

(　　) 5. 依現行《特殊教育法》，高級中等以下各教育階段學校得設特殊教育班，其辦理方式有哪些？甲、集中式特教班；乙、分散式資源班；丙、巡迴輔導班；丁、特殊教育方案　(A)甲乙丙　(B)乙丙丁　(C)甲乙丁　(D)甲乙丙丁

(　　) 6. 依據《特殊教育法施行細則》之規定，下列哪些人應參與個別化教育計畫之訂定，而非僅屬必要時才得參與？（甲）特教老師；（乙）相關教師；（丙）身障學生家長；（丁）身障學生本人；（戊）學校行政人員；（己）相關專業人員　(A)甲乙丙戊　(B)甲丙丁戊　(C)

甲乙丙丁戊　　(D) 甲乙丙丁戊己

（　　）7. 下列何者不是《特殊教育法》對相關教育人員所規範的工作？　(A) 對資賦優異學生擬訂個別化教育計畫　(B) 每四年接受評鑑一次　(C) 提供必要之教育輔助器材及相關支持服務　(D) 各級主管機關應每年重新評估學生教育安置之適當性

（　　）8. 下列何者不屬於「特殊教育相關專業人員」？　(A) 臨床心理師　(B) 定向行動專業人員　(C) 語言治療師　(D) 教師助理員

（　　）9. 請問下列何者不是《身心障礙者權利公約》第 3 條「一般原則」的內容？　(A) 機會均等　(B) 不歧視　(C) 充分有效參與及融合社會　(D) 社區照顧

（　　）10. 依據《高級中等以下學校身心障礙學生就讀普通班減少班級人數或提供人力資源與協助辦法》之規定，下列敘述何者是正確的？　(A) 身障學生就讀普通班，學校仍應依常態編班相關規定之限制　(B) 班上每安置身障學生 1 人，即可主動減少該班級人數 1 人至 3 人　(C) 身障學生就讀普通班，其班級安排應由學校召開校務會議決議之　(D) 身障學生應由鑑輔會評估該生需求後，學校應提供相關支援及協助

參考答案

1.B　　2.C　　3.D　　4.A　　5.D　　6.D　　7.A　　8.D　　9.D　　10.D

二、問答題

1. 《身心障礙者權利公約》影響全球身心障礙者之權利保障，請問該公約有哪八大原則？

2. 臺灣 2014 年已通過《身心障礙者權利公約施行法》，學校應提供一個友善教育環境，落實融合教育推動，以維護普通班學生及身心障礙學生的受教權益。2024 年 3 月，臺北市一所學校採融合教育，讓特教生和一般生大部分時間在同個班級學習，有一名情緒障礙的高中生在課堂上和老師發生口角，進而演變成肢體衝突。普通班教師教到特教生的可能性很大，教師要做好充分的準備。

(1) 特教業務主管人員要如何做好預防和準備的行政協調工作？

(2) 當教師面對情緒行為障礙學生，要如何做好預防及處理措施？

參考文獻

一、中文部分

十二年國民基本教育身心障礙相關之特殊需求領域課程綱要（2019）。

十二年國民基本教育課程綱要（2014）。

十二年國民基本教育課程綱要總綱（2014）。

中央行政機關法制作業應注意事項（2018）。

中央法規標準法（2004）。

中央社（2023）。1291教師兼導師及行政 教團憂損教學品質。2024.7.24檢索自 https://www.cna.com.tw/news/ahel/202312150198.aspx

中央社（2023.11.8）。臺南復興國中獎狀印排名 教部要求縣市落實督導。2024.8.20檢索自 https://www.cna.com.tw/news/ahel/202311080195.aspx

中時新聞網（2023.10.18）。《教師法》修正後未達預期 全教總指學校像法院在辦案：不堪其擾。2024.7.25檢索自 https://www.chinatimes.com/realtimenews/20231017002140-260405?chdtv

中華民國教師專業素養指引—師資職前教育階段暨師資職前教育課程基準（2023）。

中華民國憲法（1947）。

中華民國憲法增修條文（2005）。

公立中小學未兼任行政職務教師寒暑假期間返校活動事項及日數實施原則（2007）。

公立高級中等以下學校教師成績考核辦法（2023）。

公立國民小學及國民中學合聘教師辦法（2023）。

公立國民小學及國民中學校長主任甄選儲訓辦法（2023）。

公立國民小學及國民中學教師介聘辦法（2023）。

公立國民小學及國民中學變更或停辦準則（2023）。

公立學校教職員退休資遣撫卹條例（2023）。

王宏舜（2024）。割喉案死者父籲不得塗銷少年刑案紀錄，司法院修法但設「一條件」。2024.9.2 檢索自聯合報新聞網 https://udn.com/news/story/7315/7996461

王等元（2017）。我國國民教育階段學生輔導與管教之家長義務：協力義務觀點。當代教育研究季刊，**25**(3)，41-70。

王慧蘭（2017）。偏鄉與弱勢？法規鬆綁、空間治理與教育創新的可能。教育研究集刊，**63**(1)，109-119。

王韻齡（2017）。偏鄉教育法是否能為偏鄉留住好老師？2024.8.15 檢索自親子天下 https://www.parenting.com.tw/article/5075386

司法院（1995）。釋字第 380 號。2024.7.10 檢索自全國法規資料庫。

田秀蘭、盧鴻文（2018）。我國國民中學輔導工作 50 年的回顧與展望。教育研究集刊，**64**(4)，77-106。

石英、池旭台等（2011）。**返璞歸真，重現風華　中輟復學輔導**。臺北市：教育部。

各級學校學生學年學期假期辦法（2014）。

地方制度法（2024）。

朱慧雯（2022）。視不正常為日常的教育現場。人本教育札記，**391**，12-21。

行政程序法（2021）。

行政訴訟法（2022）。

余政賢（2014）。高級中等教育的新視野—單科型高中。國家教育研究院電子報，**80**，2024.8.3 檢索自 https://epaper.naer.edu.tw/index.php

余啟名、張源泉（2012）。臺灣之大學教師薪資制度評析。教育資料集刊，**56**，1-30。

吳清山（2010）。**教育法規：理論與實務**（第三版）。新北市：心理。

吳清山（2016）。非學校型態實驗教育發展、影響及因應作為。**師友**，**593**，9-13。

吳清山（2018）。近 50 年來國民教育發展之探究：九年國民教育與十二年

國民基本教育政策之分析。**教育研究集刊，64**(4)，1-35。

吳清山、林天祐（2005）。**教育新辭書**。臺北市：高等教育。

吳雅萍（2020）。淺談偏鄉教育之現況與問題。**教育研究與實踐學刊，67**(2)，41-50。

技專校院專業科目或技術科目之教師業界實務工作經驗認定標準（2015）。

李田英（2009）。我國師資培育的優勢與問題。**科學教育月刊，321**，12-26。

李明儒（2022）。**紅線在此！請勿越線！創意管教不可行！** 2024.8.20 檢索自 https://www.keu.org.tw/keu/newView.aspx?keuNewsId=20085

李國偉（1996）。教育基本法理念分析。**教改通訊，18**，8-11。

李惠宗（2015）。**憲法要義**。臺北市：元照。

李婕綾（2024）。民間團體籲修法 少事法的矯正機制如何進行？2024.9.2 檢索自公視新聞網 https://news.pts.org.tw/article/687157

汪子錫、呂豐足（2021）。校園性別事件的類型框架及防治檢討探析—以教師涉案爲中心。**中國行政評論，27**(2)，126-150。

兒童及少年福利與權益保障法（2021）。

周志宏（1996）。**「教育基本法」立法必要性之研究**。行政院教育改革審議委員會研究報告。

周志宏（2003）。**教育法與教育改革**。臺北市：高等教育。

周祝瑛（2004）。20 世紀臺灣教育。載於顧明遠（主編），**中國教育大系**（頁 3370-3739）。湖北教育。

周新富（2020）。**教育理念與實務**。臺北市：五南。

周新富（2022）。**教育社會學**。臺北市：五南。

性別平等教育法（2023）。

性別平等教育法施行細則（2023）。

林良榮（2018）。我國教師爭議權之保障——兼論國際勞動法之主要規範與發展趨勢。**臺灣教育評論月刊，7**(5)，42-55。

林坤燦（2012）。**融合教育現場教師行動方案**。臺北市：教育部。

林孟君（2012）。中華民國教育行政組織與學制。載於國家教育研究院（主

編），**各國教育行政組織與學制**（頁1-17）。新北市：國家教育研究院。

林孟皇（2019）。權利與權力—憲法保障教育基本權利理念在學校教育的適用。**教育部人權及轉型正義教育資源網**，2024.7.19 檢索自：https://hre.pro.edu.tw/article/3699

林政逸（2019）。師資培育白皮書發布後師資職前培育和教師專業發展之省思。**教育研究與發展期刊**，**15**(1)，1-28。

林進材（2000）。教育制度。**教育大辭書**。國家教育研究院。

林慧雯（2020）。師資培育制度大變革。**師友雙月刊**，**622**，13-20。

法源法律網（2013）。**校務會議決議教師 8 點上班問題 教育部：決議不具效力**。2024.7.23 檢索自 https://www.lawbank.com.tw/news/NewsContent_print.aspx?NID=114681

施明發（2001）。兩岸教育基本法之初步比較。**教育研究資訊**，**9**(5)，77-98。

施懿倩（2008）。我國與美國中小學教師聘任制度之比較。2024.7.16 檢索自網路社會學通訊期刊：http//www.nhu.edu.tw/~society/e-j.htm

柯志堂（2006）。**高等教育學生權利之研究**。國立臺灣師範大學公民教育與活動領導學系博士論文，未出版。

個人資料保護法（2023）。

原住民教育法（2021）。

原住民學生升學保障及原住民公費留學辦法（2019）。

家庭教育法（2019）。

徐易男（2008）。臺灣教育改革、地方自治與國民中小學行政關係之探究。**教育行政與評鑑學刊**，**5**，55-74。

校園安全及災害事件通報作業要點（2024）。

校園性別事件防治準則（2024）。

校園霸凌防制準則（2024）。

涉性別事件之學校不適任人員通報資訊蒐集及查詢處理利用辦法（2019）。

特殊教育支持服務及專業團隊運作辦法（2023）。

特殊教育法（2023）。

特殊教育法施行細則（2023）。

特殊教育學生及幼兒申訴服務辦法（2023）。

特殊教育學生及幼兒鑑定辦法（2024）。

翁福元、鍾明倫（2015）。英國與臺灣中等教育改革芻議。載於溫明麗（主編）。國民教育新視野：借鑑、蛻變與創新（頁 73-90）。國家教育研究院。

高級中等以下學校及幼兒園特殊教育班班級與專責單位設置及人員進用辦法（2024）。

高級中等以下學校身心障礙學生就讀普通班調整班級人數或提供人力資源及協助辦法（2023）。

高級中等以下學校兼任代課及代理教師聘任辦法（2023）。

高級中等以下學校特殊教育課程教材教法及評量實施辦法（2023）。

高級中等以下學校教師專業審查會組成及運作辦法（2020）。

高級中等以下學校教師評審委員會設置辦法（2020）

高級中等以下學校教師解聘不續聘停聘或資遣辦法（2024）。

高級中等以下學校學生申訴及再申訴評議委員會組織及運作辦法（2023）。

高級中等學校中途離校學生預防追蹤及復學輔導實施要點（2022）。

高級中等學校訂定學生獎懲規定注意事項（2014）。

高級中等學校組織設置及員額編制標準（2018）。

高級中等學校實習課程實施辦法（2018）。

高級中等學校輔導學生會及其他相關自治組織運作注意事項（2018）。

高級中等學校課程規劃及實施要點（2023）。

高級中等學校課業輔導實施要點（2024）。

高級中等學校學生家長會設置辦法（2014）。

高級中等學校學生輔導辦法（2014）。

高級中等學校學生獎懲委員會組織及運作辦法（2016）。

高級中等學校學生學習評量辦法（2021）。

高級中等學校辦理實驗教育辦法（2022）。

高雄市高級中等以下學校學生家長會設置自治條例（2016）。

商永齡（2012）。中小學教師聘約與工作權爭議之法律問題。載於**現代公民素養教育學術研討會論文集**（頁 31-51）。國家教育研究院。

國立特殊教育學校及國立高級中等以下學校特殊教育教師每週教學節數標準（2023）。

國民小學及國民中學正常教學督導辦法（2024）。

國民小學及國民中學校長不適任事實調查處理辦法（2024）。

國民小學及國民中學常態編班及分組學習準則（2023）。

國民小學及國民中學設施設備基準（2019）。

國民小學及國民中學學生獎懲準則（2024）。

國民小學及國民中學學生學習評量辦法（2024）。

國民小學與國民中學未入學或中途輟學學生通報及復學輔導辦法（2020）。

國民小學與國民中學班級編制及教職員員額編制準則（2023）。

國民小學與國民中學混齡教學及混齡編班實施辦法（2023）。

國民中小學教師授課節數訂定基準（2006）。

國民中小學教學支援工作人員聘任辦法（2023）

國民中學及國民小學實施跨領域或跨科目協同教學參考原則（2017）。

國民教育及特殊教育輔導團與中心組織運作辦法（2024）。

國民教育法（2023）。

國民教育法施行細則（2023）。

國民教育階段家長參與學校教育事務辦法（2023）。

國家人權委員會（2024）。**兒童權利公約**。2024.8.22 檢索自 https://nhrc.cy.gov.tw/cp.aspx?n=8684

國語日報（2024 年 5 月 9 日）。**高級中等教育法需要翻修**。2024.8.1 檢索自 https://www.mdnkids.com/content.asp?Link_String_=225900000IOFFYS

執行強迫入學條例作業要點（2004）。

張仁家、陳琨義（2017）。從技術及職業教育法看我國技術型高中的發展與因應。**技術及職業教育學報**，**7**(2)，61-75。

張宗義（2007）。家長參與學校事務的原則與建議。**研習資訊**，**24**(2)，43-48。

張鈿富、吳慧子、吳舒靜（2010）。問題建構分析臺灣師資培育政策之規劃。**教育研究與發展期刊，6(2)**，207-231。

張德銳（2023）。教師法在教學不適任教師處理之問題與改革策略。**教育行政與評鑑學刊，33**，1-28。

強迫入學條例（2019）。

教育人員任用條例（2014）。

教育基本法（2013）。

教育部（2012）。中華民國師資培育白皮書。教育部。

教育部（2018）。**特殊教育中程計畫**。教育部。

教育部（2023）。**特殊教育中程計畫（第二期）**。教育部。

教育部（2024）。當前教育政策。2024 年 7 月 4 日檢索自**教育部**網頁 https://www.edu.tw/News_Content.aspx?n=D33B55D537402BAA&s=37E2FF8B7ACFC28B

教育部（2024）。**學校校長及教職員工違反與性或性別有關之專業倫理防治指引**。教育部。

教育部主管之高級中等以下學校特殊教育推行委員會設置辦法（2023）。

教育部主管高級中等學校學生在校作息時間規劃注意事項（2022）。

教育部令（2020）。核釋「教師法」第 16 條第 1 項第 1 款所指之教學不力或不能勝任工作有具體事實之情形。2024.7.23 檢索自 https://www.law-bank.com.tw/news/NewsContent.aspx?NID=172682.00

教育部特殊教育諮詢會設置辦法（2023）。

教育部國民及學前教育署補助國民中小學弱勢學生實施要點（2024）。

教育部國民及學前教育署補助推動實驗教育要點（2021）。

教育部國民及學前教育署補助辦理國民小學及國民中學學生學習扶助作業注意事項（2022）。

教育部國民及學前教育署補助辦理國民小學及國民中學學生學習扶助作業要點（2024）。

教育部統計處（2024）。疑似校園性侵害、性騷擾及性霸凌通報件數統計。檢索自 https://depart.moe.edu.tw/ED4500/cp.aspx?n=0A95D1021CCA80AE

教育部統計處（2024a）。112 學年專業培育、偏遠地區教育、實驗教育及在學率概況。2024.8.7 檢索自 https://depart.moe.edu.tw/ED4500/Default.aspx

教育部統計處（2024b）。原住民族教育概況統計結果提要分析。教育部。

教育部處理違反性別平等教育法事件處理程序及裁罰基準（2020）。

教育部獎助研發特殊教育教材教具實施要點（2024）。

教育經費編列與管理法（2016）。

教師申訴評議委員會組織及評議準則（2020）。

教師因公涉訟輔助辦法（2020）。

教師法（2019）。

教師法施行細則（2024）

教師待遇條例（2015）。

教師進修研究等專業發展辦法（2020）。

莊國榮（2021）。兼任學校行政職務之教師與公務員服務法之適用。**國家人力資源論壇，5**，2024.7.16 檢索自 https://www.exam.gov.tw/NHRF/default.aspx?type=A020C2C87B55986B

許家齊（2020）。實驗教育現況獨家調查：辦學吹起雙語國際風，學費 M 型化。親子天下**實驗教育專刊**，17-22。

陳木金（1999）。談教育基本法的立法對我國教育行政的啟示。載於臺北市立師範學院國民教育研究所（主編），**教育行政論壇第五次研討會學術論文集**（頁 333-355）。

陳恆鈞、許曼慧（2015）。臺灣技職教育政策變遷因素之探討：漸進轉型觀點。公共行政學報，**48**，1-42。

陳盈宏（2013）。我國高級中等教育階段定位相關問題之初探。**國家教育研究院電子報，73**，2024.8.3 檢索自 https://epaper.naer.edu.tw/index.php

陳書丞（2016）。**法學知識（二）：法學緒論搶分題庫**。臺北市：考用。

陳敏（2016）。**行政法總論**。臺北市：新學林。

陳榮政（2021）。我國實驗教育實徵研究之分析與展望。**教育研究與發展期刊，17**(4)，69-96。

陳賢舜（2019）。**絕對制霸教育法規大意**。臺北市：考用。

陳曉（2022）。「教育機會均等」議題之研析：兼論《偏遠地區學校教育發展條例》。2024.8.14 檢索自國考加分 https://plus.public.com.tw/article-20221226-3048-1

勞資爭議處理法（2021）。

彭錦鵬、許添明、陳端容（2016）。偏鄉教育政策之檢視與未來發展：「偏鄉資源配置」與「偏鄉學生能力提升」。國家發展委員會委託研究報告。檢索自 https://www.ndc.gov.tw/nc_708_27402

曾大千（2014）。教育基本法之發展脈絡與未來展望。載於中國教育學會（主編），教改 20 年：回顧與前瞻（頁 129-154）。臺北市：學富。

曾大千（2021）。論教師之法律權利與義務：專業規範與一般規範。作者授權，8，1-16。

曾大千、陳炫任（2013）。論多元文化教育之憲法基礎及其於我國原住民族法制之體現。教育與多元文化研究，9，71-104。

游淑靜、范熾文（2020）。認識、辨識與防治校園霸凌事件之重要。臺灣教育評論月刊，9(11)，94-100。

舒緒緯（2002）。臺灣地區國小教師任用制度之研究。屏東師院學報，16，29-64。

舒緒緯（2006）。我國中小學教師甄選與任用制度之研究。屏東教育大學學報，25，1-38。

訴願法（2012）。

馮建軍（2009）。當代教育原理。南京師範大學。

馮靖惠（2024）。代理教師拚 22 年 55 歲才考上「正式教師」。2024.7.17 檢索自世界新聞網 https://www.worldjournal.com/wj/story/121221/8095473

黃俊容（2020）。教師會與教師工會現況問題之研析。立法院法制局專題研究報告，檢索自 https://www.ly.gov.tw/Pages/ashx/File.ashx?FilePath=~/File/Attach/193787/File_258217.pdf

黃源銘（2016）。大學校院教師「違反聘約情節重大」案例暨相關法律問題探討。教育研究集刊，62(4)，85-112。

黃源銘（2023）。教師涉及性平事件之法制變革與案例探討：以教師懲戒行

使時效爲中心。**教育研究與發展期刊**，**19**(1)，1-30。

黃銘福、黃毅志（2014）。臺灣地區出身背景、國中學業成績與高中階段教育分流之關聯。**教育實踐與研究**，**27**(2)，67-98。

黃鴻文、王心怡（2010）。教育分流與性別再製：二班高中女生學生文化之民族誌研究。**臺灣教育社會學研究**，**10**(1)，127-174。

楊朝祥（2013）。釐清十二年國教政策爭議。**教育資料與研究**，**109**，1-24。

葉珍玲、許添明（2021）。偏鄉學校變革之挑戰：「教育優先區－成功專案」推動歷程研究。**彰化師大教育學報**，**35**，1-27。

葉肅科（2012）。臺灣兒童及少年福利與權益保障法：回顧與展望。**社區發展季刊**，**139**，32-43。

鄒理民譯（1997）。**知識社會學：社會實體的建構**（Berger, P. L., & Luckman, T. 原著）。臺北市：巨流。

監察院（2021）。教育部實施國民中學教學正常化措施現況調查。檢索自**監察院**，https://www.cy.gov.tw/News_Content.aspx?n=125&sms=8912&s=21826

趙宥寧（2024a）。消失的小校——少子化淹進國民教育！從 22 縣市法規看臺灣廢校五大現況。2024.7.26 檢索自**翻轉教育** https://flipedu.parenting.com.tw/article/009107

趙宥寧（2024b）。少年犯罪然後呢？少年保護事件處理流程、責任處分一次看。2024.9.2 檢索自**親子天下網站** https://www.parenting.com.tw/article/5097169

趙鏡中（2007）。教師專業自主的理念、衝突與實踐。**研習資訊**，**2**(5)，113-120。

劉昊洲（2001）。公務員義務與權利概述。**三民主義學報**，**22**，133-149。

蔡明砡（2002）。制定「社會福利基本法」必要性之探討。**社區發展季刊**，**100**，368-380。

蔡佩芬（2021）。**法學緒論**。臺北市：元照。

蔡清華（2003）。學制——向下延伸爲主，向上延長爲輔。載於**教育發展的新方向——爲教改開處方**（頁 15-32）。新北市：心理。

蔡培村、尹祚芊、王美玉等（2020）。我國實驗教育的實施現況與未來發展通案性案件調查研究報告。2024.8.10 檢索自監察院 https://www.cy.gov.tw/AP_Home/

鄭世忠（2023）。校園性別事件防治實務手冊——身體活動指導篇。教育部體育署。

鄭玉波（2003）。法學緒論。臺北市：三民。

黎淑慧（2015）。憲法。臺北市：五南。

學生輔導法（2014）。

學生轉銜輔導及服務辦法（2015）。

學生懷孕受教權維護及輔導協助要點（2024）。

學校型態實驗教育實施條例（2018）。

學校訂定教師輔導與管教學生辦法注意事項（2024）。

學校校長及教職員工違反與性或性別有關之專業倫理防治指引（2024）。

盧延根（2021）。偏遠地區學校經營問題之法制研析。立法院法制局專題研究報告，編號：1569。2024.8.12 檢索自 https://www.ly.gov.tw/Pages/Detail.aspx?

盧延根（2023）。師資培育素質問題與精進相關法制建議。司法新聲，142，140-168。

駱美霞（2008）。家長參與教育事務相關問題法制化之研析。2024.8.29 檢索自 https://www.ly.gov.tw/Pages/Detail.aspx?nodeid=6586&pid=83834

聯合報（2023.3.9）。攝理教在臺「已深入各大學勢力龐大」　男碩生信徒聽到教主錄音崩潰。2024.9.5 檢索自 https://udn.com/news/story/6885/7019052

聯合報（2023.7.23）。私校退場掀教師逃難潮　離職拚教甄卻得付巨額賠償金。2024.7.16 檢索自 https://udn.com/news/story/6885/7319850

聯合報（2023.9.21）。圖表看時事／沒老師又沒學生……盤點偏教條例 6 條未落實條文。2024.8.12 檢索自 https://udn.com/news/story/6904/7454211

鍾政諺（2004）。我國教育基本法之實施與檢討。國立臺灣師範大學政治學研究所碩士論文，未出版。

簡妍（2022）。師培運作問題及改善建議。**臺灣教育評論月刊，11**(6)，87-89。

羅德水（2014）。從十二年國教反思我們的教育。2024.8.3 檢索自**獨立評論網站** https://opinion.cw.com.tw/blog/profile/266/article/1487

羅德水（2022）。明察秋毫、不見輿薪的「教學正常化」政策。2024.8.19 檢索自**獨立評論網站** https://opinion.cw.com.tw/blog/profile/266/article/12890

蘇進棻（2014）。公辦民營學校：宜蘭人文國民中小學。**國家教育研究院電子報，**90 期。2024.8.9 檢索自 https://epaper.naer.edu.tw/

釋字第 702 號有關教師法第 14 條所定教師之解聘、停聘或不續聘（2012）。

二、英文部分

Rawls, J. (1972). *A theory of justice*. Oxford: Oxford University Press.

Coleman, J. S. et al. (1966). *Equality of educational opportunity*. Washington: US Department of Education and Welfare.

國家圖書館出版品預行編目(CIP)資料

教育制度與教育法規：教檢一定要熟記的法規／
周新富著. -- 初版. -- 臺北市：五南圖書
出版股份有限公司, 2025.02
面；　公分
ISBN 978-626-423-027-8(平裝)

1.CST: 教育法規　2.CST: 教育制度

526.233　　　　　　　　　　113019120

1I8K

教育制度與教育法規
教檢一定要熟記的法規

作　　者 ― 周新富

編輯主編 ― 黃文瓊

責任編輯 ― 陳俐君、李敏華

文字校對 ― 陳俐君

封面設計 ― 姚孝慈

出 版 者 ― 五南圖書出版股份有限公司

發 行 人 ― 楊榮川

總 經 理 ― 楊士清

總 編 輯 ― 楊秀麗

地　　址：106台北市大安區和平東路二段339號4樓

電　　話：(02)2705-5066　　傳　　真：(02)2706-6100

網　　址：https://www.wunan.com.tw

電子郵件：wunan@wunan.com.tw

劃撥帳號：01068953

戶　　名：五南圖書出版股份有限公司

法律顧問　林勝安律師

出版日期　2025年2月初版一刷

定　　價　新臺幣420元

經典永恆・名著常在

五十週年的獻禮——經典名著文庫

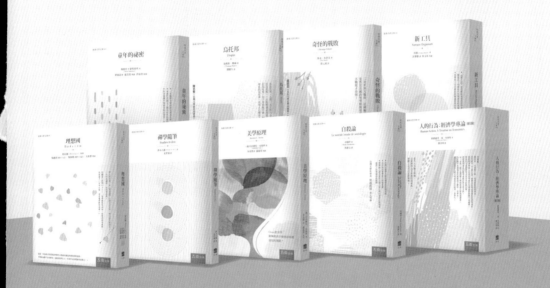

五南，五十年了，半個世紀，人生旅程的一大半，走過來了。

思索著，邁向百年的未來歷程，能為知識界、文化學術界作些什麼？

在速食文化的生態下，有什麼值得讓人雋永品味的？

歷代經典・當今名著，經過時間的洗禮，千錘百鍊，流傳至今，光芒耀人；

不僅使我們能領悟前人的智慧，同時也增深加廣我們思考的深度與視野。

我們決心投入巨資，有計畫的系統梳選，成立「經典名著文庫」，

希望收入古今中外思想性的、充滿睿智與獨見的經典、名著。

這是一項理想性的、永續性的巨大出版工程。

不在意讀者的眾寡，只考慮它的學術價值，力求完整展現先哲思想的軌跡；

為知識界開啟一片智慧之窗，營造一座百花綻放的世界文明公園，

任君遨遊、取菁吸蜜、嘉惠學子！